藝術文獻集成

盛京故宫書畫録

金梁

浙江人民美術出版社

圖書在版編目(CIP)數據

盛京故宫書畫録 / 金梁撰；祁晨越點校. —杭州：浙江人民美術出版社，2019.12（2025.4重印）

（藝術文獻集成）

ISBN 978-7-5340-7484-4

Ⅰ. ①盛… Ⅱ. ①金… ②祁… Ⅲ. ①漢字 - 法書 - 專題目録 - 中國 - 古代②中國畫 - 專題目録 - 中國 - 古代 Ⅳ. ①Z88：J

中國版本圖書館CIP數據核字(2019)第152738號

盛京故宫書畫録

金　梁　撰

祁晨越　點校

責任編輯　霍西勝　張金輝　羅仕通
責任校對　余雅汝　於國娟
裝幀設計　劉昌鳳
責任印製　陳柏榮

出版發行　浙江人民美術出版社
（浙江省杭州市體育場路347號）
網　　址　http://mss.zjcb.com
經　　銷　全國各地新華書店
製　　版　浙江新華圖文製作有限公司
印　　刷　三河市元興印務有限公司
版　　次　2019年12月第1版
印　　次　2025年4月第3次印刷
開　　本　880mm×1230mm　1/32
印　　張　14.25
字　　數　214千字
書　　號　ISBN 978-7-5340-7484-4
定　　價　79.80圓

點校説明

《盛京故宫書畫録》，近人金梁撰。

金梁（一八七八—一九六二），瓜爾佳氏，字息侯，晚號瓜圃老人，滿洲正白旗人。祖、父均爲杭州駐防旗人。清光緒三十年（一九〇四）進士，授編修。歷任京師大學堂提調、内城警廳知事、奉天旗務處總辦等職。民國時曾出任北洋政府農商部次長，亦積極參與過清室復辟活動。後退居天津，埋首著述，先後編纂《盛京故宫書畫録》、《滿洲老檔秘録》、《近世人物志》、《光宣小記》、《瓜圃述異》、《清后外傳》、《清帝外紀》等著作行世。新中國成立後在國家文物部門任顧問等職，一九六二年在北京去世。

《盛京故宫書畫録》收録清末瀋陽故宫翔鳳閣所藏書畫。光緒三十四年（一九〇八），瀋陽故宫因有創立博覽館之議，司職典守的金梁與同僚開始整理宫内彝鼎圖書等各種文物，編纂目録，以備將來查考。後來由於種種原因，只有金梁與余鐵珊、金月洲等人負責整理的翔鳳閣收藏書畫基本完稿。一九一二年，金梁在舊稿基礎上重加編録，定名《盛京故宫書畫録》。

《盛京故宫書畫録》共收書畫四百四十九件，體例仿《石渠寶笈》。分卷、軸、册，經、幅、額、聯七類，每一類前書後畫，末附刻絲、刺繡。首冠清高宗弘曆手跡，次以朝代爲序。每种記述紙絹類别、尺寸、書體、畫法、作者款識圖章及收藏押縫諸印，并全録題跋文字。遇有跋語字畫殘缺模糊及圖章漫漶難辨者一概從闕，字跡錯落亦不作補正，悉照原件備載。書畫有經歷庚子事變而至破損、污穢乃至遺失者，均一一註明。部分條目附有按語，對作者及作品加以評騭，除一卷題《宋米芾書倡和詩卷》之書法疑爲贋品之外，其餘書畫均不分别真僞。

此書僅有一九二四年鉛印本一版，其後各版均係該版之影印本。此次點校以一九二四年鉛印本爲底本，因無其他版本可作對勘，故僅在遇有明顯文字舛誤時以理校之。書中所録印章印文經與部分現藏於北京故宫博物院或「臺北故宫博物院」

之原件核對，亦發現多處誤録，均出校記改正，不再詳註理據出處。原書七册，共分十部分，第一册爲卷之屬一，第二册爲卷之屬二，第三册爲卷之屬三，第四册爲軸之屬一，第五册爲軸之屬二，第六册爲册之屬，第七册爲經之屬、幅之屬、額之屬及聯之屬。此次點校保留原有十部之分類，校記分列各部之末。

目録

叙……一
自序……二
凡例……四
卷之屬一
高宗純皇帝御筆戒得堂記卷……一
高宗純皇帝御筆戒得堂後記卷……三
高宗純皇帝御筆知過論卷……四
高宗純皇帝御筆南巡記卷……七
高宗純皇帝御筆賜提督柴大紀詩卷……一一
高宗純皇帝御製元旦雪詩董誥書并畫卷……一六
高宗純皇帝御製五福頌弘旿書并圖卷……一七
高宗純皇帝御製涇清渭濁詩弘旿書并畫卷……二一
高宗純皇帝御製麋角解説董邦達書并繪圖卷……二四

唐李北海書牡丹詩卷……二六
唐釋智永真書千文卷……二六
唐戴嵩鬬牛圖卷……二九
唐閻立本職貢圖卷……三〇
唐滕昌祐蝶戲長春圖卷……三一
唐人秋山紅樹圖卷……三三

卷之屬二

宋蘇軾中山松醪賦卷……三六
宋蘇軾畫記卷……三七
宋蘇軾治平帖卷……四一
宋蘇軾書西湖詩卷……四三
宋米芾行書卷……四五
宋米芾書倡和詩卷……四七
宋蔡襄書唐白居易動靜交相養賦卷……四八
宋蔡襄書宋之問秋蓮賦卷……四九
宋蔡襄臨鍾繇書卷……五〇
宋李遵道江鄉秋晚圖卷……五二
宋李唐風雨歸舟圖卷……五八
宋夏圭溪山清遠卷……六〇
宋李公麟擊壤圖卷……六一
宋李公麟十八應真卷……六五
宋李公麟番王禮佛圖卷……六六
宋李公麟七佛圖卷……六八
宋晁說之秋渚聚禽圖卷……六九
宋燕文貴雪霽圖卷……七〇

宋馬賁牧牛圖卷……………七一
宋林椿四季花鳥圖卷…………七二
宋郭熙關山曉行圖卷…………七四
宋劉松年十八賢文會圖卷………七六
宋劉松年萬壑松風卷…………八〇
宋趙大年春山晴翠圖卷………八一
宋郭熙山水卷…………………八二
宋郭熙寒林蜀道圖卷…………八三
宋李吉萬年寶枝卷……………八四
宋徐熙九鶴圖卷………………八五
宋龔開鍾進士移居圖卷………八七
宋馬和之夏山消暑圖卷………八八
宋陳居中茄子畫卷……………九〇
宋王詵漁郵小雪圖卷…………九一
宋蘇漢臣懋遷圖卷……………九二
宋趙孟堅墨水仙卷……………九二
宋趙孟堅水仙卷………………九三
宋釋惠崇谿山春曉圖卷………九六
宋釋巨然山居圖卷……………一〇二
宋劉寀羣魚戲荇圖卷…………一〇三

卷之屬三

元趙孟頫書道經生神章卷……一〇五
元趙孟頫書六體千文卷………一〇九
元趙孟頫書桑寄生傳卷………一一一
元趙孟頫臨王大令四帖卷……一一三
元趙孟頫書孝經并圖卷………一一五

元趙孟頫溪山深秀圖卷…………………………一一六
元趙孟頫山水卷……………一一八
元趙孟頫松陰飼馬圖卷……一一九
元劉貫道羣仙拱壽卷………一二〇
元劉貫道如來會圖卷………一二二
元張渥畫十八羅漢像卷……一二三
元錢選文殊洗象圖卷………一二六
元錢選十六應真像卷………一二七
元錢選十六應真圖卷………一二八
元錢選并笛圖卷……………一二九
元王振鵬龍舟圖卷…………一三三
元王若水蓮池禽戲圖卷……一三四
明王寵行書千文卷…………一三五
明文徵明行書卷……………一三六
明文徵明楷書卷……………一三七
明董其昌問政山歌卷………一三八
明董其昌臨英光帖卷………一三九
明董其昌臨宋四家書卷……一四〇
明董其昌臨潭帖卷…………一四三
明董其昌尺牘卷……………一四四
明董其昌夏山欲雨圖卷……一四五
明董其昌書畫合璧卷………一四六
明陸治花卉卷………………一四八
明沈周畫山水卷……………一五〇
明仇英白描羅漢卷…………一五二

明仇英白描十六羅漢卷……一五四
明仇英玉洞燒丹圖卷……一五五
明仇英山水卷……一五六
明仇英百美圖卷……一五八
明丁雲鵬羅漢卷……一五八
明丁雲鵬十六應真圖卷……一五九
明丁雲鵬應真雲彙圖卷……一六〇
明丁雲鵬畫十八羅漢卷……一六〇
明丁雲鵬白描應真卷……一六一
明文徵明湖光巒翠圖卷……一六二
明吴彬畫羅漢卷……一六二
明商喜萬靈拱祝圖卷……一六三
明唐寅溪閣閑憑卷……一六四
明唐寅山莊水郭圖卷……一六五
明陳淳花卉卷……一六六
明朱芾揭鉢圖卷……一六七
明女史李翠蘭畫陶靖節圖卷……一六八
明人掃象圖卷……一七〇
于敏中書四體心經卷……一七〇
錢陳羣癸巳春帖子詞卷……一七一
黄鼎山陰邱壑圖卷……一七二
丁觀鵬摹顧愷之斲琴圖卷……一七三
張宗蒼吴中山水卷……一七四
張宗蒼松壑琴音圖卷……一七五
顧銓摹阮郜女仙圖卷……一七五

楊大章仿宋宣和柳鴉蘆雁
圖卷……………………一七六
楊大章仿陳容九龍圖卷……一七七
程志道摹丁雲鵬羅漢卷……一七八
方琮仿王希孟江山千里
圖卷……………………一七八
嚴宏滋白描十六羅漢像卷…一八〇
方椿年南極呈祥天女散花
圖卷……………………一八一
金廷標八仙卷…………一八一
弘旿壽山衍勝圖卷……一八二

軸之屬一

高宗純皇帝御筆宴坐齋中成
詠軸……………………一八四
高宗純皇帝御筆大寶箴軸…一八四
高宗純皇帝御筆即事詩軸…一八五
高宗純皇帝御筆魯論四
勿軸……………………一八五
高宗純皇帝御筆春曉即景
詩軸……………………一八六
高宗純皇帝御筆水仙詩軸…一八六
高宗純皇帝御臨王羲之秋中
帖軸……………………一八六
高宗純皇帝御臨快雪時晴
帖軸……………………一八七
高宗純皇帝御臨米芾中秋登

海岱樓詩軸……一八七
高宗純皇帝御臨王羲之別疏帖軸……一八八
高宗純皇帝御臨王羲之伏想帖軸……一八八
高宗純皇帝御臨王羲之禊帖軸……一八八
高宗純皇帝御臨唐文皇枇杷帖孫過庭書譜軸……一八九
高宗純皇帝御臨褚遂良書枯樹賦軸……一八九
高宗純皇帝御臨顔真卿自書告軸……一九〇
高宗純皇帝御臨米芾帖軸……一九〇
高宗純皇帝御筆趙孟頫書陶潛詩軸……一九一
高宗純皇帝御臨趙孟頫書軸……一九一
高宗純皇帝御臨張芝左軍帖軸……一九二
高宗純皇帝御筆梅花軸……一九二
高宗純皇帝御筆梅花軸……一九三
高宗純皇帝御筆墨蘭軸……一九四
高宗純皇帝御筆三清圖軸……一九五
高宗純皇帝御筆竹泉春雨軸……一九五

高宗純皇帝御筆竹石疎林軸……一九七
高宗純皇帝御筆墨梅軸……一九九
高宗純皇帝御筆北天竺軸……二〇〇
高宗純皇帝御筆玉蘭軸……二〇一
高宗純皇帝御筆歲朝圖并書新春重華宮詩軸……二〇一
高宗純皇帝御筆秋亭竹石軸……二〇三
高宗純皇帝御筆竹石軸……二〇三
高宗純皇帝御筆山水軸……二〇三
高宗純皇帝御筆慈竹長春軸……二〇四
高宗純皇帝御筆温牡丹軸……二〇四
高宗純皇帝御筆雨梧煙柳軸……二〇六
高宗純皇帝御筆蘭竹軸……二〇六
高宗純皇帝御筆緋桃新柳軸……二〇七
高宗純皇帝御筆杏花軸……二〇九
高宗純皇帝御筆紫白丁香軸……二〇九
高宗純皇帝御筆瓶蘭軸……二一〇
高宗純皇帝御筆歲朝圖并詩軸……二一〇
高宗純皇帝御筆繪歲朝圖

于敏中書聯句軸……二一一
高宗純皇帝御筆繪湯泉荷花
并詩軸……二一五
高宗純皇帝御筆枯木疎
筠軸……二一五
高宗純皇帝御筆春喜圖軸……二一六
高宗純皇帝御筆墨梅軸……二一六
高宗純皇帝御筆煙雨樓
景軸……二一七
高宗純皇帝御筆雲嵐煙
靄軸……二一八
高宗純皇帝御筆梅杏軸……二一八
高宗純皇帝御筆朱竹軸……二一九
高宗純皇帝御筆立春節
物軸……二一九
高宗純皇帝御筆秋卉軸……二二〇
高宗純皇帝御筆松菊軸……二二〇
高宗純皇帝御筆菊花軸……二二〇
高宗純皇帝御筆松依菊圃
作佳鄰詩意軸……二二一
高宗純皇帝御筆梅竹軸……二二二
高宗純皇帝御筆枯木竹
石軸……二二二
高宗純皇帝御筆樵仇英修禊
圖軸……二二三
高宗純皇帝御臨文徵明松

陰高士圖軸……一二二三
高宗純皇帝御筆仿項聖謨松濤散仙軸……一二二四
高宗純皇帝御筆仿王紱竹石軸……一二二四
高宗純皇帝御筆橅倪瓚小景軸……一二二五
高宗純皇帝御筆仿倪瓚江岸望山圖軸……一二二五
高宗純皇帝御筆仿唐寅修竹幽泉圖意軸……一二二六
高宗純皇帝御臨沈周枇杷軸……一二二六
高宗純皇帝御筆仿倪瓚小景并題軸……一二二七
高宗純皇帝御筆仿倪黄法軸……一二二七
高宗純皇帝御筆仿宋人歲朝圖并重華宫新正詩軸……一二二八
高宗純皇帝御筆仿徐渭霜荷巨蟹軸……一二二九
高宗純皇帝御筆仿董其昌山水軸……一二二九
高宗純皇帝御筆仿金鉉濯足圖軸……一二三〇
高宗純皇帝御筆臨仇英雙駿

圖并文徵明書天馬賦軸……一三〇

軸之屬二

唐周昉書麻姑仙壇記并
畫軸……一三三
後蜀黃筌鷹逐畫眉圖軸……一三四
宋黃庭堅書軸……一三五
宋趙伯駒仙山樓閣圖軸……一三五
宋趙大年水村圖軸……一三六
宋李晞古炙艾圖軸……一三六
宋艾宣茄菜圖軸……一三七
宋郭熙觀碑圖軸……一三七
宋米芾雲山煙樹軸……一三七
宋馬和之五臺勝概軸……一三八
宋馬和之秋風倚杖軸……一三九
宋馬遠仙巖坐月圖軸……一三九
宋蘇漢臣畫軸……一四〇
宋崔白刻絲一鷺榮華圖軸……一四〇
宋崔白刻絲天仙壽芝圖軸……一四〇
宋刻絲八仙拱壽圖軸……一四一
宋刻絲蟠桃獻壽軸……一四一
宋刻絲八仙軸……一四一
宋刻絲八仙祝壽軸……一四二
宋刻絲花鳥軸……一四二
宋刻絲瑤池集慶圖軸……一四二
元王蒙太乙觀泉圖軸……一四三
元王蒙畫軸……一四三

元戴進扁舟訪客圖軸……………二四三
元郭文通畫軸………………二四四
元錢舜舉秋瓜圖軸……………二四五
元倪瓚古木竹石軸……………二四五
元趙孟頫竹院鳴泉圖軸…………二四七
元趙孟頫湯王徵伊尹圖軸………二四七
元趙雍飼馬圖軸………………二四八
元人三陽開泰圖軸……………二四八
元人歲朝百爵圖軸……………二四九
明宣宗畫子母雞軸……………二四九
明憲宗畫一團和氣圖并
贊軸………………………二五〇
明憲宗冬至一陽圖軸…………二五一
明文徵明書軸………………二五一
明文徵明書軸………………二五二
明文徵明松陰高士圖軸………二五二
明董其昌書軸………………二五二
明莫雲卿書軸………………二五三
明仇英畫壽星軸……………二五三
明仇英仿趙伯駒煉丹圖軸………二五四
明仇英畫錦堂圖軸……………二五四
明仇英羣仙會祝圖軸……………二五五
明仇英寶繪堂圖軸……………二五五
明仇英仙山樓閣圖軸……………二五五
明仇英青緑山水人物軸…………二五八
明唐寅鬬茶圖軸………………二五八

明唐寅煎茶圖軸……二五九
明唐寅采菊圖并讚軸……二五九
明沈仕青山紅葉軸……二六〇
明沈周鳩聲喚雨圖軸……二六〇
明周臣山水軸……二六一
明呂紀芙蓉蘆雁軸……二六一
明張翀墨竹軸……二六二
明袁尚統寒江放棹軸……二六三
鄭簠分書軸……二六四
張照書詩帖軸……二六四
張照臨董其昌書軸……二六五
汪由敦臨蘇軾春帖子詞軸……二六五
黃應諶陋室銘圖軸……二六六
鄒一桂桂花軸……二六六
鄒一桂梅竹軸……二六七
鄒一桂菊花軸……二六八
鄒一桂三友圖軸……二六八
鄒一桂蟠桃圖軸……二六九
張宗蒼雲峯蕭寺軸……二七〇
張宗蒼松徑煙霞軸……二七〇
張宗蒼山彴携笻軸……二七一
金廷標戲嬰圖軸……二七二
金廷標雪梅高士圖軸……二七二
金廷標仙踪欽伏軸……二七三
錢維城泉林雨景軸……二七三
錢維城春喜圖軸……二七四

李世倬春景軸……二七五
徐揚臨黃公望山水軸……二七五
郎世寧嵩獻英芝圖軸……二七六
郎世寧萬壽長春圖軸……二七六
弘旿仙境春長軸……二七六
弘旿松壑仙廬軸……二七七
弘旿蓬壺日永軸……二七七
弘旿山水軸……二七八
阿爾稗四海清平圖軸……二七八
阿爾稗松林虎嘯圖軸……二七八
阿爾稗耐寒蒼翠圖軸……二七九
阿爾稗猛虎負嵎圖軸……二七九
阿爾稗威虎圖軸……二七九
阿爾稗飲虎圖軸……二八〇
阿爾稗臥虎圖軸……二八〇
阿爾稗狻猊圖軸……二八〇
阿爾稗臥獅圖軸……二八一
阿爾稗松皐鳴鶴圖軸……二八一
汪承霈仙壺益壽軸……二八一
汪承霈瑞玉凝禧軸……二八二
汪承霈瑞錦延清軸……二八二
汪承霈桂月長春軸……二八二
汪承霈旭采延熏軸……二八三
汪承霈天中花果軸……二八三
汪承霈蜀葵軸……二八四
關槐羣仙臚祝軸……二八四

闞槐萬户同春軸……………………二八五
闞槐仙巖晴翠軸……………………二八五
闞槐雲峯香界軸……………………二八六
闞槐溪山秋爽軸……………………二八六
張雨森秋林曳杖圖軸………………二八六
張雨森秋山行旅圖軸………………二八七
張雨森華嶽圖軸……………………二八七
張雨森古木啼鶯圖軸………………二八七
張雨森白鷹軸………………………二八八
永瑢芳園高韻軸……………………二八八
永瑢春山凝靄軸……………………二八八
永瑢竹溪消夏軸……………………二八九
永瑢荷亭消夏軸……………………二八九
永瑢巖寺春雲軸……………………二九〇
冷枚五老朝陽圖軸…………………二九〇
冷枚東昇圖軸………………………二九〇
唐岱仿沈周楓林覓句圖軸…………二九一
唐岱晴巒春靄圖軸…………………二九一
姚文瀚鍾祥衍慶圖軸………………二九二
姚文瀚仿宋人勘書圖軸……………二九二
高其佩仙山樓閣圖軸………………二九二
高其佩海天日出圖軸………………二九三
高其佩花鳥寫生軸…………………二九三
高其佩指頭畫七子圖軸……………二九三
方琮松巖積翠軸……………………二九四
王鑑山水軸…………………………二九四

王原祁山水軸……………………二九五
朱淪瀚指頭畫松鶴軸…………二九五
王翬春遊圖軸…………………二九六
錢載菊石軸……………………二九六
惲壽平藤花軸…………………二九六
余省牡丹雙鵄軸………………二九七
丁觀鵬天馬獻瑞圖軸…………二九七
林朝鍇蒼松霜隼圖軸…………二九七
宋駿業嵩祝圖軸………………二九八
李相山水軸……………………二九八

册之屬

宋黄庭堅梨花詩册……………三〇一
宋米芾書漢武帝秋風辭册……三〇二
宋劉松年二十四孝圖趙孟
堅書合册………………………三〇三
宋繡十八羅漢像册……………三〇七
元趙孟頫道統源流五册………三〇八
元顧安水仙册…………………三一〇
元張正花鳥册…………………三一〇
明文徵明落花詩册……………三一〇
明文徵明山水册………………三一二
明董其昌書册…………………三一六
明董其昌臨淳化閣帖十册……三一六
明董其昌臨淳化閣帖十册……三一九
明董其昌書蘭亭叙樂志
論册……………………………三二二

明董其昌書白居易琵琶行册……三二二
明董其昌行楷書册……三二三
明董其昌書花糕宴詩册……三二五
明董其昌宋元人縮本畫跋册……三二六
明董其昌山水册……三三一
宋元明人書册……三三二
明錢穀三十二相大士册……三三四
明沈奎富貴長春圖四册……三三五
内府新鈎蘭亭册……三三七
内府新鈎聖教序册……三三八
汪士鋐書韓范嘉行録册……三三九
汪由敦臨米芾書册……三三九
張照臨四種帖册……三四〇
鄒一桂聯芳譜册……三四〇
唐岱十萬圖册……三四六
曹夔音山水册……三四八
楊大章臨張偉華果魚鳥册……三五九
賈全畫六十羅漢册……三六〇
弘旿山水册……三六〇
弘旿山水册……三六一
王原祁山水册……三六一
王原祁山水册……三六二
王原祁仿諸名家山水册……三六五
徐揚端陽故事册……三六六

張演山水册……三六七
沈宗敬山水册……三六八
汪溥山水册……三六八
董邦達仿元人山水册……三七〇
赫奕仿元人山水册……三七〇
張雨森山静日長圖册……三七一
周鯤仿古册……三七二
彭啟豐吳郡西山勝景册……三七三
惲壽平橅古册……三七四
袁瑛唐人詩意册……三七五
冷枚畫馬册……三七六
余穉花鳥册……三七六
蔣廷錫花卉册……三七七
蔣廷錫花果寫生册……三七九
女史蔣淑花卉册……三七九
女史蔣王氏綵繡羅漢册……三八一

經之屬

元趙孟頫書金剛般若波羅蜜經册……三八三
元人書金剛經册……三八四
明夏昶書金剛般若波羅蜜經册……三八四
明文震孟書金剛經册……三八五
明董其昌楷書心經册……三八五
明董其昌書金剛經册……三八六
明董其昌書楞嚴經册……三八六

明祝允明臨黃庭經册……三八七
明人書金剛般若波羅蜜經册……三八七
明板妙法蓮華經七册……三八八
嵇璜書文殊師利現寶藏經二册……三八八
彭元瑞書金剛般若波羅蜜經册……三八九
沈初書金剛般若波羅蜜經册……三九二
沈初書佛説普門品經册……三九五
金士松書金剛般若波羅蜜經册……三九五
福康安書金剛般若波羅蜜經册……三九六
王際華臨蘇軾書金剛般若波羅蜜經册……三九六
王際華書佛説菩薩本業經册……三九七
張照書佛説阿彌陀經册……三九七
鄭大進書佛説大乘無量壽莊嚴經三册……三九八
福康安書佛説如來智印經册……三九九
蔣溥書二十四章經册……三九九
董誥書入法界體性經册……四〇〇

佛説第一希有大功德經册 …… 四〇〇
大乘妙法蓮花經七册 …… 四〇一

幅之屬

高宗純皇帝御筆墨搨心經塔幅 …… 四〇二
高宗純皇帝御筆詩幅 …… 四〇二
高宗純皇帝御筆詩幅 …… 四〇三
高宗純皇帝御筆詩幅 …… 四〇四
高宗純皇帝御筆詩幅 …… 四〇四
曹文埴臨蘇軾尺牘 …… 四〇五
曹文埴臨蔡襄詩帖 …… 四〇五
曹文埴臨董其昌帖 …… 四〇五
梁國治臨趙孟頫帖 …… 四〇六
梁國治臨蘭亭詩 …… 四〇六
梁國治臨評書帖 …… 四〇六
王杰臨米帖 …… 四〇七
董誥臨米帖 …… 四〇七
袁瑛雪山幅 …… 四〇七
袁瑛山水幅 …… 四〇八
謝遂人物幅 …… 四〇八
謝遂山水幅 …… 四〇八
董誥山水幅 …… 四〇九
董誥山水幅 …… 四〇九
董誥山水幅 …… 四〇九
汪承霈月桂幅 …… 四一〇
汪承霈梅花幅 …… 四一〇

汪承霈花卉幅……四一〇
關槐山水幅……四一一
關槐山水幅……四一一
關槐花卉幅……四一一
賈全人物幅……四一二
賈全花卉幅……四一二
楊大章人物幅……四一二
周祺人物幅……四一三
魏鶴齡山水幅……四一三
清柱山水幅……四一三
奎章山水幅……四一四
李致花卉幅……四一四

額之屬

高宗純皇帝御筆福綏堂匾……四一五
高宗純皇帝御筆正大光明匾……四一五
高宗純皇帝御筆紫氣東來匾……四一六

聯之屬

高宗純皇帝御筆對聯……四一七
高宗純皇帝御筆對聯……四一七
高宗純皇帝御筆對聯……四一八
高宗純皇帝御筆對聯……四一八
高宗純皇帝御筆對聯……四一八
高宗純皇帝御筆對聯……四一九

高宗純皇帝御製句董誥書
對聯……………………四一九
高宗純皇帝御製句王杰書
對聯……………………四二〇
高宗純皇帝御製句劉墉書
對聯……………………四二〇
高宗純皇帝御製句劉墉書
對聯……………………四二〇
梁國治書對聯……………………四二一

叙

盛京，清之豐鎬也。天府珍異之品分儲於故宫者，二百數十年來代有所增。余曩督東三省，兼將軍，并管内務府大臣事，房序寶器，職在典守，以宫廷歲久頽敗，葺而新之，凡所儲藏，門分類别，重加編録，自彝鼎圖書之重，下逮一木一羽之微，靡不詳其名數，嚴其扃鑰，後者相承，無敢忽也。金子梁《盛京故宫書畫録》，蓋在余既去東之後，仿《石渠寶笈》例而作者也。卷、軸、册、幅、聯、額以類相從，尺度標題，纖悉備志，都四百四十九件，皆庋於翔鳳閣者。未及其他而值政革，盡所藏諸物輦致都下，入古物陳列所。金子握筆旁皇，悵悵而靡所之。比來都，將以所録付剞劂，而乞叙於余，安可無一言以塞其望？雖然，一夢鄖嬛，早成泡幻，所懸諸心目而足發考古之一喟者，又豈僅書畫而已哉？水竹村人徐世昌書。

自序

盛京故宮珍藏頗富，首推古銅都八百件，《西清續鑑》詳載圖説，其次瓷器凡十萬件，建樓陳設，其次書畫翔鳳閣藏四百餘件，即此編所記。別殿陳設亦及此數，其次圖書文溯閣藏《四庫全書》，各殿亦多古籍，而戰用遺念各品甲胄弧矢，亦足爲一朝興廢之紀念。若珍珠串、鑽石刀，見者駭爲奇物，僅可聊備一格而已。余戊申秋出關，適唐專使奉命聘美，特過瀋陽，取佳瓷數件挾之西遊，謂備贈遺國主之用，方聞而訶之。次歲有英人希吉納者，曾爲埃及元帥，好瓷成癖，老而鰥居，自謂撫兵如子，而愛瓷如妻，聞東都藏瓷之美，來請瞻視，索贈霽紅小花插，竟亦予之毋吝，事尤可怪。嗚呼！藏珍雖富，又能禁幾人予取予携耶？余時兼司典守之職，剏議立博覽館，繪圖訂章，請大府奏明建設，并聘通人編纂目録記要，以備考查。議方協而余出守新民，唯書畫一類爲余與余鐵珊及金月洲諸君主纂，幸已編輯過半。事既中輟，遂亦無人過問矣。

去秋余自濱江到奉，舊地重遊，前塵如夢，鐵珊南歸，悵望天末，月洲晤面，相對欷歔。遂索舊稿重加編録，體例均仿《石渠寶笈》，定名曰《盛京故宫書畫録》。匆促成篇，無復次序，猶憶其中所藏倪雲林《古木竹石圖》有王璲氏題詩云：「流光冉冉逐驚波，文物空思晋永和。遼鶴重尋舊城郭，當時風致已無多。」歲月驚心，河山觸目，重檢至此，百感蒼茫，不自知其涕淚之何多也。

癸丑暮春三月，息侯金梁。

凡例

一、是書所藏書畫，分卷、軸、册、經、幅、額、聯七類。每類先書後畫。首冠宸翰，次及唐、宋、元、明、國朝各名人及無名氏，以至刻絲、刺繡，各以朝代爲序。

二、每類中既按朝代依次記載，其無名氏及方外、女史不另位置，各附於各朝之末。

三、是書所收皆唐宋以下名人手迹，無論臨本、真跡，題款照録，未便分别真贋。各類目次則悉照題簽，不須增減。

四、卷、軸、册中有書畫合璧一類，爲數無多，但非工力悉敵，能稱雙美。有書附見於畫者，歸畫類；畫附見於書者，歸書類。各依朝代等諸附庸，以免偏重。

五、是書於釋道二氏，有書非某偈某經，畫非祇林丹室者，則亦同爲月露風雲，仍收入各朝之内，不另分類。

六、書畫首詳本幅。先分别箋絹與書之真草篆隸，畫之墨畫著色，及本人款識圖章，或他人題跋在本幅者，暨收藏押縫諸印，以次叙録。卷則前後隔水，次引首，又次拖尾。軸則上下左右各方，次及詩塘。書册則前後頁，畫册則前後幅，次及餘頁餘幅，各依其次。欲使條理井然，觀者可無留目也。

七、各類題跋，叙述宜詳，期無遺漏，惟圖章從删，以款字已明，不須重贅也。

八、凡所載題跋及幅内印章，俱依前後。卷則曰卷首、卷末；軸則曰左方、右方、上方、下方；書册則曰頁前、頁後；畫册則曰幅前、幅後；册數多者則曰第幾册第幾頁第幾幅，經册亦同此例；未裝潢之幅、額、聯、立幅則曰無上下軸，横幅則曰無左右軸，額亦如之；聯則曰上聯、下聯、無上下軸。其爲先代内府所藏之寶，統以璽書之；名人圖章，統以印書之。

九、書畫中有宸翰書簽并題跋者，則於各項叙述之後敬爲登載，不敢與諸人題跋一例。

十、名跡流傳幾經裝背，款字已失，或原無題款，經名人鑒跋確有依據，或書法畫踪的然無疑爲某某者，則以無款或未署款書之，仍歸列朝有名人類。

十一、書畫中題跋經全録原文，有署別號及無名者，若印章可識，或別有考據，則仍書某某。其概無證據者，則但書「題句云」、「跋語云」，直録其題跋之詞，而以後署某字書之，不敢臆爲附會，用以闕疑。至書中有全係古人陳文者，概從删减，以省煩文，惟節録者則全行叙述，以備查考。

十二、真跡中如唐宋人手墨，一字亦不易得，其殘縑斷幅，必以幾行幾字謹記，所以别於後代諸家者，以吉光片羽，珍重應逾十倍也。

十三、書畫中跋語，間有字畫殘缺糢糊及圖章漫漶不可辨者，則從闕疑；其字跡錯落文義顯然者，亦毋須補正。

十四、刻絲、刺繡雖工，亦爲降格，皆附於各類無名氏之後，毋庸分類。

十五、書畫中一册有數十家筆墨，其年代不齊者，歸於列朝之後。

十六、是書所載僅翔鳳閣所藏，共計四百四十九件。其各宫陳設卷册另爲編纂，不在此内。

十七、庚子兵燹後，書畫中有碎裂、脱落、污穢及全行遺失者，均一一註明，以重典守而備查考。

卷之屬一

高宗純皇帝御筆戒得堂記卷

澄心堂箋本行書。

戒得堂記。

孔子「三戒」之論，朱子注謂：以理勝之，則不爲血氣所使。又引范氏之言，以爲養其志氣，故不爲血氣所動。《蒙引》又引新安陳櫟之語，以爲志亦定向於理，志有善惡，理無不善。諸説繹聖析理，各抒所見，亦既擇之精而語之詳矣。我皇祖聖壽望七時，嘗欲鐫通用小璽，命内廷翰臣擬文，皆無當聖意者，乃定「戒之在得」字用之。此語聞之張照，蓋爾時伊在南書房裏行也。然當時聖意引而未發，予今年亦屆七袠，於元旦試筆，即檃括此語爲什。兹駐蹕避暑山莊，乃皇祖朝乾夕惕用此璽之處，而予受恩之所也，適作書堂於清舒山館之左，即以此題額，而爲記以闡皇祖之義。曰：帝王之學與佔畢書生有不同，則所戒亦當各異。「未定」、「方剛」之戒兹不復論，兹所戒者，當在「得」矣。而得豈與庶人同乎？欲得賢材而用之，此可戒乎？欲得億萬年永承天眷，此可戒乎？欲得寰宇安寧萬姓樂業，此可戒乎？欲得五風十雨屢綏普徧，此可戒乎？若夫欲得貨財爲瓊林大盈金花内帑之私，則是剜肉補創、自速其亡之舉，古有明戒而戒及此，其亦小矣。因敬思皇祖所云戒得者，其在擴土兼遠之爲乎？擴土兼遠之不已，必有窮兵黷武之事。我皇祖雖征朔漠，復衛藏，非窮兵也，不得已也。予小子欽承先志，亦既平伊犁，定回部，靖金川，擴土不爲不遐，兼遠不爲不備，然非敢恃兵之强、將之略而窮黷以逞己之欲，亦惟是不得已而用之耳。幸蒙天助，諸事順成。今則壽登七旬，亦既老矣，尚何所不足，敢弗以皇祖之戒爲戒乎？如是則先儒所謂志氣、血氣胥不外一理，然此理實非佔畢儒生所得同，而或有合於我仁祖垂示萬禩之義乎？庚子孟秋月下澣御筆。

下有「古稀天子之寶」、「猶日孜孜」兩璽。前押縫有「古希天子」、「八徵耄念之寶」两璽。後押縫有「即事多所欣」一璽。引首書「理闡前謨」四字，上有「乾隆宸翰」一璽。箋高九寸四分，廣三尺二寸七分。

高宗純皇帝御筆戒得堂後記卷

澄心堂箋本行書。

戒得堂後記。

戒得之義，於前記言之，宜無不盡，兹後記何爲而作也？曰：前記之義，蓋言其欲得；兹後記之義，乃言其已得。欲得者有形，得與失任彼，其過小；已得者無形，得與失任己，其過大。兹後記之戒，所以不可不謹，不可不作也。夫已得則有形，而吾謂之無形，且曰任己而其過大者何？試以吾之所得者言之。平伊犁，定回部，靖金川，不爲不遐，不爲不備，是皆有形者。然消息盈虚之理、滿損謙益之機伏於無形，苟有或渝，復隍隨之。故戊寅之歲作勒銘伊犁之碑，於凡栽培傾覆之道、屯種萬里外非計之得，三致意焉，至自今亦廿餘年矣。荷天之寵，疆宇日以安，耕闢日以廣，方敢言有形之得，而吾心之慄慄危懼於無形，以戒夫或有所失而不能保其得全之意，豈謂此一記遂足以息吾肩而卸吾責哉？亦惟日慎一日，以待吾歸政之日而已爾。辛丑季夏月御筆。

下有「古稀天子之寶」、「猶日孜孜」兩璽。前押縫有「古希天子」、「八徵耄念之寶」兩璽。後押縫有「筆花春雨」一璽。引首書「持盈申誡」四字，上有「乾隆御筆」一璽。卷内有補痕。箋高九寸四分有奇，廣三尺二寸七分有奇。

高宗純皇帝御筆知過論卷

描金箋本行書。

知過論。

予去歲爲《古稀説》，歷數古來秕政之過，曰强藩，曰外患，曰權臣，曰外戚，曰女謁，曰宦寺，曰奸臣，曰佞倖，而幸今都無其事，非驕也，蓋紀其實，且以自勵也。然則予遂無過乎？曰：有。爲何過？曰：爲興工作。蓋予承國家百年熙和之會，且當勝朝二百餘年廢弛之後，不可無黻飾壯萬國之觀瞻。四十餘年之間，次第興舉，内若壇廟、宫殿、京城、皇城、禁城、溝渠、河道，以及部院衙署，莫不爲之葺其壞，新其舊；外若海塘、河工、城郭、堤堰，莫不爲之修其廢，舉其湮。是皆有關國政，則胥用正帑，物給價，工給值，而弗興徭役、加賦税以病民。他若内而西苑、南苑、暢春園、圓明園，以及清漪、静明、静宜三園，又因預爲菟裘之頤而重新寧壽宫，别創長春園；外而盛京之屬城式築其頹，永陵、福陵、昭陵、陪都宫殿胥肯構以輪奂，又景陵、泰陵往來之行宫以及熱河往來之行宫、避暑山莊、盤山之静寄山莊，更因祝釐而有普陀宗乘之廟，延班禪而有須彌福壽之廟，以至溥寧、普樂、安遠諸寺，無不因平定準夷、示興黄教以次而建。是皆弗用正帑，惟以關税盈餘及内帑節省者，物給價，工給值，更弗興徭役、加賦税以病民。夫弗興徭役、加賦税，則雖有工作，閭閻本不知，而物給價，工給值，貧者且受其利，是實我朝之善政家法。是以各省偶遇水旱，率興工作，有以工代賑之請，而内之司園囿工程者，且戒以其年無工作爲苦，如是則所爲興工作者爲無過矣。而予引以爲過者，蓋心有所縈繫，必有所疎忽，得毋縈繫於小而或有踈忽於大者乎？夫小者，遊目賞心是也；大者，敬天勤民是也。予雖不敏，實不敢因其小者廢其大。是以向偶遊萬壽山諸處，率過而弗留，尹繼善遂有「馳驛觀山」之語，予不惟不責，且笑而肯之，實獲我心也。若夫時巡所經，各督撫每繕行宫以備駐憩，雖云出自捐養廉，資商力，然争奇較勝，予不爲之喜，且飭論之。究其致如此者，過應歸於予，謂之無過，實自欺也。夫不知過，其失猶小；過而弗改，又從而爲之辭，是文過也，其失大。既知過矣，欲改矣，如向所云者。繼自今，予惟視其不可已者，仍酌行之，其介於可已不可已之間者，率已之而已耳。已過伯玉知非之年，未逮武公作戒之歲，細審實有此過，故著論書卷，以當自訟。乾隆辛丑中秋并識於避暑山莊之抑齋御筆。

下有「古稀天子之寶」、「猶日孜孜」两璽。箋首「戒得堂」一璽。前押縫有「古希天子」、「八徵耄念之寶」、「寓言於物」三璽。後押縫有「萬有同春」一璽。引首書「儆深抑戒」四字，上有「乾隆御筆」一璽。箋高一尺一寸二分有奇，廣五尺。

高宗純皇帝御筆南巡記卷

描金箋本行書。

南巡記。

舉大事者，有宜速而莫遲，有宜遲而莫速。於宜速而遲，必昧機以無成；於宜遲而速，必草就以不達。能合其宜者，其惟敬與明乎？敬者敬天，明者明理，敬天斯能愛民，明理斯能體物，千古不易之理也。予臨御五十年，凡舉二大事：一曰西師，一曰南巡。西師之事，所爲宜速而莫遲者，幸賴天恩有成，二十餘年疆宇安晏，茲不絮言。若夫南巡之事，則所爲宜遲而莫速者。我皇祖六度南巡，予藐躬敬以法之，茲六度之典幸成，亦不可以無言。我皇祖蕩蕩難名，予藐躬瞠乎景仰，述且弗能，作於何有？然而宜遲莫速之義，則不可不明示予意也。蓋南巡之典始行於十六年辛未，是即遲也。南巡之事莫大於河工，而辛未、丁丑兩度不過勅河臣慎守修防，無多指示，亦所謂遲也。至於壬午，始有定清口水誌之諭。向來河臣率皆靳拆清口，恐干多費工料之議。洪湖盛漲，則開五壩下河一帶，無歲不被偏災。自壬午年三次南巡，始定高堰五壩水誌高一尺，清口即開放十丈爲準，俟秋泛後，洪湖水勢既定，仍如常接鑲口門。嗣是河臣恪守此法，數十年來，下河免受水患，田廬并資保護。丙申乃有改遷陶莊河流之爲。向來清口每慮黄水倒漾，康熙己卯春皇祖南巡，親莅河干閲視形勢，命於清口迤西隔岸挑陶莊引河，導黄使北，因河臣董安國開放過早，旋復淤墊。其後庚辰、辛巳、壬辰、甲午以及雍正庚戌，歷命大臣會同河臣籌勘挑辦，功迤未就。嗣以黄水倒灌，舍開陶莊引河更無善策，乾隆丙申春，令河臣薩載詳悉履勘，繪圖貼説，往返指示，即於是年秋興工，至丁酉仲春蕆事，開放新河，大溜暢達，既免黄流倒漾之虞，兼收清水刷沙之益，因命建河神廟以答神佑。詳見御製碑記。庚子遂有改築浙江石塘之工。浙江海塘自戴家橋迄西皆柴塘，不足資鞏護。庚子南巡，親臨閲視，因飭該督撫於老鹽倉一帶改建魚鱗石塘，仍諭令存留舊有柴塘，以爲重門保障。辛丑、壬寅等年陸續採辦石料，堪估建築，至癸卯八月，該督撫富勒渾、福崧等奏報，石塘三千九百四十丈全行告竣。今甲辰更有接築浙江石塘之諭。浙江海塘老鹽倉一帶魚鱗石塘雖已全竣，而章家菴以西惟藉范公塘土堤一道衛護，形勢單薄，不足以資捍禦。因先期傳諭該督撫詳晰籌畫，採石鳩工。兹甲辰南巡，親臨指示，不惜百餘萬帑金，降旨一律接築石塘，俾濱海黔黎永資樂利。至於高堰之增卑易磚，庚子南巡閱視高家堰工，據薩載請，將三堡、六堡等卑矮磚工加高。予以磚工究不若石工之經久，因命勿惜帑費，一律改造石工，分年修甃，以冀永遠鞏固。徐州之接築石隄并山，丁丑、壬午、乙酉三次南巡，均至徐城閱視河工形勢，次第籌辦添甃，石隄俱用石十七層，以資鞏固。其舊有石工三段，長九百七十餘丈，較之丁丑新建石隄短少二三層，於庚子南巡時命嵇璜、薩載會勘，一律加高十七層。又自韓山至奎山一帶向止土堰，茲亦一律接築石隄四百五十丈，直連山脚，俾濱河永保安居。無不籌度咨諏，得宜而後行。是皆遲之又遲，不敢欲速之爲。夫臣之事君，其有知不可而强諍者鮮矣。河工關係民命，未深知而謬定之庸碌者，惟遵旨而謬行之，其害可勝言哉？故予之遲之又遲者，以此而深懼予之子孫自以爲是，而後之司河者之隨聲附和，而且牟利其間也。與其有聚斂之臣，寧有盜臣，在他事則可，在河工則不可。河工而牟利，宣洩必不合宜，修防必不堅固，一有踈虞，民命繫焉，此而不慎，可乎？然而爲君者一二日萬幾，胥待躬親臨勘，而後剔其弊，日不暇給焉，則仍應於敬天明理根本處求之，思過半矣。予之舉兩大事，而皆幸以有成者，其在斯乎？其在斯乎？若夫察吏安民，行慶施惠，羣臣所頌以爲亟美者，皆人君本分之應爲，所謂「有孚惠心，勿問元吉」，予嘗以此自勖也。至於克己無欲，以身率先，千乘萬騎，雖非扈蹕所能減，而體大役衆，俾皆循法而不擾民，亦亟其難矣。斯必有以振其綱而挈其要，然後可以行無事而胥得宜，實總不出「敬」、「明」两字而已。故兹六度之巡，携諸皇子以來，俾視予躬之如何無欲也，視扈蹕諸臣以及僕役之如何守法也，視地方大小吏之如何奉公也，視各省民人之如何瞻覲親近也。一有不如此，未可言南巡。而西師之事，更不必言矣。敬告後人，以明予志。乾隆甲辰仲春御筆。

下有「古稀天子之寶」、「猶日孜孜」两璽。箋首有「學鏡千古」一璽。箋共三幅。第一幅前押縫有「用筆在心」一璽，後押縫有「齊物」、「用筆在心」两璽。第二幅後押縫有「寓言於物」一璽。第三幅後押縫有「萬有同春」。前隔水有「五福五代堂古稀天子寶」、「八徵耄念之寶」两璽。引首書「展義宣衷」四字，上有「古稀天子」一璽。箋高一尺八寸有奇，廣八尺三寸。

高宗純皇帝御筆賜提督柴大紀詩卷

描金龍文箋本行書。

水師提督柴大紀奏固守諸羅信至，即加恩封爲一等義勇伯，詩以誌勸。

正月諸羅克復纔，結營牆築更溝開。柴大紀於正月克復諸羅之時，即相度形勢，分兵劄營於縣城四門外要害之處。迨六月杪賊勢猖獗，遂環營開溝，并堆築短墻，安設大炮二十八尊，以爲禦賊之計。營盤甚屬堅固，是以賊衆疊次攻犯，俱爲官兵所敗。旋聞夏杪賊猖獗，竟敢城攻恣擊豗。以少勝多策真壯，聯孤爲衆志猶恢。節次據柴大紀奏稱，逆賊林爽文糾衆萬餘，不分晝夜，接連來犯營盤，并將八獎溪用土石壅塞，決水泛溢，以阻援兵來路。又用大板木車中藏鎗炮，挽以四牛，分路衝突。俱爲柴大紀設法抵禦，令人挖通填溪之土，放水順流，并用大炮擊碎木車，殺死賊匪無算。皆由柴大紀調度有方，聯絡義民之心，故能衆志成城，以少勝多，屹然不動。如此爲國宣勞，實爲難得。每於批閱來摺，嘉獎之意真不可名言也。義民勇士感誠篤，禦壘輸糧弗懈頽。柴大紀激勵將士、義民，人皆感激思奮。當諸羅被圍日久，軍糈漸乏，而魏大斌所帶火藥、銀糧復被賊攔截，不能前進，城内外紳耆、鋪民挑送飯米、涼水接濟軍營，歷久弗懈，甚爲嘉珍。有旨相機計求別，直陳固守志毋廻。前因賊衆窺伺諸羅，百計攻擾，而常青先後所派援之兵總未能即至。惟恐柴大紀激於忠憤，堅守與城存亡之義，固守弗出，則反失一賢臣。是以降旨令其酌量情形，如力有難支，不妨率領官兵整隊而出。并慮義民受賊戕害，於心所有弗忍，諭令設法捍衛出城，再圖進取。乃柴大紀接奉此旨，覆奏縣城一切守禦久經佈置屬密，且城内數萬生靈，不忍委賊毒手，立意堅守，以待救援。與予軫念義民，多方愛護之意適相脗合。披覽之下，爲之墮淚，似此忍飢固守，心志益堅，惟知以國事民生爲重，雖古之名將，何以加之？析骸爲爨雖未至，望眼已穿待援去聲來。督飭進兵莫遲耳，優頒加爵實宜哉。據柴大紀奏諸羅情形，兵民皆以花生、地瓜、野菜充飢，尚能忍飢堵殺賊匪。柴大紀疊次移文將軍常青，轉催恒瑞、普吉保迅速援救，而二人以鹽水港、笨港地方緊要，且虞後路無繼，不可輕離爲辭，未念柴大紀待援甚急，不可少緩。因即馳諭普吉保，令其速統大兵往救，接濟糧餉、鉛藥，以保無虞。柴大紀力捍危城，忠肝義膽，發於至性。其在臺灣勦殺賊匪，勞績最著。即此守城一節，堅志不移，尤爲難得，應加恩封一等義勇伯，世襲罔替，并賞銀一萬兩，俟大功告竣後再行優加封賞。所有諸羅義民、員弁、官兵，激發忠義，同心固守，實堪嘉獎。昨已降旨，將縣名改爲嘉義，再將五十四年闔縣地丁錢糧全行蠲免，并令查明出力員弁，咨部優叙。其隨營兵丁賞給兩月錢糧，以示獎勸。現在福康安迅抵鹿仔港，兵威壯盛，士氣百倍，自當即日破賊解圍，擒勦首逆林爽文等，共奏膚功，以清海疆而安黎庶耳。重臣勁旅兹將到，翦寇書勳凱宴陪。乾隆丁未長至月上澣御筆。

下有「古稀天子之寶」、「猶日孜孜」兩璽。箋共二幅。第一幅前押縫有「墨雲」、「用筆在心」兩璽，後押縫有「寓言於物」、「半塌琴書」[二]兩璽。第二幅後押縫有「研露」一璽。後隔水有「五福五代堂古稀天子寶」一璽。引首書「褒忠勸善」四字，上有「古希天子」一璽。拖尾有和珅、王杰、福康安、福長安、董誥跋。

乾隆五十一年十一月，臺灣逆匪林爽文作亂，攻陷彰化、諸羅二縣，南路賊目莊大田應之。總兵柴大紀禦賊於鹽埕橋，轉戰甚力。次年三月，收復諸羅縣。繼而賊大至，圍之數月，糧幾絶。將軍常青分兵救之，圍未解。上嘉其固守，擢大紀提督，且慮其力弗支，密勅相機全師而出，再圖克復，勿泥城存與存之大義。大紀上言，誓死弗出，辭頗激昂。上得奏，益感動，至爲揮涕，立封大紀爲一等義勇伯，製詩嘉獎，并御書斯卷以賜。迨九月，臣福康安率師渡海，既解諸羅之圍，始聞大紀弗突圍出，乃城中義民固止之，非大紀意，又所陳困憊狀多不實，密陳之。上心重大紀前勞，申諭臣福康安者至於再三。是年十二月，侍郎德成自浙江查勘海塘復命，大紀浙人也，因垂詢焉，則以所聞貪黷延玩、賞不厭望對，乃勅下浙江撫臣琅玕、閩浙督臣李侍堯察實。既而琅玕奏所聞，與德成合，且訊其家屬，自調鎮臺灣，寄銀累萬，贓穢有迹。李侍堯復劾其巡查彰化時，即聞賊匪滋事萌蘖，託詞回郡，比聞官戕城陷，又未即整兵前進，文員誚讓而後行，及其他奸利事甚悉。五十三年正月，奉旨褫職逮問，時两逆渠已就擒，命臣富康安竟其獄，則益得其廢弛貪縱、逗撓欺飾狀。下大學士九卿，論如律，詔逮至行在，命臣等覆訊之。先是，侍郎德成發大紀罪，旋奉使臺灣堪估城工，無讞獄責。大紀詞窮，乃誣引德成在郡日鍛煉兵民以實其言，莫有應者，將冀以自解，而訊無左驗。獄詞上，上惡其狡詐，乃出前申飭臣福康安諸諭旨俾卒讀，大紀始伏地叩頭，涕汗如雨。廷訊款服，遂伏誅。自柴大紀受封以來，臣和珅、臣王杰、臣福長安、臣董誥日侍帷幄，臣福康安更身歷行間，皆親見其始末。方大紀自奏力戰鹽埕橋與被圍援絶，得旨令擇便衝出而效死弗去，雖古名將，何以加之。宜我皇上爲之感動垂淚，賜爵賚金，至於製詩褒美，親灑宸翰而眷猶未已也。迨其欺詐漸敗，而我皇上猶兼聽并觀，始覺其所言多不實，詢問所及，莫敢匿情，前後罪狀因盡發露。是則始之封之獎之，所謂君子可欺以其方也。既而發其事於内外大臣之言，定其獄於閩浙兵民之口，豈非國人皆曰可殺，然後察之，見可殺焉，然後殺之者乎？我皇上臨御五十三年，賞功罰罪，從不豫設成心，惟視其人之自取。而應死者有一綫可生之路，必爲之縈迴惻隱，而未忍即誅焉。方大紀初逮至山莊，獄已弗疑，上意猶憫其戰守微勞，將緩其死，乃復以抵飾誣陷自速厥辜，益仰見我皇上大德同天，而人臣罔上不忠，匪獨公論所不容，鬼神亦必陰褫其魄也。籍大紀家，斯卷仍歸内府，因命臣等紀其崖略於後。乾隆五十三年七月，臣和珅、臣王杰、臣福康安、臣福長安、臣董誥恭識。

下有「董誥印」、「載筆」两印。卷首無玉劃。箋高一尺一寸二分有奇，廣五尺八寸一分有奇。

高宗純皇帝御製元旦雪詩董誥書并畫卷

描金箋本楷書。款署「臣董誥敬書」。下有「臣」、「誥」两字两小印。後押縫有「莊敬日强」一璽。後隔水有「五福五代堂古稀天子寶」、「八徵耄念之寶」两璽。箋高七寸五分，廣九寸二分有奇。書後素箋淡墨畫，款署「臣董誥恭繪」。下有「臣」、「誥」两字两印。箋首有「乾隆御覽之寶」、「石渠寶笈」两璽。前押縫有「涵虚朗鑑」一璽。箋高七寸五分，廣三尺五寸三分。

謹按：蔗林書法遠宗羲、獻。是卷小楷，猶見先民矩矱，畫品瀟灑出塵，與時史迥殊蹊徑。是圖篇幅不多，雖爲小品，而空中摹景太素皓然，近樹微茫，遠峰凍合，滿紙凌兢。詩思在灞橋驢背，而同雲深處樓閣參差，比宇連衡，笙簫競奏，如吹寒谷之律，春意盎浮楮素間矣。

御製詩：除夕顒看剛霰集，三更肅拜落霙微。質明侵曉纔綏佈，歷午達申遂暢霏。望過三冬澤猶靳，欣蒙元旦福如幾。方珪圓璧隨形相，豎灑横排勢霍揮。四字適增曹植頌，千官都點謝莊衣。慶因首祚叨天貺，冀更鴻禧遍帝畿。應節果然爲六出，臨池餘事逮三希。自惟何以克當此，屢省欽哉慎所依。

高宗純皇帝御製五福頌弘旿書并圖卷

素箋本書畫相間。楷書《御製五福頌序》一篇，《五福頌》五章，著色繪圖五幅。第一幅上有「乾隆御覽之寶」、「石渠寶笈」兩璽。箋末有「乾隆鑑賞」、「三希堂精鑑璽」、「宜子孫」三璽。前隔水有「五福五代堂古希天子寶」、「八徵耄念之寶」兩璽。第五幅後有弘旿恭識一跋，下有「臣」、「旿」兩字兩印。卷製三截，無玉劃。箋高一尺七分有奇，廣一丈七寸四分有奇。

御製五福頌有序。

寧壽宫後曰景福宫，我皇祖奉孝惠皇太后所居也。予既豫葺寧壽宫爲歸政後燕憩之所，而景福宫則仿建福宫中静怡軒之制鼎新之。軒有屏，嘗撰《五事箴》揭之，以代銘座。斯宫義取頤養，實惟五福爲宜。夫五福，世所艷稱，顧昔人無闡之者，爰頌而列諸黼扆。第考《洪範》五福傳疏，或分詮，或遞釋，無所專主。予以爲尋[二]、富、康寧及考終命皆受之於天，而好德則修之於人。玩五皇極之辭曰「予攸好德，汝則錫之福」，與此互相發明。《中庸》言位禄名壽必推本於大德，足爲五福主德之証。而《正義》所云「德者福之基，福者德之致」，尤深切而著明。予故於「攸好德」之頌詳暢厥旨。然帝王之福乃天下之公，而非一身一家之私，其徵自與常人異，誠如所期，信爲備福。予益惟敬修德以迓天庥，而弗敢期其必。

箕疇凡九，極建惟五，斂時五福，其目未譜。於九詳焉，壽爲初祜，華封所祝，麥邱所語。唐堯則辭，齊景則喜，聖弗聖分，於斯可覘。景福之宫，肇我皇祖，竹苞松茂，以養聖母。歲久重葺，倦勤擬居，作此屏扆，五當其數。衍繹範言，頌是曼壽，詩引昌黎，敢怠永久。右壽。

國君大夫，問富答殊，有天下者，奚問答諸。既艱問答，其富若無，然亦有焉，乃在民乎？宣尼正對，萬世帝模，省力薄賦，猶可勉圖。時若雨暘，屢豐雖期，是用危懼，敢詡尊居。又若求材，常若不足，艱致者多，詎曰金珠。蒐裘豫營，勒此屏辭，設誠符望，肩卸心娛。右富。

皇清開國，承運奉天，宅中建極，敷錫八埏。茲百餘載，將萬斯綿，三聖總承，謨烈丕宣。藐予小子，佛時仔肩，治圖康寧，夕惕朝乾。愛民祈歲，察吏求賢，雖有梗化，弗致蔓延。九州安内，萬里拓邊，幸未隕越，敢爲讆言。八旬有五，擬茲引年，敬之一字，用作心傳。古[三]康寧。

福何由生，端在乎德，德復在好，人我胥棘。顧名思義，行道有得，然殊吉凶，原道言億。去則徵善，凶必召慝，應好其善，樂乃無射。五福之四，賅彼四則，皇極敷錫，無好必斥。作汝用咎，禄賢是篤，五九相應，訓君尤亟。勵以多年，子云敬式，垂老弗諼，蘄稿方力。右攸好德。

踐祚之初，炷香告天，□義洪庥，歷六十年。便當歸政，以授後人，豈圖逸豫，有□於中。於穆皇祖，幼齡居尊，六十一載，化被海壖。小子廿五，繼體乘乾，敢同祖歷，耆耋況臻。新茲景福，爰待即閒，存吾順事，橫渠銘焉。九疇所云，吾福冀全，然未敢必，敬俟天恩。右考終命。

臣伏讀《御製五福頌》，仰見我皇上聖學高深，宸衷廣運，徵福德之實事，刊祝嘏之浮辭，誠足以昭示天下後世，俾知帝王之福所以上承天庥，淵源有自。臣謹按：《漢書》以《春秋》分詮《洪範》五事，宋仔譏其强附，而亦不能實指其禔福所由來誠如聖福。五福世所艷稱，昔人有闡之者，惟我皇上洞悉精微，凡壽、富、康寧及考終命，皆歸之於天，而以好德事在人功，會極建中，於是乎在，蓋不必煩稱博引，即於斂福之内見受福之原。所謂聖人行其道而寶其真，惟其有之，是以言之，親切如是也。古者教化成，頌聲作，一時臣民相與詠歌而長言之，被於金石，溢於竹帛，要非必盡有其事，以爲頌禱之文固然。乃今則徵之有驗，握之有本，福至此爲已備，德至此爲已全，伊耆以來，莫之云覯。而上方設誠主敬，本《無逸》作所之思，爲保泰持盈之道，敬天法祖，愛親勤民，皇極建而五福應，不特超越百代，直與錫洛陳疇之旨脗合無間，猗歟休哉！陰陽和，萬物序，體氣充塞，符瑞并臻，炳炳麟麟，皆因玉德而集。慈寧之福咸備，壽考之歌頻興，民和年豐，國以饒裕。且冒彤、鑲耳稽顙奉皐，交洲、雪嶺執馘獻凱，蓋象魏所不能布，康衢所不能歌，無疆維休，與天地同壽。臣覩郅治之隆平，慶遭時之極盛，謹録聖製，并繪圖以進，用誌微臣懽欣忭舞之忱云爾。臣弘旿敬識。

高宗純皇帝御製涇清渭濁詩弘旿書并畫卷

素箋本書畫合璧。前半幅楷書，後半幅署[四]色繪圖。款署「臣弘旿恭繪」。下有「臣」、「旿」两字两小印。書畫中均有「五福五代堂古稀天子寶」、「八徵耄念之寶」两璽。玉軸脱一。箋高一尺二寸，廣二丈三尺五寸。

御製西安巡撫秦承恩覆奏涇清渭濁實據，詩以誌事，一韻二首。

近因詩中用《邶風》涇以渭濁事，玩以字義，自當作涇水爲渭水所濁解，乃朱注則以爲渭清涇濁，心疑其誤，而泥其説者不免耳食，因命秦承恩親履二水，由甘入陝之源，究其實在情形。兹據覆奏，辨析甚明，果爲涇清渭濁。既詳著紀實文，并附録承恩原摺，因再成是什，以誌考古訂譌之意。

撫臣親履勘，二水別分明。秦承恩奏稱：涇水發源甘肅平涼縣笄頭山，東流至長武，入陝西境。又東至高陵，入於渭。渭水發源甘肅渭源縣鳥鼠山，東流至隴州，入陝西境。又東至高陵，與涇會，其地即《禹貢》之渭汭也。遵旨馳赴該地，并泝流至長武、隴州自甘入陝之源，確加察視二水入境及合流處所，實在涇清渭濁，繪圖具説覆奏。涇暫有時濁，又稱涇水係石子底，四時常清。惟春雪初消、夏雨暴漲之時，各溪匯集，衝激奔騰，河流暫致混濁。十數日後，水退泥澄，清駛如故。至秋冬，更爲澄澈。渭水則係沙底，挾沙行，四時常濁，從見未[五]有清澈之日等語。渭恒無日清。暫賓自非實，涇清也。恒主合當名。渭濁也。格物致知要，問朱可力行。絜矩於爲政，益當衡鑑明。僞清乃成濁，祛濁始真清。两可寧稱實，一成要正名。那能不求解，惟是勉躬行。

御製涇清渭濁紀實。

陶淵明讀書不求甚解，嘗不韙其言。蓋彼以隱居放言之人則可，稽古考經之人已不可，而況作君師司政治者乎？故於勑幾熙績，必不肯置疑，似两可其間，而於考經稽古，益必求其至當。近賦《心鏡詩》，因用《邶風》涇清渭濁事，以詩義觀之，則涇清渭濁也，而朱注則以爲渭清涇濁，大失經義。夫以者，何因也？涇以渭濁，可知涇本清而因渭濁，如左以右累，是左者因右而受累；賢以邪累，是賢者因邪而受累也；伊、洛以河渾，是伊、洛本澄，入黄河而爲渾流也。如是者原不可僂指數，而朱子則讀書明理，何乃顛倒涇渭之清濁一至此乎？然此非獨朱子誤也，蓋鄭康成箋本謂涇清渭濁，鄭箋云：涇水以有渭，故見渭濁。是康成明言渭濁，不言涇濁，其以爲涇清可知。自唐陸德明、孔穎達諸人因之沿訛，而經意遂失。自唐時始因誤解鄭箋而顛倒其説，其後入主出奴，紛如聚訟，益不可考。朱子因訛傳訛，後人更不敢議其非。余細繹以字之義，定當謂涇之清因渭而濁爲是。然余亦不肯遂以爲是，爰命陝西巡撫秦承恩身至二河，自甘省入陝省之源，辨其清濁。今據具摺貼説呈覽，實涇清渭濁，於是余之疑始解，而心始安。因命附録承恩之摺於後，以誌其詳。設有人議承恩遵旨爲遷就曲説者，可親至承恩所至二河自甘省入陝省之源視之，則是非顛倒立辨。朕當治承恩之罪，不恬過也。

御書紀實卷後：讀書明理，豈易言哉？適書此卷至鄭箋云涇水以有渭故見渭濁句，恍然有悟。設如於「渭」字下增一「而」字，或以「有」字易爲「入」字，明曰涇水以入渭，故見渭而濁，何等直截，則其本意易明，亦無唐宋以來之紛如聚訟矣。千載注疏家似此者亦多矣，豈能一一正之？擲筆輾然，附録於此。

高宗純皇帝御製麋角解説董邦達書并繪圖卷

素箋本書畫合箋。前半幅碧絲闌隸書《麋角解説》，後半幅署[六]色畫《麋角解圖》。款署「臣董邦達敬書并恭繪」。下有「臣邦達」、「敬畫」兩小印。箋首有「乾隆御覽之寶」、「石渠寶笈」兩璽。箋末有「乾隆鑑賞」一璽。前隔水有「五福五代堂古稀天子寶」、「八徵耄念之寶」兩璽。左押縫有「萬有同春」一璽。右押縫有「半榻琴書」一璽。畫後隔水右押縫有「三希堂精鑑璽」、「宜子孫」兩璽。卷首脱落，玉劃缺半。箋高七寸□分，廣七尺二寸七分。

御製麋角解説。

壬午爲《麋角記》，既辨明鹿與麋皆解角於夏不於冬，然《月令》既有其言而未究其故，常耿耿焉。昨適冬至，陡憶南苑有所謂麈者，俗名長尾鹿，可爲蠅拂，即麈尾。或解角於冬，亦未可知。遣人視之，則正值其候，已有落地者，有尚在𫗦骨或雙或落其一者。持其已解者以歸，乃爽然自失曰：天下之理不易窮，而物不易格，有如是乎？使不悉麈之解角於冬，將謂《月令》遂誤，而不知吾之誤更有甚於《月令》者矣。然則《月令》遂不誤乎？曰：《月令》之誤，誤在以麈爲麋，而不在冬之有解角之獸也。蓋鹿之與麋，北人能辨之，南人則有所弗能，麋之與麈，亦如是而已乎？且《説文》訓麈，有麋屬之言，而《名苑》則又曰：鹿大者曰麈，羣鹿隨之，視尾所轉而往。夫鹿也、麋也、麈也，迴然不同，亦不相共羣而處，實今人所知者，而古人乃不悉其孰爲鹿、孰爲麋、孰爲麈，則《月令》不云夏至麋角解冬至鹿角解爲幸矣，而又何怪乎其誤麈爲麋也耶？既釋此疑，因爲説以識之。《月令》古書，不必易。靈臺時憲則命正譌，以示信四海焉。

唐李北海書牡丹詩卷

此卷據庫使稱，係庚子年被殘毁，全卷盡失，僅存卷端錦面。籤題「唐李北海書牡丹詩真蹟」十字。玉劃碎缺，只存三分許。

唐釋智永真書千文卷

碧絲闌素絹本真書。八十五行。第一行書「千字文勅員外散騎侍郎周興嗣次韻」十五字。第八十五行款識「開皇十七年二月釋智永書」。其餘自第二行至八十三行每行十二字，第八十四行僅四字，共九百八十八字。内闕「閏餘成歲慎終宜令榮業所基」十二字。書後餘絹十三行，有楊載跋云：不觀鍾繇帖，不得永師之源委；不觀永師書，不知鍾繇之妙境。蜀人楊載謹題。又郭畀跋云：永師鐵門限，生平所書《千文》有八百本，以施江東諸寺，然皆真、草二體。此卷爲襄陽魏秦之物，用碧闌絹書，秀潤嚴密，直抉《宣示》之精髓。古今真書之妙，無出鍾元常，其次則右軍。若唐人，雖應規入矩，已無魏晋氣。魏晋書法之高，良由各盡其字之變態，不以私意參之耳。永師書顧盼精神，有向有背，隨字異形，堅正匀浄，有起有止，此必至精至熟，然後能之。寶藏篋笥者二十餘年，契闊艱難，不敢失墜。偶因楊翰史索觀，嘆賞彌日，恐後人易視之，特爲拈出。丙寅長至，京口郭畀識。下有「郭畀天錫」一印。絹首有「宣和」、「宏文」之印、「真賞」、「文藝藪澤」諸印，又有「乾隆御覽之寶」一璽。絹末有「晋陵開國」一印、「紹」、「興」两字两小璽、「内府書印」一璽，又有「宣文閣書畫博士印」[七]、「賈似道印」、「似賈道圖書子子孫永寶」[八]、「褚氏」、「文府寶傳」、「奇觀」、「審定真跡」、「靖難元勛」，缺蘇朱[九]諸記。前押縫有「秘奇閣圖書」、「王元美鑒賞」两印，又有「世寶」、「内殿秘書之印」两璽。後押縫有「鬻質假贈兹爲不孝」、「翰林陳緝熙鑒賞私印記」諸印。前隔水有「唐釋智永真書千文」八字，上有「緝熙寶殿」一璽。後隔水有「内府圖書之印」一璽、「趙氏子子孫其永保用」[一〇]一印。闌外餘絹李倜跋云：古人書皆善用筆，故舉措即有一種謹嚴處。此卷世不多見，識者宜寶之也。延祐戊午八月二日河東李倜敬題。下有「員嶠真逸」

一印，又有「王元美鑒賞」一印。押縫處有「世寶」一璽。拖尾有王元美跋云：張懷瓘《書斷》中叙妙品九十八人，始于索靖，終于智永，而行草中又列諸人之右，則當時之貴重可知。故評者謂其氣調優于歐、虞，精熟過于羊、薄，微尚有道之風，半得右軍之肉，良不虚也。吾弟敬美以善價得之都中，云是内禁之物。余借閲久之，不忍釋去，而敬美又喜予李成《山城圖》、張芝《九間帖》及漢玉夔龍觶，遂以易之。吾兩人各以所愛而博所愛，皆未免放一拈一也。戊寅日世貞。絹高八寸五分，廣八尺八寸二分有奇。

謹按：唐何延之《蘭亭記》云：右軍七代孫智永，即右軍第五子徽之之後。捨家入道，俗號永禪師。常居永欣寺閣上，臨書三十年，得真草《千文》好者八百餘本，浙東諸寺各施一本。今有存者，猶直錢數萬。是唐時此本已爲罕見。宋大觀中，薛氏以長安崔氏所藏真蹟刻石，舊搨精本「律呂」作「律召」，與此卷同。絹内每行十二字，疎密相間。前後題款外《千文》共九百八十八字，闕「閏餘成歲」及「□□□□□□□□」十二字。絹末有「宣和」之璽及賈秋壑諸印記。自是由浙寺而入宋内者。觀弇州跋，則明時尚在内府也。永師《千文》搨本，歐陽文忠所見已有後人妄補者，宋時石刻已爲瓌寶，况墨蹟耶？

唐戴嵩鬭牛圖卷

素箋本墨畫。款署「臣戴嵩進」。箋首有「天籟閣」、「寄傲」、「項墨林鑑賞法書名畫」、「子孫世昌」、「項墨林父秘笈之印」、「項墨林鑑賞章」諸印，又有「乾隆鑑賞」、「樂壽堂鑑藏寶」、「石渠寶笈」三璽。箋中有「乾隆御覽之寶」、「古希天子」、「壽」字、「八徵耄念之寶」四璽。箋末有「退密」、「神品」、「項叔子」、「神遊心賞」、「項子京家珍藏」五印，又有「三希堂精鑑璽」、「宜子孫」二璽。箋高一尺三寸八分，廣一尺五寸。箋端有高宗純皇帝御題詩云：角尖强項力相持，蹴踏騰婁各出奇。想是牧童指點後，股間微露尾垂垂。乾隆御題。下有「乾」、「隆」兩字兩璽。又題云：牧童遊戲何處去，獨放雙牛鬥角叉。畫跋曾經闕畫録，録誠差跋更爲差。辛丑冬再題。下有「古稀天子」、「猶日孜孜」兩璽。後隔水御筆跋云：按《廣川畫跋》舉

《畫録》謂牛與牧童點睛，圜明對照，見形容著目中。牛與童子之形大小可知，眸子點墨，不過脱殼，安聽作人牛形云云。其意以爲《畫録》所云，似指目中畫童子形，童子目中畫牛形，如是則《畫録》未爲失，而《畫跋》乃誠失之遠矣。蓋《畫録》所云，乃謂牧童與牛彼此有相顧之情，見於目中耳，其謂目中畫牛與童子之形哉？向題毛益《牧牛圖》，有「脱殼安能容對照」之句，引而未發，兹故申而口之。三希堂再識。下有「古稀天子之寶」、「猶日孜孜」兩璽。

唐閻立本職貢圖卷

素絹本著色畫。舊題「閻立本職貢圖」六字，缺左半，似宋徽宗書。下有「宣」、「和」两字两璽。絹首有「宣和之寶」一璽、「安儀周家藏」一印。絹□又有「□□」一印，漶漫不可辨。前押縫有雙螭一璽，下有一印，缺左半。又有二印，均漶漫不可辨。後押縫有「宣」、「和」两字两璽、「安氏儀周書畫之章」一印，又有「政和」两字一璽、「安氏儀周書畫之章」一印。前隔水有「梁印清標」、「蕉林秘玩」二印。後隔水有「朝鮮人」、「安岐之印」两印。絹高一尺九寸五分，廣六尺。

謹按：立本與兄立德并精繪事。唐貞觀中，東蠻謝元深入朝，立德奉勅繪圖，鳥章卉服，蠻態睢盱，毫末均極巧思。立本所作《職貢圖》與《十八學士》、《淩煙閣功臣》諸圖，并稱絶妙。今《王會圖》不可得見，《職貢圖》雖贋本流傳，亦復珍如珠璧。山谷題褚書閻立本畫《地獄變相圖》云：畫不必立本，要爲工；書不必遂良，要爲能。重言《十七》，故是行後羽翼。是立本真蹟，宋時已爲罕覯。此圖絹色晦闇，前後押縫有「宣和」、「政和」等璽，圖縱横僅數尺，摹寫蠻俗，窮形盡相，如窺《王會圖》。僅見一斑，亦勝於未見也。

唐滕昌祐蝶戲長春圖卷

素絹本著色畫，款識「滕昌祐繪」。絹首有「乾隆御覽之寶」一璽，又有「黄氏珍玩」、「宣文閣監書畫博士印」、「神游心賞」、「子孫世昌」諸印。絹末有「内府書畫」一璽，又有「子京」、「項氏子京」、「布衣之士」諸印。又有三印，缺其半。拖尾有顧瑛跋云：有宋内秘滕昌祐《蝶戲長春圖》，用筆娟秀，氣韻飄舉，無不合度，直可上逼唐人畫法。而凝思儲想，又在筆墨蹊徑之外，乃勝華得意之作也。玉山顧瑛識。又宋濂跋云：滕君字勝華，吴人。游蜀，以文學從事。其志趣高潔，脱落時態。工畫花鳥、蟬蝶、折枝、生菜，傅粉鮮潤，宛有生意。今閱是圖，尤爲運動。考其璽印，迺宣和内府所藏，後入元季鑒賞家手，流傳有據，爲滕子真蹟無疑矣。洪武六年春，浦江宋濂題。又趙璠跋云：寫生之妙，世稱黄要叔真得三昧。今觀滕昌祐此卷，精神動人能奪造化者，當勝黄筌一籌矣。寶之。天水趙璠題。又吴寬記云：成化庚寅重陽後二日，延陵吴寬曾觀。又彭年記云：隆池山樵彭年謹觀。絹高九寸七分，廣五尺一寸六分。

謹按：畫史稱勝華花鳥、蛺蝶、折枝、生菜傅彩鮮澤，宛有生意。此圖氣運生動，艷溢錙毫，花草精神，生意盎盎，蛺蝶展翅臨風，翩躚高下，栩栩欲活。謝逸詩情，滕王圖畫，髣髴遇之。勝華而後，花鳥草蟲推趙昌，昌畫學勝華。此卷時歷千載，色傅如新，至爲罕覯。

唐人秋山紅樹圖卷

素箋本著色畫。箋首有「御筆圖書之寶」、「圖書之寶」兩璽。又有「乾隆御覽之寶」、「石渠寶笈」、「古希天子」三璽。又有「顧氏大典」、「衡山」、「鍾陵熊氏寶藏」三印。箋共三幅。第一、第二兩幅後押縫皆有「圖書之寶」一璽。第三幅箋末有「御筆圖書之寶」一璽。又有「三希堂精鑑璽」、「宜子孫」兩璽。又有「衡山」一印。又有三印，漫漶不可辨。押縫有「壽」字一璽。拖尾有熊明遇跋云：此唐畫而宋内藏者。首尾有「御筆圖書之寶」，鈐縫有「圖書之寶」小印。首尾「衡山」，則鑒賞家文待詔也。秋山、紅樹、峰巒、墅圃點染位置，俱非凡手可及。說者云當與吾家所藏李營丘《關山雪霽圖》伯仲，其珍視之。壇石山人識。卷内有污染痕迹。箋高一尺，廣九尺一寸四分。前引首高宗純皇帝御書「麗雅超神」四字，上有「乾隆御筆」一璽。箋内又有詩一首云：無名較比有名過，唐畫寧教宋畫訛。溪石橋頭遊騎路，秋楓林下碩人薖。琳琅坡面郁朱草，青緑山容煥寶陀。元四大家誇氣韻，真形津逮可能磨。甲午新秋御題。下有「幾暇怡情」、「乾隆宸翰」兩璽。

謹按：是圖章法極離合變化之妙，山勢若龍夭矯，忽斷忽連，忽起忽伏，峰迴路轉，陰陽向背，遠近曲折，其蹊徑當於無筆墨處求之。略杓斜通，招提深鎖，隨意點綴，彌覺深幽。山石不用皴法，唐人名畫，往往如是。邱壑生胸，宇宙在手，宋元畫家雖竭力摹擬，終覺隔塵。箋色黝黑，層嵐滴翠，楓葉流丹，絢繢若新著色，亦復精絶。此圖舊藏宋大内，箋後有御璽可辨，洵爲瓌寶。

校勘記

［一］此印印文當作「半榻琴書」。

［二］據文意，「尋」當作「壽」。

［三］據文意，「古」當作「右」。

［四］據文意，「署」當作「著」。

［五］「見末」，疑當作「未見」。

〔六〕據文意，「署」當作「著」。
〔七〕此印印文當作「宣文閣監書畫博士印」。
〔八〕此印印文或當作「賈似道圖書子子孫孫永寶之」。
〔九〕此處文意不明。
〔一〇〕此印印文或當作「趙氏子子孫孫其永保用」。

卷之屬二

宋蘇軾中山松醪賦卷

藏經箋本行書《松醪賦》一篇，款識「東坡書」。下有「子瞻」、「東坡居士」兩印。前隔水有「乾隆御覽之寶」一璽。拖尾有趙孟頫跋云：觀東坡書法，高出千古，而筆勢雄秀，骨肉停匀，真得書家三昧者，非鄙俗所能擬議。此卷精妙，尤入神品，信是人間至寶也。至大二年九月六日孟頫跋。又柯九思跋云：坡公性不善飲，而輒喜人飲，此《松醪賦》之所繇作也。予昔於句曲外史齋頭見之，歎其筆力雄恣，想見當日興酣落紙之妙。欲署數語，迫以他事不果。今爲清閟閣中物，再展玩間，益覺神采焕發，奔放中饒有古勁之致。且雲林主人亦復有坡公之癖，宜其珍之如拱璧也。丹丘柯九思識。又文徵明跋云：蘇文忠筆力雄健，而多自然之致，故爲宋四家之冠。余學書數十年，徧臨往蹟，少得其概，獨至髯翁遺翰，則把筆逡巡，殊難仿佛。秋日偶遊華亭，過董庶常家，出此見賞，誠其生平得意之筆。三復咨嗟，徒切望洋之歎，然終不敢效顰。太史朝夕揣摩，宜其書法有淩雲之氣也。長洲文徵明誌。又董其昌跋云：眉山聲价已重當時，何況千載而後。此書之妙，非在筆墨間也。予初一見，久爲閣筆。其昌。箋高八寸二分，廣六尺。

宋蘇軾畫記卷神品

素箋本烏絲闌行書。云：余嘗論畫，以爲人禽、宫室、器用皆有常形，至於山石、竹木、水波、煙雲，雖無常形，而有常理。常形之失，人皆知之，常理之不當，雖曉畫者有不知。故凡可以欺世而取名者，必託於無常形者也。雖然，常形之失，止於所失，而不能并其全，若常理之不當，則舉廢之矣。以其形之無常，是以其理不可不堇也。世之工人，或能曲盡其形而至於其理，非□□逸才不能辦。與可之於竹石、枯木，真可謂得其理者矣。如是而生，如是而死，如是而攣拳瘠蹙，如是而條達遂茂，根莖節葉、牙角脉縷，千變萬化，未始相襲，而各當其處，合於天造，厭於人意，蓋達士之所遇也歟。昔歲嘗畫兩叢竹於淨因之方丈，其後出守陵陽而西也，余與之偕别長老道臻師，又畫兩竹□一枯木於其東齋。臻方治四壁於法堂，而請與可，與可既許之矣，故余并爲記之，必有明於理而深觀之者，然後知言之不妄。元豐三年端陽月八日，眉山蘇軾于淨因方丈書之。下有「雲堂逸士」一印。箋首有「乾隆御覽之寶」一璽，又有「新安吴廷」、「珂雪齋」、「日華」三印，又有二印，缺其半。箋共八幅。第一、二、四、五幅後押縫均有「蓋臣」兩字一小印。第三幅後押縫印已缺。第七幅後押縫有「封」字一印，又有「新安吴廷珂」[二]一印。第八幅有「周氏公瑕」、「周天球印」、「真賞」、「華夏」、「壽承氏」、「香芸館印」、「五浮山人」、「壽墨齋」、「松齋」、「□□」、「安國家藏」、「李君實所藏」、「應召珍藏」、「應召」、「蓋臣」、「王時敏印」、「煙客」諸印，又有一印，不可辨。又有一印缺下半，僅存上半「幾雲」二字。箋前押縫有「華夏」一印。前隔水有董其昌跋云：每見坡公墨蹟，十九雙鉤廓填，即余家誤收《養生論》、《三馬圖贊經》，歲餘知之，皆不如此《畫記》之無疑也。昭彦其寶藏之。董其昌。上有「蘇州王郎」、「太原郡長」、「五浮山人」、「震澤漁父」、「香芸館印」、「□□」、「朱印正初」、「新安吴廷」、「壽墨齋」、「古心樓秘玩」、「吴郡陸氏」、「應召」、「真賞」、「江村」、「萬柳江村」、「桃花源裏人家」諸印。籤簽題有「神品」二字。拖尾有宇文公諒跋云：東坡先生以雄文直節高一代，而其英偉秀傑之氣發爲翰墨者，姿態横生，鋒穎遒勁，尤非時人之所能及。此帖文簡意足，不易得也。好事者宜寶藏之。至正十九年龍集己亥四月既望，後學雙流宇文公諒謹題。又魯淵題云：急雨苕谿小繫船，手披翰墨億坡仙。故家文物今煨燼，撫卷題詩一慨然。曲阜魯淵。又周天球跋云：文忠公《畫記》有形理之説，真能發古人未言之微。惜湖州公竹枝不與俱傳，俾今之畫家不得觀，其自惜哉！然文忠此記之妙，似不專於畫，即書家亦然。點畫肥瘦者，形也；結構圓融者，理也。形具而顯，理隱而微，形非理弗備，猶文非理弗宣。今作畫之求于形似且不能，況理乎？書亦惟於形，又鮮得其似，若語于理，無不懵然以爲誕矣。文忠書本二王帖中來，故機軸成家，學者罕到中間妙處，理形相傳，非漫然塗抹已也。此卷姑置畫而重其書，自當與文忠公并稱宇宙内神物矣。丙戌冬日周天球題棐几齋。王穉登跋云：蘇長公書類多豪舉縱逸，欹斜爛漫，以紓其磈磊不平之氣。惟此卷與《後赤壁賦》稍嚴密修整，如西宫尉衛用師刁斗，肅然不似其生平之作，想其莊嚴闍黎畫記，故應鳴和鸞而清節奏也。戊子三月十又八日，白雲房書王穉登。又董其昌跋云：玉局行書皆規摹徐季海，此帖獨仿顔平原《送明遠序》，縱横跌宕，中合宫商，非趙吴興所能夢見也。董其昌觀於昭彦舟中，己巳十月四日。箋高九寸，廣六尺九寸五分。

謹按：蘇書流傳極少，蓋黨禁極嚴，當時不敢收藏。初禁其詩，後并其字而禁之。煨燼之餘，存者如吉光片羽。當南渡時，公書已珍如球璧，元明以來，存者益少，香光法眼，尚不免誤收贋鼎。此卷爲《浄因院畫記》，神采飛動，字形較石刻蘇書差肥，官止神行，極興酣淋漓之致，斷非雙鈎所能摹擬。卷末餘紙盈尺，殆留待五百年後人題跋耶？

宋蘇軾治平帖卷神品

素箋本行書□□。軾啟：久别思念不忘，遠想體中佳勝，法眷各無恙。佛閣必已成就，焚修不易，數年念經，度得幾人徒弟。應師仍在思濛住院，如何？略望示及。石頭橋、棚頭两處墳塋，必煩照管，程六小心否？惟頻與提舉是要。非久求蜀中一郡歸去相見未間，惟保愛之，不宣。軾手啟上。治平史院主、徐大師二大士侍者，八月十八日。箋首有「商邱宋犖審定真蹟」一印。箋末有「吴江張基德載圖書」一印。引首藏經箋繪東坡像，前有「乾隆御覽之寶」一璽。後題東坡先生像贊云：岷山峩峩，江水所出，鍾爲異人，生此王國。秉帝杼機，黼黻萬物，其文如粟帛之有用，其言猶河漢之無極。若夫紫微玉堂、璚厓赤壁，閲富貴於春夢，等榮名於戲劇。忠君之志，雖困愈堅，浩然之氣，之死不屈。至其臨絶答維琳之語，尤非數子之所能及也。吴郡釋東皐妙聲。後有「吴郡張基德載圖書」一印。題簽下有「神品西陂寶翫」六字。拖尾有趙孟頫跋云：右二帖皆東坡早年真迹，與其鄉僧者也。字畫風流韻勝，難與暮年同論。情文懃至，猶可想見，故是世間墨寳。孟頫。又文徵明跋云：右蘇文忠公與鄉僧治平二大士帖。趙文敏以爲早年真蹟。按：公嘉祐元年舉進士，六年辛丑舉制科，遂爲鳳翔僉判。越四年，治平辛巳召判登聞鼓院，尋丁憂還蜀。至熙寧二年己酉始還朝，監官誥院。四年辛亥出判杭州。此書八月十六日發，中有非久請郡之語，當是熙寧居京師時作。蓋公治平中雖嘗居京，然乙巳冬還朝，而老泉以明年丙午四月卒，中間即無八月，又其時資淺，不應爲郡，故定爲熙寧時書無疑。於是公年三十有四矣。公書少學徐季海，姿媚可喜，晚歲出入顔平原、李北海，故特健勁渾融，與此如出两人矣。帖故有二紙，元季爲吴僧聲九臯所藏。九臯嘗住石湖治平寺，以此帖亦有「治平」二字，遂留寺中，且刻石以傳，而實非吴中治平也。九臯既没，此帖轉徙他所，而失其一。吾友張秉道，世家石湖之上，謂是山中故實，以厚直購而藏之，俾余疏其大略如此。嘉靖癸巳十一月四日，文徵明跋。又王穉登跋云：蘇文忠書法出自王僧虔《仰希江郢小郡帖》，誰謂不由晋轍哉？此書之迹全類僧虔，正文待詔所云少年作也，比老始爛漫縱横，若二手矣。此本二帖而失其一，自張氏已然。玄津先生每以示余，相共歎賞。先生下世後，孺瞻復以相示，不勝人琴之感。孺瞻寶此，不翅赤刀銀罋矣。辛卯蜡月二日，王穉登敬書。《治平帖》箋高九寸一分，廣一尺一寸四分。

謹按：山谷嘗謂東坡書隨大小真行，皆有嫵媚可喜處。此卷趙文敏定爲早年真蹟，衡山詳考年月，定爲熙寧時書。姿媚可喜，頗近徐季海。王穉登謂此書全類僧虔。然張融有言，不恨臣無二王法，恨二王無臣法，東坡筆精墨妙，正不必規矩摹古，而神韻自超。

宋蘇軾書西湖詩卷

素箋本行書唐宋人西湖各景即事詩十八首。箋末自識云：昔余守杭州，時與客出遊西湖之上，探奇攬勝，寄興舒情，極登臨之樂，蓋十年於兹矣。追憶往事，宛然如昨。而客有慕想西湖之勝者，每從余問詢，不能悉爲酬應，乃録其心目之最稔者凡十有八首，漫綴數語并附詩歌。間有問者，輒舉以示之，使觀者了然，亦可以當臥遊也。東坡居士識。下有「眉陽蘇軾」、「東坡居士」两印。籤首有「乾隆御覽之寶」、「宣和書寶」、雙螭璽、「内府書畫」諸璽，「谿堂寶玩」、「劉氏鑒古齋藏」、「四代相印」，又「玉中秘」〔二〕、「□國世家」、「鳳山清氣」印，下有两印，缺右旁，不可辨。又有「松雪齋」一印，缺左半。拖尾有白珽跋云：今之學書，稍得形似，便爲過之，不自知其匍匐之醜也。蘇長公天資絶人，用力亦久，心領神會，意在筆先，故爲人所不可及。此卷西湖詩寓興高曠，運腕圓勁遒古，洵生平第一合作。因系以短句：妙墨真名筆，神機奪化工。古來精絶者，孰可與公同？白珽觀敬識。又倪瓚跋云：東坡先生遺蹟余鑒賞頗多，然未有如是卷之神妙也。蓋先生守杭日久，故於西湖領略甚備。細閱卷中書，如珠走盤，如玉出璞，如月印水，如錐畫沙，有非後人可仿佛一筆者。推爲大家，信夫！至正廿一年四月十又八日，雲林生倪瓚。又楊一清記云：成化五年春，楊一清泊舟金山閲。又徐有貞題云：蘇子於今骨已仙，風神超邁字中禪。淩雲健筆飛光怪，應作人間至寶傳。東海徐有貞。又蔣廷暉跋云：筆墨之妙，莫過是卷。蓋亦其一時興會所至，故能如是耳。即使坡公再生，不能復作。

侍書蔣廷暉。箋高九寸一分，廣九尺八寸四分。

謹按：東坡書出於顔平原，元郝氏謂二王之後惟顔平原、蘇長公二人，以忠義文章發之於書，極古今正變之妙。然議者謂東坡書失之肥，今閲此卷，端莊流麗，剛健婀娜，所謂短長肥瘦，各有宜也。坡書石刻以《西樓帖》爲最古，放翁嘗擇其尤者爲一編，號《東坡書髓》，此卷精采飛動，刻入《書髓》中，亦當推爲上乘。

宋米芾行書卷

素箋本行書詩二首。云：山中日煖春鳩鳴，逐水看花任意行。向晚歸來石窗下，菖蒲葉上見通名。相逢之處花茸茸，石壁攢峯千萬重。他日期君何處好，寒流石上一株松。元符元年春二月望日米芾書。下有「楚國米芾」一印。箋首有「緝熙殿寶」、「政和」兩璽，「子孫保之」、「危氏至寶」、「宣文閣監書畫博士印」、「伯生」、「項子京家珍藏」諸印。箋末有「宣和御覽」一璽、「水清宫道人」、「危素」、「石岩之印」、「石氏民瞻」、「清容齋圖書記」、「南軒張氏」、「王蒙印」、「叔明」諸印。拖尾有鄧文原跋云：自書契以來，蒼史篆籀，其尚矣。及中古，隸草遞興，要不失鳥蹟蟲形之初意。至王右軍始入正道，字體疎密，法度遒勁，能造極神妙。能[三]其真蹟今世亦不多見。今觀米元章此書，筆意雄□，大有二王風骨。余所藏米書頗多，是卷當推第一。巴西鄧文原題。又劉定之跋云：襄陽米南宫天骨俊逸，故作字奇拔，有魏晋六朝風趣。今人若能辨此，方可執筆，否則，紙成堆，筆成塚，終落狐禪耳。臨川劉定之識。又李廷貴記云：四明李廷貴觀。箋高一尺五寸三分，廣一丈三尺七寸五分。

謹按：襄陽嘗謂作大字須如小字，鋒勢兼備，都無刻意做作乃佳。此卷雖非擘窠大書，然每字縱横四五寸，體勢駿邁，天骨開張，如龍騰，如虎踞，如星劍光芒上燭霄漢，如雲霞絢爛倒影瀟湘，視石刻小字神采遠勝十倍，洵爲襄陽得意書，閲之爽爽神王。

宋米芾書倡和詩卷

素箋本無款識行書。米芾與魏泰倡和詩兩首，云：寄米元章，魏泰。緑野風回草偃波，方塘疏雨浄傾荷。幾年蕭寺書紅葉，一日山陰换白鵞。湘浦昔同要月解，洄湖還憶扣舷歌。緇衣化盡故山去，白髮相思一陪多。次韻，米芾：山椒卜築瞰江波，千里常懷楚製荷。舊憐俊氣閑羈馬，老厭奴書不玩鵞。真逸豈因明主棄，聖時長和野民歌。一自扣舷驚夏統，洛川雲物至今多。泰，襄陽人，能詩，名振江漢，不仕宦。昨入都久留，回山之日，芾始及都門，故人不及見，寄此詩乃和，故與王平甫并爲詩豪。箋首有「羣鴻戲海」、「俠骨禪心」两印，中有「東西南北之人」一印，箋末有「生安穩想」一印。箋高廣八寸三尺。

謹按：此卷書法不佳，紙色甚新，亦非千餘年前舊物。印文盡失古意，顯係摹擬。故卷端無御璽鑒定。詩多訛字，「洞湖」誤作「洄湖」，「一倍」誤作「一陪」。跋尾數語不成句，必有脱落舛誤，疑是贋品。

宋蔡襄書唐白居易動静交相養賦卷妙品

素絹本行書賦一篇，款識「莆陽蔡襄書」。上有一印，漶漫不可辨。絹首有「君謨」、「周密公謹」二印，「蔡氏□藏世寶」一印，缺小半，又有一印，半缺，不可辨。絹尾有「王鏊」、「子京」、「子子孫孫永受寵錫」、「神遊心賞」、「雲生書畫記」諸印。拖尾有董其昌一跋云：蔡君謨文風温雅，足冠一時，乃或以貢茶干寵貽譏當世，是亦求全太過者矣。此卷乃其手書，圓勁奔軼，有山陰大令丰規，所以爲珍。董其昌觀因題。題簽下有「妙品」二字。絹高八寸六分，廣六尺一寸九分。

謹按：忠惠書法猶存晋唐風軌，在宋季諸公中最爲近古。此卷神理遒勁，天骨開張，而運之以盤礴之氣。其筆勢如綿裹鐵，如錐畫沙，圭角外呈，鋒鋩内斂，而縱横揮灑，左規右矩，與所書《秋蓮賦》同一機軸。神韻不逮晋賢，列之唐人書品中，殆未肯多讓也。

宋蔡襄書宋之問秋蓮賦卷

素絹本行書賦一篇，款識「莆陽蔡襄書於浦城書院」。下有「襄」字一印。絹首有「君謨」一印，又有「吴興沈氏家藏」、「陶九成」、「南村」三印。上有「乾隆御覽之寶」一璽。絹末有「米芾鑒定書法之印」、修物外寄□□[四]諸印。拖尾有鄭元祐跋云：蔡端明帖妍媚遒俊之致，溢出楮墨中，所謂字裏金生、行間玉潤者，殆此類也。此《秋蓮賦》得二王之神，尤可□寶。遂昌鄭元祐。絹高九寸，廣六尺一寸八分。

謹按：君謨書法規橅晋賢，風姿遒上，東坡嘗推爲獨步當世。此卷草書《秋蓮賦》，骨氣雄剛，神采煥發，其縱送疾徐，旋折映帶，行間字裏，官止神行，真能化百煉鋼爲繞指柔者。君謨嘗自謂每落筆爲飛草書，但覺煙雲龍蛇，隨手運用，奔騰上下。細閲此卷，想見翰逸神飛、得心應手時也。

宋蔡襄臨鍾繇書卷

素箋本書，計十二行。云：繇白：昨疏還示，知憂虞復深，遂積苦，何迺爾也。蓋張樂於洞庭之野，鳥値而高翔，魚聞而深潛，豈絲磬之響、雲英之奏非耶？此所愛有殊，所樂迺異，君能審己而恕物，則常無所結滯矣。鍾繇白：墓田丙舍，欲使一孫於城，一孫於都尉府，此繇家之嫡正之良者也，兄弟共哀異之，哀懷傷切。都尉文岱自取禍痛，賢兄慈篤，情無有已，一門同恤，助以淒愴，如何。蔡襄臨鍾繇帖。前押縫有龍文篆及「宣和」兩璽。箋内有「乾隆御覽之寶」、「廣運之寶」、「政」、「和」、「内府圖書」三[五]璽，又有「宋印昌裔」、「鮮于」、「項印篤壽」、「須谿劉印」、「文昉之印」諸印。後押縫有龍文篆一印，又有「文重」一墨印。拖尾有劉辰翁跋云：蔡忠惠公臨鍾太傅帖清瘦圓勁，筆勢飄逸，富有古人法度，熙寧以來翰墨之豪傑也。東坡云：惟近日蔡君謨天姿既高，學識亦至，當爲本朝第一。觀此益信斯言之不謬耳。乙未前史臣劉辰翁。又高啟跋云：蔡君謨書在宋諸名家中爲秀穎堅勁，體製端嚴，深得晉唐遺意。自元以降，專尚丰姿，而古法蕩然矣。此臨鍾繇帖蓋其早年書，當時曾藏秘府，今于金臺寓舍幸得拜觀焉。渤海高啟。又宋昌裔記云：宋昌裔觀。又嚴賓記云：嘉靖十七年五月十又四日，嚴賓借觀於鶴丘草堂，謹題而歸之。又浄信居士云：嘉靖乙卯二月廿日浄信居士借臨於蒼潤軒。項篤壽題云：君謨善書，尤善臨摹。此卷仿鍾繇，秀勁入神，固不徒形肖已也。劉須翁、高渤海跋亦佳。曾入宋御府，印識可驗，足珍已。萬曆丙戌夏日項篤壽識。箋高八寸，廣九寸五分。

謹按：山谷謂蘇子美似古人筆勁，蔡君謨似古人筆圓。君謨此箋臨鍾太傅帖，玉水方流，琁源圓折，兼有剛柔之美。山谷所稱，猶爲未盡。東坡稱爲獨步一世，其推許深矣。蓋山谷書以勁勝，故於君謨未能滿志然，蘇評故爲平允。此紙僅十二行，絹紙押縫及箋中尚有「宣和」、「政和」諸璽，吉光片羽，字字皆環寶矣。

宋李遵道江鄉秋晚圖卷

素箋本墨畫，無款識。箋首有「李氏遵道」一印。箋中有「乾隆御覽之寶」、「石渠寶笈」、「樂壽堂鑑藏寶」、「乾隆鑑賞」、「三希堂精鑑璽」、「宜子孫」諸璽。箋末有錢良古題云：小李將軍倦著色，發興江鄉寫匈臆。兩山前後雲半分，衆木低昂秋欲濕。茅屋下有幽人栖，蹇驢來往村東西。扁舟漁老應足樂，我亦江邊還杖藜。一時揮灑能清絶，四海斯人今至折。紙上□風吹我衣，目送飛鴻明似滅。良古。下有「錢氏翼之」一印。又韓璵題云：使君騎鯨上天去，江鄉秋晚風欲回。蟻人歸路木葉下，棄舟斷岸蘋花開。荒荒別溆水爲國，落落遠山雲作堆。滄浪何處纓可濯，明月五湖歸去來。薊邱韓璵。下有「庭玉之章」一印，又有「錢逵私印」、「元覽方□」、「西臺□□」兩[六]印。前押縫有「八旬天恩」、「古希天子」、「壽」字三璽。前隔水有「張印玉書」、「素存氏」、「直指繡衣御史章」、「潤州笪重光鑒定印」、「史鐵厓珍藏書畫」五印。引首前有「笪在辛氏」、「笪印重光」、「鬱岡居士」三印。拖尾有陳琛題云：江皋木脱天始霜，水落危磯露沙觜。漁翁持竿釣寒浦，一舸深艤蘆花裏。數家茅屋青山底，村村穲稏黃雲委。寒驢淩競野橋路，鄰家酒熟相邀去。日飲無何已忘世，便擬求田永幻住。却愁里胥夜打門，十室九空□雞豚。還君此畫增嗟嘆，何年有路通桃源。吴陳琛。又柯九思題云：蘭舟誰遣度沅湘，隔岸蒼梧樹影凉。採盡芙蓉秋露濕，衹留殘翠蓋鴛鴦。丹邱柯九思賦。又鄭元祐題云：築室水中荷蓋車，江鄉秋色野人居。畫圖不見捐璵處，愁絶山中種樹書。遂昌鄭元祐敬爲汾亭先生題李廣巖《江鄉秋晚圖》。又王時題云：野水青山動入神，馬蹄厭踏九街塵。懸知白玉樓頭月，愁照橋西渡影人。金源王時謹題。又李國壽題云：李巖人已遠，秋意冷相看。無處著清氣，草堂生夜寒。覃懷李國壽。又郭畀題云：暑雨急如注，洪波湧平田。子行東陽道，弱馬鞭不前。地靈發怪狂，奪我捉月仙。曲此翰墨手，却作水底眠。善惡果不應，誰具如蒼天。平生一杯酒，無由滴黃泉。王郎友墨君，追遊記當年。敲門出片紙，满室生雲煙。遊者不可作，展玩清淚漣。滄江虹月夜，米家何處船。遵道以戊辰六月一日作汗漫遊，年甫四十六。後兩月，客有袖遺墨過余求題，爲賦前詩。今觀此圖，再書一過，以示不忘。友弟朱方郭畀。又姚文焕題云：揚舲者誰子，載酒欲何之？林薄分樵逕，溪清見釣絲。久謀歸隱計，未辦買山資。何處有此境，吾將叩遠師。姚文焕。又題云：幾年踏遍洛陽塵，江上青山入夢頻。忽見畫圖醒醉眼，却愁無處著閒身。下有「鑑」字一印，又有「克明」两字一印。又趙由辰題云：高峯遠岫白雲飛，蘆葦蕭蕭洲渚微。如此江山良不惡，便應隨取釣船歸。趙由辰。又薩都剌題云：沙肥霜下江水枯，空山落日雲模糊。草堂遠近露山曲，蕭蕭行李行人孤。蹇驢度橋歸興急，前者相呼雞犬寂。村南村北秋天垂，山後山前煙樹立。江風水面吹淺莎，打魚小艇如飛梭。何人蕩槳立船尾，船頭釣者腰半駝。小李將軍不可作，粉墨流傳愁剥落。石門隱者尤好奇，拄杖敲門索新跋。京口緑髮參軍郎，見君此畫心已降。携家便欲上船去，釣魚煮酒揚子江。江鄉秋晚圖，遵道李黄巖畫之，京口石氏[七]瞻藏之，燕山薩都剌題之。又李淳題云：雲山煙樹晚秋天，萬頃滄波一釣船。好景寫歸圖畫裏，家傳筆法繼龍眠。鄱陽李淳。又劉致題云：山蒼蒼，江茫茫，秋野空，江路長。蹇驢淩競渡橋去，數家老屋依殘陽。孤舟依依小如掌，舟尾何人擊蘭槳。岸碕木老石蒼古，崖際雲深氣蕭爽。昔年瀟湘渡頭有此景，坐對畫圖發深省。緑蓑青笠不負儂，何日攜家上漁艇？元真子，不要詩，只作江湖踏浪兒。江山如此不歸去，政恐他日歸無時。石門高隱，當有招我歸來辭。湘中劉致爲民瞻兄題李遵道《江鄉秋晚圖》。又題云：淮陰王郎寫山水，落筆專門薊邱李。自昔騎鯨作水仙，人間壁素臨摹傳。得此真圖萬石家，玉郎寶惜向人(洿)[誇]。學畫猶知重詩法，傳道豈得無師耶？至元丙子秋九月廿又三日，先師秋巖文學忌辰，元中宗友持此卷求題，因書於開元清風堂，元覽道人王□。下有「清風」、「王記眉叟」、「三槐□」三印。又石巖題云：遵道使君爲予作此圖。元中鄉友，妙於繪事者也，愛其行筆清潤，因輟以贈之，復繫絶句。石巖。昔年乘傳渡河關，馬首峯巒擁髻鬟。白首歸來重對□，恍然坐我翠微間。又賈策題云：李侯騎鯨已仙去，空有翰墨留人間。晴窗浄几時展玩，澹然相對如西山。大梁賈策。又史景仁題云：江干老厓明斜陽，江潭獨行聞棹歌。棹歌聲歇知何處，天際微茫辨江墅。漁翁日晚釣船歸，網絲半掛垂楊樹。分明有路到滄洲，故人別來今在不？咫尺毫端見千里，令人曉夢瀟湘秋。洞霄史景仁。又史召豫題云：王元中傳李遵道筆意，携《江鄉秋曉圖》求詩，隨致數語，末句悼吾故友遵道公。眉山史召豫。豪端散清氣，蒼翠亂絲紋。畦逕開秋色，漁舟欸夕曛。不傳王駙馬，誰繼李將軍。展卷人何在，青山起白雲。又陳□浩題云：木落秋清天宇高，鷗波不動有漁舠。江山歷歷歸圖畫，千古風流逐浪淘。養吾陳□浩。又張天雨題云：西崦人家暮靄横，漁舟渾似野漚輕。眼中信有風波險，約向菰蒲淺處行。此卷傳從萬石君，殘山剩水覺精神。若看王宰留真跡，便是黄巖第一身。句曲外史張天雨爲元中徵君題。又龔璛題云：纖瘦通眉指爪長，新秋客影舊江鄉。浮雲流水無尋處，寫恨晴山滿路傍。遵道仙去之明年，是爲天曆己巳夏五廿又二日，龔璛題。又葉森題云：數筆滄江晚，一川寒葦秋。依微分客舍，浩蕩起漁舟。静息風濤險，閑看煙樹浮。羡君藏寶繪，師法得營邱。王晋卿從事畫妙，小景亦墨作平遠，皆李成法也。虎林葉森爲元中徵君題。又沈元壽題云：渺若長江水，蒼然何處山。摇摇舟一葉，撑入荻蘆灣。吾鄉山水窟，極目足清幽。安得有此景，蒼茫煙樹秋。霅川沈元壽。又僧普明題云：黄落秋江上，依稀似輞川。屋頭山滴翠，門外水如天。策蹇尋歸路，移舠釣晚煙。畫圖真富貴，盡屬小神仙。琴川慧日普明。又邊武題云：乾坤清氣入詩脾，詩到無聲鑒者稀。石脈如麻師老董，雲根若絮學元暉。霜寒棘子垂江小，風剪松毛覆翠微。江漢邱原皆一主，長年漁子占苔磯。隴西邊武伯京敬爲元中兄題。又翟□□題云：柏葉□霜鴉滿川，蘆花霏雪雁横天。老秋無限瀟湘意，都在西陽河那邊。元元子翟□□。又胡志寧跋云：往年得清樓見李（廣）［黄］巖揮灑醉墨，山水竹石，俄頃而成，由天機精到故爾，於今已二十年。復觀元中公所藏《江鄉秋晚圖》，爲之撫卷三歎，悵斯人之不復見也，漫題數語云。至元五年冬十月初四日，義興胡志寧無逸書。又顧觀題云：飄飄江上舟，來往如流槎。行人上舟去，風水無津涯。當時送别離，楊柳飛白花。如何對黄落，猶然未還家。茅屋曉霜寒，蕭蕭蘆葉乾。開門候風訊，已覺衣裳單。京口顧觀□□。卷後笪重光跋云：李黄巖此卷，按郭天錫諸君跋，當是作於至元戊辰以前。計世祖以至元十六年己卯始統一區宇，則此卷猶南宋時畫也。觀其規模□巨，氣韻超渾，去古未遠，陶輟耕所謂名人題跋甚衆者，即此卷耳。

流傳吴越，與松雪《鵲華》、雲林《師子》諸名迹并重。初爲京口石氏之物，歷數百年復歸吾潤，信有神合，因重裝于按時堂，珍襲藏之，漫記卷尾。江上外史笪重光書。又識云：跋中元覽道人至句曲外史七則墨色剥落，必是經散失後雨濕漶漫，再令爲完璧者。古賢遺翰，默護不少，後之攬者，亦將有感於斯文。箋高九寸六分，廣三尺六寸七分有奇。箋首有高宗純皇帝題詩云：丹青見布慮疑贋，戲寫江鄉水墨雲。却勝霸陵逢醉尉，至今猶説小將軍。鯉魚風起浪連天，蘆葦叢中避釣船。爾許名人慨離合，豈知一例幻江煙。楊子曾經三度遊，但知春景不知秋。《鵲華》、《師子》仍同奔，足傲重光詡潤州。壬午清和月御題。下有「乾」、「隆」两字两璽。

宋李唐風雨歸舟圖卷

素絹本著色畫，無款識，姓名見跋中。絹首有二印，漶漫不可辨。又有「乾隆御覽之寶」、「樂壽堂鑑藏寶」、「石渠寶笈」三璽。絹中有「八徵耄念之寶」一璽。絹末有「趙郡」、「韓逢禧」两印，均缺半。又有一印，缺下半。又有「乾隆鑑賞」一璽。前押縫有「古希天子」、「壽」字兩璽。後押縫有「三希堂精鑑璽」、「宜子孫」兩璽。拖尾有吕志學跋云：金燕山張著以李唐《風雨歸舟圖》示予，予觀之，其筆法遒勁，意態甚得風雨中意，可謂畫家之良史，非但工於藝而已。蓋古所謂圖書者如此卷，非但今日，而當時之真重者，宜矣。今此卷數百餘年而絹墨完好，若新所藏者，非知識好事者，豈能如是耶？宜珍藏之。珍藏之。志學謹識。又鄭元祐跋云：南宋盛推四大家，而李晞古爲最，蓋其筆力堅勁秀發，宛有生趣。此《風雨歸舟圖》櫓槳縱橫，神情失措，幾於躍躍紙上，真神品也。圭齋見過，相與披賞彌日，深爲歎服。薄暮張燈，漫識數語。遂昌鄭元祐。又黄鉞跋云：陳君堅遠舊嘗爲余言，其先艾庵先生藏李唐《風雨歸舟圖》，亟欲見之而不可得。頃其弟明遠始持來示，覽之恍然，如入風雨中。此圖有稿本，在張英公家，蓋其用意布置，各極其態，信非率意所成也。黄鉞跋。又董其昌跋云：今人摻觚染翰，動稱畫家，吾不知其能入李公之室否？觀此卷筆法遒勁，摹寫入神，其用意在默想神會之際，亦非草率象形布景而已。余目中所覩不下千百卷，得此乃稱大觀，即有懷木難、火齊相易，弗與也。玄宰鑒定。絹高九寸二分，廣五尺五寸九分。絹中高宗純皇帝題詩云：雨絲風片拂煙舲，曲盡人情筆有靈。蕩槳撐篙各殊致，同歸恰好註羲經。癸未夏月御題。下有「幾暇怡情」、「得佳趣」兩璽。

宋夏圭溪山清遠卷

素箋本墨畫，無款識，姓名見跋中。箋首有「乾隆御覽之寶」、「樂壽堂鑑藏寶」兩璽。箋中有「八徵耄念之寶」、「古希天子」兩璽。箋末有「欽賜臣權」、「臣犖」、「子孫永保」三印，又有「乾隆鑑賞」、「壽」字、「三希堂精鑑璽」、「宜子孫」四璽。前押縫有「石渠寶笈」一璽。中押縫有「五福五代堂古希天子寶」一璽。後押縫有兩印，僅存其半，不可辨。拖尾箋首有「緯蕭草堂畫記」一印。陳川題云：我家東南邱壑好，曲折雲林護危杪。澗沙流水春自沓，石楠碎葉秋如掃。縛柴野橋松雨涼，鳴鐘破寺茶煙杳。山椒茆亭如笠大，石脚漁舟似瓢小。人家制度太古前，雞犬比隣往還少。酒盆吹香小店門，落日漁樵多醉倒。六年不歸長夢見，白髮忘情負漁鳥。晴窗見畫三摩挲，舊夢微茫今了了。不知何處得此圖，覺我山居殊草草。安得溪南寫石田，便携妻子從兹老。余家天台有巖谷之勝，每愛雲林蔽虧，風日陰翳，心甚愜之，思得□手者繪爲圖，以有事北上，未暇也。别來六年，未嘗不在夢想。今年還江南，留杭十日，適吴生持夏圭《溪山清遠圖》來請詩，披玩再四，歷歷皆昔有也。乃知古人筆墨之妙，似爲我發。歎賞之餘，因書長詩數韻，以識余感。時洪武戊午春三月十日，陳川跋。箋高一尺四寸五分，廣二丈七尺八寸二分。箋首高宗純皇帝題詩云：焦墨疎皴有古風，夏家家法撫吟中。神情自是清而遠，骨格兼饒秀且雄。僧寺幾區心與浄，客帆千里目難窮。漫嫌割截失名氏，慘淡經營孰解同？丁亥仲春月御題。下有「乾」、「隆」两字两璽。

宋李公麟擊壤圖卷上等

素箋本白描畫，無款，姓名見跋中。箋首有二印，漫漶不可辨。下有□一印。箋中有「乾隆御覽之寶」「樂壽堂鑑藏寶」、「八徵耄念之寶」三璽。箋末有缺半僅存

「紹聖」二字一璽。又有「樂古」、「松坡」二印、「乾隆鑑賞」一璽。又有四印，漫漶不可辨。箋凡三幅。第一幅前押縫有「三希堂精鑑璽」、「宜子孫」两璽。第二幅前押縫有一印，漫漶不可辨。第三幅前押縫有「古希天子」、「壽」字两璽。後押縫有「石渠寶笈」一璽。引首有篆書「擊壤圖」三字，款署「吏部郎中兼翰林侍書程南雲書」。拖尾有范謐題云：翫□擊壤圖，援筆成歡唫。生逢堯帝太平世，熙熙允協群黎心。日出而作日入息，徵斂不施天野闢。男耕女織無怨嗟，天下同心歸至德。康衢謡，民安堵，老稚樂團欒，那諳别離苦。五穀家家秋有登，鼓拍聲中醉村醑。俯仰宇宙間，仁風邈千古。只今聖皇位九五，德并堯君過湯武。坐使暘時暘，雨時雨，重聽堯時擊壤歌，重見堯時舊黎庶。高平范謐。又趙昌題云：昨逢延陵子，示我擊壤圖。老穉共歡會，醉樂歌康衢。雨暘時若民安堵，南畝西風熟禾黍。年年社酒慶豐登，鑿井耕田得其所。官無催租悍吏夜打門，又復使之以時不失耕與耘。蠶桑雞彘總□息，衣帛食肉忘苦辛。龍眠畫手入神妙，繪寫斯圖世爲寶。□令吾民復古如唐虞，聲教漸被人人樂熙皥。浚儀趙昌。又端居題云：五日一風十日雨，海宇清寧民安堵。熙熙皞皞樂無爲，擊壤興歌頌明主。端居。又龍石山人題云：出門何所見，含哺樂太平。相親不相狎，千載頌清寧。龍石山人。又楊瑛題云：聖明治天下，四海皆雍熙。吾民樂無事，畫筆圖形儀。民心有何樂？飽暖無憂疑。悍吏不識面，官租已輸之。皮鼓盡日擊，竹笛映風吹。男女無老稚，當舞相追隨。帝力我何有，不識曰不知。今人即古人，千載同一時。同里楊瑛。又張以節題云：耕鑿豈知□帝力，堯民趁得盛時生。春風醉飽無窮意，鼓舞謳歌了太平。右題龍眠居士畫《擊壤圖》，景定乙丑古汴張以節書于淮南寓舍。又盧同題云：帝堯垂拱致時雍，四海黎民樂歲豐。可是良工精藝絶，畫圖千古□遺風。范陽盧同。又菊坡題云：我作堯民歌，爲題擊壤圖。堯民樂何高？門無悍吏宵催租。五風十雨歲豐稔，妻孥飽飯相歡呼。或吹竽，或考鼓，醉酒村村慫欲舞。或携兒，或哺女，順則之謡□堯土。當今聖主安耕鑿，蠶桑是處機杼作。家家飽暖叙天倫，吾民總得堯時樂。懿哉龍眠翁，寫此邨樂意。古人樂與今人同，鼓腹謳歌昭致治。揮毫落紙風雨驚，爛醉郫筒竹根睡。菊坡。又劉烈題云：擊壤謳歌太古春，群然□慮樂天真。濂溪孫子珍藏得，會看斯民即古人。鄱陽劉烈。又方欽題云：龍眠畫手世稱奇，擊壤圖披一見之。不識不知□帝力，相歡相愛樂□時。家家和氣春風暖，箇箇優（間）［閒］化日遲。喜得珍藏留玩者，永□千古頌雍熙。潮陽方欽。又董鏞題云：半幅溪藤長數尺，名家畫此殊未識。其中仿佛田野氓，樂意津津動顔色。年來共歡秋屢成，官租了缺差徭輕。可是田家春社散，村歌村鼓驩相迎。笛韻無腔曲無譜，拍板聲聲應腰鼓。群然男女相追隨，半醒半醉傞傞舞。我觀圖意良可珍，天平氣象□身親。但願年年得此樂，擊壤何必非堯民。安豐董鏞。箋高七寸九分，廣六尺九寸五分。箋中高宗純皇帝題云：石渠所藏擊壤圖，云是成自公麟甫。雖無名字識歲月，要非他人所能者。白描弗藉施丹青，一一神情吐阿堵。或坐或立或旅行，嗑然其歌僛然舞。俛陋不復事威儀，雖有衣冠亦椎魯。寫盡不識不知情，作息重看唐代古。卷後跋者十一家，鄙哉都作頌聖語。大禹泣辜時已然，此景後世安能覩。甲辰新秋御題。下有「古希天子」、「猶日孜孜」兩璽。

宋李公麟十八應真卷上等

素絹本白描畫，款識「元豐三年春龍眠居士李公麟寫」。絹首有「乾隆御覽之寶」、「秘殿珠林」兩璽，「吴印叔盛」、「敬承」、「何金蘭印」、「相如氏别號也庸」、「平生真賞」、「松雪齋」、「柯氏敬仲」諸印。又有六印，缺大半，下有兩印漶漫，均不可辨。中有「古希天子」、「壽」字兩璽。絹末有「乾隆鑑賞」、「三希堂精鑑璽」、「宜子孫」、「内府之印」、「乾乾齊」[八]五璽，「敬承」、「何金蘭印」、「相如氏别號也庸」、「趙氏子昂」、「香雨珍賞」諸印。又有「吴易」、「明廷侍臣」兩印及他三印，均缺其半。下有二印，漫漶不可辨。拖尾有宋旡跋云：右李龍眠所畫羅漢一卷，爲周侍御家藏物也。龍眠繪事既妙，而於佛道尤所究心，故其所作多得不傳之秘。此卷神采秀發，體相莊嚴，覽之令人肅然。昔人謂龍眠宿世是禪伯，前身應畫師，吾又謂其從天竺祇園中來，不然，安得變幻乃爾。吴郡宋旡題。絹高一尺一分，廣一丈五尺三寸。

謹按：龍眠白描高天下，中歲潛心釋教，故所圖佛像尤多，昔人比之吴道子。内府尊藏有《十八羅漢渡海謁大士圖》，袁清容跋稱似幻非幻，是真非真，不可以色象形容云云。此圖羅漢渡海，履怒浪驚濤如平地，諸凡水陸神怪精妖之屬皈依馴服，與清容所跋之圖一一相合。惟此圖宋元跋語頗不稱龍眠筆妙入神，雖兩圖同一神蹟，必不如後人摹擬之作輪廓皆同。惜未得見袁跋畫卷，然展閲此圖，筆精墨妙，已歎觀止矣。

宋李公麟番王禮佛圖卷 上等

素箋本白描畫，款識「公麟」兩小字。箋首有「乾隆御覽之寶」、「秘殿珠林」兩璽，下有「貞節堂印」、「餘清齋圖書印」、「張氏峯山珍藏」三印。箋後有「乾隆鑑賞」、「三希堂精鑑璽」、「宜子孫」三璽，又有「端本家傳安定郡圖書印」一印，後有押縫一印，缺半，不可辨。拖尾有趙雍跋云：九夷八蠻，聲教罕至，惟見佛容，必恭敬止。維王在前，載拜稽首，羣從咸集，嚴列左右。峩峩其冠，楚楚其服，虬髯螺髮，穹鼻深目。伊昔宋代，鮮有其人，方今聖朝，來往日新。曩迦辣藏，朶囉賽因，撒藍麻哩，名動搢紳。言不雅馴，訓義無別，粤有象胥，善爲解説。式觀此卷，畫手非常，裝潢藏之，有耿餘光。至正三年浴佛日吴興趙雍。又虞集題云：香水海中傳直指，碧蓮□上結加趺。方今象教行中國，況爾蕃王部落俱。至正四年九月虞集。又鮮于樞題云：華雨繽紛寶樹重，戒王卑俯近慈容。從來禮樂聞中國，幾度鑾輿下辟雍。漁陽鮮于樞。又倪瓚題云：佛身充滿大千界，蓮座玄談海水翻。融攝群修証無覺，靈通虚徹卓然存。至正廿三年冬十月東海倪瓚合十謹□於法喜精舍。又文徵明跋云：龍眠李公麟，熙寧中名進士，王安石深敬其人。仕三十餘年，未嘗忘山林之樂。當時論者謂其文章則追建安，書法則宗晋唐，人物之畫則效顧、陸，創意如吴道子，瀟灑如王維。右畫《番王禮佛圖》人物古雅，用筆纖勁，觀者非注目決眥，不能盡其妙，真五百年來無此扛鼎之筆也。藏者寶諸。旹正德辛巳暮春，長洲文徵明謹識。卷中有漬髒痕迹。箋高九寸九分，廣六尺一分。

謹案：圖中端嚴妙相，湧現於雲水光中。番王瞻仰法像，望空頂禮，諸番衆簇擁如林，瞪瞢瞻佛，目睛不瞬，番態盱睢，一一各殊形相，譬若婆羅外道，俱攝入虛空法界。龍眠筆妙通靈，真能闢閻浮於棗葉，納芥子於須彌矣。

宋李公麟七佛圖卷神品

素絹本白描畫。絹首有「乾隆御覽之寶」一璽。絹共七幅，每幅有「龍眠居士」一印及「勅賜佛迹院道場印記」一印。第一幅前押縫有「秘殿珠林」一璽。第七幅有「乾隆鑑賞」、「三希堂精鑑璽」、「宜子孫」三璽。拖尾有石公憲跋云：佛初入中國時，其名號未廣也，而神通顯設悉備。諸大藏斷非誑語，則舍利放光，山河大地俱屬普照，期衆生祛於迷途耳。故無邊苦海，文殊從此出也。冀世人之登彼岸乎？諸天、羅漢上下兜率、忉利天間，從地湧出，則三千大千世界，又安得而無魔也。邪不勝正，降之者，其法力所致，佛無心也。至于法龍之興雲騰霧，天女之翻飛散花，佛享其供而已。是卷《七佛圖》也，不著色相而濃鮮雅澹，細入毫芒，巧生變幻，可令般郎股栗、婁子醉心者，舍龍眠居士，誰能創此以垂不朽？惟後世鑒賞者珍之。修職郎充提舉茶鹽司石公憲書，時紹興三年四月十二日也。卷内有濺髒痕迹，卷首玉劃殘缺。絹每幅均高一尺，第一、二、三幅均廣一尺八寸，第四幅廣一尺六寸二分，第五、六、七幅均廣一尺八寸一分。

謹按：龍眠少工畫馬，後悟鐵面上人語，遂以白描高天下。是圖筆法如晴絲颺空，爐香結篆。圖凡七幅，幅爲一龕。佛像莊嚴，精神面目無一相肖，諸天寶幔彌覆空中，花雨繽紛，栴檀芬郁，如入祇樹園林，自非龍眠游戲神通，不能由此筆妙。

宋晁說之秋渚聚禽圖卷 神品

素絹本著色畫，無款，姓名見跋中。絹首有「退密」、「神品」、「項元汴印」、「子京父印」、「項墨林父秘笈之印」、「子京所藏」、「西楚王孫」、「葛坡」、「費氏□奇」諸印。絹末有「六藝之圃」、「平生真賞」、「田疇耕耨」、「項氏叔子」、「項墨林鑑賞章」諸印。拖尾有趙令時記云：紹興二年五月十日趙令時德麟觀。喬簣成記云：皇慶二年十二月十日喬簣成仲山觀。又陳基跋云：昔晁以道嘗守成州，民訴歲旱，公爲十分盡蠲其税，轉運使艴然，因丐歸。靖康初，以著作召遷秘書，除中書舍人兼太子詹事。此卷正賜閒時筆耶？曲盡羽族飛鳴之狀，非庸史所能及，洵堪寶玩。至正二年九月朔陳基。絹高一尺二分，廣六尺八寸。

謹按：晁景迂學問淹博，不僅以文藝爲長，餘事染毫，便臻神品。是圖以蒼勁之筆寫荒寒之景，漻然以清，窅然以遠，真能脱去筆墨畦町。圖中秋水鳧鷺、落霞孤鶩、殘荷□楓、短荻長蘆，摇蕩西風斜照中，寥寥著筆，滿紙驚秋。宋人有句云：賴是丹青不能畫，畫成應遺一生愁。不圖此景乃於尺幅中遇之。

宋燕文貴雪霽圖卷

素絹本著色畫，款題「王摩詰江干雪霽圖燕文貴謹摹」。箋首有「項墨林鑑賞章」、「南陽家藏」两印。箋末有「退藏」、「項墨林秘笈之印」、「庋藏寶玩」三印。前隔水有「乾隆御覽之寶」。箋高七寸七分，廣四尺七寸五分。

謹按：輞川畫傳世絶少，即最著之《江干雪霽圖》，多是後人臨本。文貴在宋畫院中或見其真跡。輞川雪景不可見，得此不啻粉本。圖中雪山峩峩，石骨刻露，枯林萬木，満紙蕭森，深得寒凝淩競之意。乾坤清氣，攝入毫端，樓閣橋梁，扁舟茅屋，點綴亦復清絶。自輞川而後，畫雪推營邱，華源此卷慘淡經營，神韻超逸，畫品不在董、范下也。

宋馬賁牧牛圖卷

素絹本著色畫，款識「紹聖二年春月河中馬賁寫」，下有「馬賁私印」一印。絹前有梁詩正書寶親王題詩一首云：平川苜蓿含煙緑，牧童羣集雲山曲。烏犍遠放晚風涼，偷閒笑語相徵逐。但願禾稼如雲收，足供租賦免賣牛。安得太守如龔遂，腰間欒勸解吴鉤。夕陽在山尋歸路，煙氣濛濛暗林樹。河中一幅景物繁，監門圖繪意略具。寶親王長春居士題，時甲寅夏六月，梁詩正謹書。絹首有「乾隆御覽之寶」一璽，又有「陶氏珍藏圖書」、「綏五氏」、「樂義堂圖書記」，又有「寶樹堂」、「柯九思書畫印」、「綏五珍藏」、「楊文驄印」、「龍友」諸印。絹高九寸，廣一丈一寸五分。

謹按：馬賁在元祐、紹聖間蜚聲畫院，山水最工，小景寫生尤稱神妙。此卷寫郊墟晚景，展圖如野眺蒼茫，一望無際，坡陀起伏，蹊徑紆迴，流水板橋，寒鴉數點，蒼然暮色自遠而至。牧童或驅犢歸去，或羣聚嬉遊，或臥其背，或扣其角，或左右牽挽，或三五搏擿，神情栩栩。圖牛凡二十五，渡水者、下坡者、眠未起者、俯齧水草者、掉尾遊行者、母子相依戀者，一一畢肖。昔唐時戴嵩畫牛過於韓滉，戴嵩真蹟今已罕睹，賁畫在宋人故中[九]是上乘，此圖雖爲小品，亦如庖丁解牛目無全牛，殆用志不紛而進於神矣。

宋林椿四季花鳥圖卷神品

素絹本著色畫，款識「淳熙五年歲次戊戌夏日錢唐林椿繪」，下有「林椿印」一印。絹首有「乾隆御覽之寶」一璽、「貢師泰」、「元節」两印。絹末有「真賞」、「子孫世昌」、惟□一印[一〇]。拖尾有貢師泰跋云：錢唐林椿以工畫得名於時，筆無妄下，資諸家善處而有之，故能筆意豪邁，脱去凡俗，如世所稱杜子美詩、韓退之文，無一筆一字無師承，所以備具衆體之妙，而前無古人后無來者。今觀此幅，四季花鳥精彩動人，妙奪造化，豈後世庸史所能及耶？宣城貢師泰跋。又方壺記云：金門羽客方方壺拜觀。又王士點記云：魯人王士點觀於京師迎陽里。又揭傒斯跋云：寫生貴精，弗精則弗肖，必求其肖，又多失之工。精而肖，肖而不失工，唯林椿能之，此外皆不逮也。此圖曲盡羽族飛鳴之狀、花木迎風之態，而行筆設色又不在筆墨間可辨，具眼者珍之。翰林學士揭傒斯。又沈度題云：林君久上仙都去，綵筆流傳四海中。短局珍藏歸秘笈，主人原是米南宫。雲間沈度題。又吴寬跋云：南宋林椿以繪事擅聲於淳熙間，世罕見其跡。謙齋宫傅先生雅蓄古人書畫，乃以此卷見示，俾得快睹，詎非幸歟？敬書數語，聊以誌喜云。延陵吴寬。絹高八寸六分，廣六尺二寸二分。

謹按：林椿爲淳熙時畫院待詔。椿畫花草、翎毛、瓜果師趙昌，趙昌師滕昌祐。此圖傅彩鮮明，氣韻生動。尺幅分繪四季花鳥，變態萬千，各殊景物，真能傳花鳥精神，置之勝華、昌祐之間，殆無以辨。極寫生之能事，時史摹擬，僅能得其形似，神韻遠不逮矣。

宋郭熙關山曉行圖卷神品

素絹本著色畫，無款識，姓名見跋中。絹首有「乾隆御覽之寶」一璽、「都省書畫之印」一印。絹尾有「柯九思鑒定真蹟」一印。拖尾有仇遠跋云：世稱夜光無與敵，何時郭君神妙筆。蒼然勁鐵腕有靈，開圖展閲人愛惜。青山隱隱江重重，懸巖一澗飛晴空。中流倚櫂者誰子，隨風蕩漾開天虹。盤車無數過山來，隱約穿林何處去。忽聞天際落丹楓，一曲清歌碧雲曙。古今世事如棋局，碌碌常懷看山福。推窗長嘯天地秋，短句深慚爲尾續。淳祐遺民山村仇遠。又周密題云：郭河陽精於別構機軸，而以鬆秀發之，且兼通六法，作《畫山水訣》傳世，人争羡之。宜其畫益不可及矣。此《蜀川行旅圖》乃真蹟之尤佳者也，清容持示，遂爲鑒定。汝南周密公謹父跋。又倪瓚題云：雨過秋光映翠微，巖雲一抹淡荆扉。千山寂寂疎鐘杳，萬壑蕭蕭落木稀。澗水奔飛行路濕，松篁迴合野禽啼。遊人客騎投山去，不覺前鋒已落暉。雲林子瓚題。又吴寬題云：無聲詩與有聲畫，河陽兼之奪造化。臨窗展閲有餘情，老眼模糊忘高下。匏繫庵主吴寬。絹高一尺三分，廣五尺七寸三分。

謹按：郭熙元豐末爲顯聖寺悟道者作十二幅山水，東坡摹其六幅，筆墨大進，有「玉堂臥對郭熙畫，發興已在青林間」之句，其心賞至矣。此圖寫蜀道旅行，蒼茫曉色，羣動初興，一髮青山，下臨江水，班班車馬，西上蠶叢，鳥道□□，劍閣横斷，峭壁千尋，路轉峰回，山石齗崿，一峰縹緲作飛舞之勢，絶頂蒼蒼，去天尺五，又西則屹屹一關，形勢險要，使人有睥睨登臨之感。關門征騎，連連蹀躞，西向山勢益突兀，争奇則飛湍走壑，洶涌驚雷，遠則石棧天梯，寸步千險，如身入騦綱蜀道中。滿幅秋光，略用丹楓絢染，尺幅之内，真覺萬里爲遥，洵爲傑構。

宋劉松年十八賢文會圖卷 神品

素絹本著色畫，款識「淳熙畫院劉松年繪」，下有「松年之印」一印。絹首有「聶冠卿」、「三寶□」、「胡儼若思」三印。絹末有「康伯鼎」、「莊廷暉」諸印。前隔水有「乾隆御覽之寶」一璽。絹後有素箋烏絲闌真德秀書《玉堂聚英記》一篇，云：俊髦萃于一時，詎躋貞觀之初。詞藻淵于當世，寧疋瀛洲之侶。盛矣乎唐太宗，滌蕩隋氛，功侔湯武，創始鴻休，跡近成康，自古功德兼隆，由漢以來何有？嘗聞太宗求賢授任，善道諫言，可謂精誠英毅之主，更輔以明達之吏，佐以文學之士，天下向慕，謂之登瀛洲十八學士者誰耶？ 如房玄齡夙夜盡心，惟恐一物失用寬平，聞人有善，若己有之，不以求備，取人亦不以己長格物，與杜如晦引拔士類，嘗如不及。至于唐室臺閣規模，首出二賢所定，或有謀於玄齡，必曰非如晦不能決，如晦悉玄齡策。帝曰玄齡善謀，如晦能斷，是以唐稱賢相，推房、杜焉。如于志寧、孔穎達者，以太子好嬉戲，頗虧禮法，能直諫，上聞而嘉之，各賜以金一觔、帛五百疋。貞觀庚子，穎達爲國子監祭酒，帝幸觀釋奠，命穎達講《孝經》。是時大徵天下名儒講學，增築學舍千二百間，增學生三千二百四十員。四方雲集，諸酋長子弟請入國學，升講筵者千人。上以師説多門，章句繁雜，命穎達等撰定五經疏，謂之《正義》，令學者習之。如蘇世長與帝有舊，徵爲諫議大夫，常從較獵高陵曠原，大獲飛馳，帝謂世長曰：今日樂乎？對曰：不滿十日，未足爲樂。帝變色而笑曰：狂態復發耶？對曰：于臣則狂，于陛下則忠。嘗侍宴披香，酣飲，謂帝曰：此殿煬帝之所爲耶？帝曰：卿諫以直而實多詐，豈不知此殿朕之所爲乎？對曰：見其華侈，如信宮鹿臺，非興王之所爲乎？昔曾侍陛下于武功，見所居僅庇風雨，安以爲足。今隋之宮室已極侈矣，而復華之，將可以似之。帝深然焉。如虞世南者，幼受學于吴顧野王，煬帝愛其才，然痡峭，官七品，十年不徙。太宗踐祚，進弘文館學士。貞觀四年遷秘書少監，上《聖德論》。帝曰：卿適覩其始，未知其末，朕能慎終如始，則此論可傳矣。如許敬宗，大業中舉秀才，後爲李密記室。太宗聞其名，召署學官。貞觀中除著作郎，掌誥命。上謂近臣曰：仕宦不爲著作，無以成門户。如褚亮、姚思廉、薛收、陸德明、李元通、李守素、蔡允恭、顔相時、薛元敬、蓋文達、蘇勉等，皆有王佐之才，悉稱命世之臣也。緣有登瀛洲之語，劉松年繪圖以十八英俊聚于玉堂，模其生意，究其工巧，金貂玄英，飄颻愉逸，徒樂沉瀁，馳騁芳塵，麗曠嵒崿，賞奏泉響，握算局勝，搆思艷詞，點染崟岑，博雅彝鼎，嘯咏巘壑，憑高俯流，談接之背向、主從之威儀，無不曲盡其精奧。松年不得穎中三昧，何能入此之妙也哉？ 余得見之，因書是記以附于不朽云。 寶慶元年孟冬五日，提舉萬壽宮真德秀於浦城書院撰并書。 下有「德秀」两字一印。箋首有「天全翁」、「荆山」、「震澤山房」諸印。 餘箋盈尺，有虞集一跋云： 劉待詔所繪，人間争以爲寶。 今觀此《玉堂聚英圖》，未忍釋手。 細閲諸學士，鬚眉如動，從者服役，如有應聲，其談笑、吟咏、登眺，一一莫能形容其妙，□林樹石，巖壑亭臺，無窮景際。 待詔之畫固璠璵夜珠，復得真學士楷書，人間不易得，此卷誠爲聯珠合璧。余雖不善博雅，生平極慕其作，敬贈數語，以應揭學士之索筆云爾。 至正歲在辛丑九月八日，奎章閣學士劭庵虞集識。 下有「虞集」两字一印。 又有「緼真齋」、「濟陽世家」諸印。 拖尾有宋克題云： 龍姿日表真英武，躍馬揮戈靖寰宇。 弘文（齊）

〔齋〕館羅豪英，羣賢入彀如登瀛。千年盛事今猶在，疋素幻出風流情。玉堂邃，三山小，閣道紆迴鳳池窈。鈴索簷前雲欲飛，罘罳□外花常繞。碧房繡楹紫煙浮，金隄寶馬垂楊裊。房公杜公意氣雄，乾坤闔闢由胸中。褚于蘇薛多文彩，姚顏孔□經傳功。虞陸二李才華豐，蔡蘇薛許詩詞工。袞衣博帶紛四筵，烏紗羽扇臨風前。彈棋展翰相留連，興來或作南風絃。清姿逸韻何翩翩，□論海外有神仙。誰知後代留芳跡，王孫丹青詎能匹。筆機清麗入春絲，二李風流堪紹述。按圖宛若對諸君，勝情高躅儼超羣。秦王樂事在英俊，千古展閱生風雲。吴郡宋克題。又宋濂記云：金華宋濂曾觀。又解縉跋云：南渡以來畫家尚工麗，獨待詔此卷純雅端重，氣韻□□，寫人物、樹石作神品。此公畫流傳人間絶少，宜永爲世寶。解縉書。又王守記云：涵峯王守。又顧璘記云：嘉靖甲午八月既望，同山陰王覺菴太史、施玉吾侍御過南岡劉進之讀書堂觀此，玉峯顧璘筆記。又董祖源跋云：劉松年初師張敦禮，其用筆設色，推爲當代宗匠。既而一洗畦徑之陋，詣唐人之室，視敦禮不啻什倍，以故雄名於淳熙間。此《玉堂聚英》卷，又其生平第一合作也。拜觀之餘，附名於末。

董祖源。諸名家鑒定神品，古香齋珍玩。絹高九寸六分，廣一丈五尺二寸三分。

謹按：宋時院畫最爲精工，後人鑒賞，每謂其少士氣。松年爲淳熙畫院待詔，山水、樓臺、人物皆師法張敦禮，神氣精妙，時稱絶品。敦禮畫學李唐，并仿顧、陸，心香一瓣，其來有自。此卷宫闕壯麗，諸學士玉珮瓊琚，雍容華貴，而無毫纖俗韻，洵非時史可能摹擬。山石金碧莊嚴，皴法亦復神妙。西山書《玉堂聚英記》娟秀可愛，如淵月沉珠，露花濯錦。觀虞道園跋語，知舊爲揭傒斯家藏，洵爲瓌寶。

宋劉松年萬壑松風卷

素絹本著色畫，款識「松年」两字。下有「夏氏時正印」、「守藏寶玩」两印。絹首有「危氏至寶」一印。絹高一尺二寸一分，廣一丈三尺三分。

宋趙大年春山晴翠圖卷

素絹本著色畫，款識「大年作」，下有「天水趙氏」一印。絹首有「乾隆御覽之寶」一璽。又有「米印萬鍾」、「山陰王氏家藏」、「玉峰顧氏華成收藏」諸印。絹尾有「鮮于」、「梅花庵」、「柳貫」諸印。拖尾有吴寬題云：城市山林路不分，畫橋騎馬是徵君。樹邊石蹬連青靄，陌上桃花亂白雲。碧澗漣漪舟盪槳，□坡平軟鹿成群。滑稽誰似東方朔，更向金門隱世氛。成化丙午春三月既望，延陵吴寬書。又顧璘跋云：此趙大年《春山平遠圖》，蓋非臨摹古人，以意點染，率多幽致，如明月映水，薄雲浮空，使學者破擬入神而不能得，誠開山手也。己酉秋七月上浣，東橋居士顧璘識。又邢侗題云：爲愛青山與碧溪，桑麻雨露自成栖。試觀令穰春山卷，奚羡車輪共馬蹄。零落桃花春雨多，舊溪何處問漚波。千年不獨王摩詰，誰爲青山緝薜蘿。濟南邢侗子愿甫。絹高一尺一寸五分，廣九尺九寸三分。

謹按：畫家寫平遠山水，唐宋以來惟大年，追蹤摩詰，其秀潤天成，風華標暎，畫史稱爲宗工。今閲此卷，真能以天地爲師，設色葱倩，闢境空靈，攬勝尺幅之中，寄意毫素之外。展圖則蒼翠撲人眉宇，掩卷則煙雲如在目前，使人翛然作臥遊之想。大年畫皴法絶少，此卷遠近疎密，皆以細樹作皴，望之如薺，亦一奇也。

宋郭熙山水卷

畫缺，僅存前後隔水及拖尾跋語數則。前隔水有「子孫永寶」、「陶氏家藏世寶」两印。拖尾吴全節跋云：郭公此圖，經營布置縝密精雅，樹石皆有一種生態，所謂得此中三昧者也。展卷之餘，擊節歎賞。吴全節跋。又張雨題云：漫瀉金壺汁，吮毫落筆無纖塵。古今世事如棋局，碌碌常懷看山福。推窗長嘯天地秋，短局深慚爲尾續。方外張雨。又柯九思跋云：觀郭河陽此圖，其寄興託情，蕭然高遠。至於繪理之妙，可望而知也。丹邱柯九思題。又楊士奇題云：河陽畫史稱奇絶，尺素能容造化工。翠嶂倚雲天外落，高林飛雨望中叢。彤樓風暖歌聲細，綺閣春深舞袖紅。應是古人多愛惜，故將題墨琬□同。盧陵楊士奇書。又凌晏如記云：宣德七年仲春月凌晏如記。

宋郭熙寒林蜀道圖卷

素絹本著色畫，款識「河陽郭熙」。絹首有「平生真賞」、□氏雨泉南印三印[一一]。絹尾有「□印希元」、「孟舉」、「沈度」、「子孫世昌」、「一峯道人」諸印。拖尾有鄧文原題云：大山崪嵂摩青天，小山平遠通雲煙。郭熙胸次有奇致，信手落筆分清妍。寒林蜀道原不遠，飛空瀑布流潺湲。江風颼颼闇虛閣，煙邨斷岸來客舩。高情自有泉石趣，深意不受塵埃纏。世間書畫亦豈少，誰能有幾郭熙傳。華堂風日不到處，絶勝繡幙披圖看。延祐五年秋日，古涪鄧文原善之甫題。又貢師泰記云：宣城貢師泰曾觀。又陸行直題云：危崖列岫鬱相連，兜率樓臺際碧天。飛鳥已還秋色裏，踈鐘猶在夕陽邊。谿橋緩轡官人馬，野岸維艄客子舩。記得宦遊從此去，披圖不覺思茫然。吴郡陸行直書。又沈周題云：風前木葉已蕭蕭，天外青山澹欲消。

滿目秋光勞應接，夕陽緩轡過溪橋。成化丁未十一月中浣呵凍書，後學長洲沈周。又黄以善記云：古婁黄以善觀于擷芳亭。絹高一尺一寸四分，廣六尺九寸一分。

謹按：河陽此卷與《關山曉行》皆圖蜀道，山川不改而風景頓殊。其慘淡經營處，此卷似稍遜之，然山勢蜿蜒，元氣磅礴，又别開一生面。圖中峭壁懸巖、天梯石棧，絶無觚稜轉折之跡，最爲偉觀。

宋李吉萬年寶枝卷

素絹本著色畫，款識「李吉」两字。絹首有「乾隆御覽之寶」一璽、「紹」、「興」两字两璽、「孟舉」一印，又有「山陽布衣」一印，缺右傍。絹尾有「瑞文圖書」一璽，又有两印，缺其半，僅存右方「鳳山」及「水村陸完審定真跡寶」數字。拖尾有陶宗儀跋云：寓意寫生，隨機點染，雖爲餘事，然非天分之高、學力之積，不能得其生動。苟無生動，則物之意趣態度全無矣。宋李吉是圖可謂盡美者，蓋其天資所發，非後人可與之抗衡也。至正十年春日南村陶宗儀題。又元節跋云：李吉本開封人，嘗在畫院藝學，工花鳥、蔬果之類。此寫生一卷，乃吉平生愜意之作。昔人謂其畫師刁光胤，又學徐熙，故知其學力淵源有自來者，誠是神品。元節識。李春芳跋云：昔人論黄筌之畫神不妙，趙昌之畫妙不神。兼斯二者，一洗而空之，其惟李吉乎？此圖曾入紹興内府，爲吉所作。其中蔬果各盡其度，信其名重于時也。李春芳題。又沈度記云：雲間沈度覽于京口僧舍。絹高九寸五分，廣五尺一寸三分。

謹按：李吉爲畫院藝學，兼攬黄筌、趙昌之勝。圖中朱實纍纍，芳馨甘脆，香連翠葉，露浥絳包，如新摘枝頭，殊滋嘉味。復有楊梅、瓜蓏、紫茄之屬，相間雜陳。絹素千年，别饒古香古色，畫家寫生，斯爲神品。

宋徐熙九鶴圖卷

素絹本著色畫，款識「徐熙製」。絹首有「乾隆御覽之寶」一璽、「子孫永保」、「水村陸完審定真蹟寶玩之印」两印，缺右旁，「林逋」一印，缺下半，篆文。絹末有「四代相印」、「浯谷齋圖書記」、「張掄」、「戴氏率初」諸印。拖尾有李廷貴題云：寫生政自愛徐熙，把卷摩娑眼欲迷。曾記沉沉新雨後，鵪鶉閒戲竹枝西。蜀人李廷貴題。又康里子山跋云：宋畫院徐熙工於花鳥，一時名家不敢與之抗衡。此《九鵪圖》雖出於興會之作，而生動活潑，儼然如生。徐君不得穎中三昧，何能入之神妙也耶？康里子山。又虞集記云：伯生虞集觀于萬玉山房。又楊溥記云：楊溥鑒定。又蔣暉跋云：余曩從内府得覩徐熙《折枝花四季》卷，有宣和御題。拜閲之頃，不覺神往。今復于黄中丞齋頭展閲此圖，而益歎徐君之技爲不可及也。中丞其善藏之。侍書蔣暉。又吴寛題云：竹斂寒梢凍飲冰，鵪鶉翻影若爲情。閒時健鬬煙林外，野草幽花伴一生。延陵吴寛題于匏繫庵。絹高一尺三寸四分，廣六尺八寸五分。

謹按：鵪鶉屬候鳥，一名鴽，爲九扈之一。《禽經》謂之籬鷃，《莊子》謂之斥鷃，鷃則鵪之轉音。《本草集解》分鵪鶉爲二物，有斑者爲鶉，無斑者爲鵪，今人總以鵪鶉名之。圖中九鵪均作斑文，或徐步游行，或戢翼斂翮，或騰躍不過數仞，而下翔蓬蒿之間，極得安閒自如之態。畫史稱徐熙妙得造化，此圖九鵪毛羽爪啄，一一生動神妙，欲到秋毫顛矣。

宋龔開鍾進士移居圖卷

素絹本著色畫，款識「淮陰龔開畫」。絹首有「天籟閣」、「墨林子」、「項子京家珍藏」、「墨林秘玩」、「文彭之印」、「于思緝印」。絹末有「乾隆御覽之寶」一璽、「虞集」、「馬琬私印」、「子京」、「項氏子京」、「項子京家珍藏」、「神遊心賞」諸印。拖尾有仇遠題云：老馗怒目髯奮戟，阿姨新粧嬌如昔。牛輿先後將何之，往往徒御皆骨立。開元天子人事廢，清宮欲藉鬼雄力。勾生毋乃好幽怪，醜貌奇形尚遺蹟。至正辛亥腊月山村仇遠。又于緝題云：鍾叟蒼髯妹漆膚，前驅後擁繞牛輿。能令五鬼非吾患，免使奴星結柳車。錢塘于緝。又祝允明題云：長嘯宮林百草秋，蒼髯煤臉也風流。當時竊得明皇夢，遷向山南趁夜遊。枝山允明題。又文嘉跋云：宋初勾龍爽作《鍾馗移居圖》，詭怪幽眇，曲盡鬼物情狀。夫鬼如影，去來無形，不知勾君何從而作此。宋之季年，淮南龔翠岩亦有《中山出遊圖》，蓋亦祖其意耶？時萬曆四年冬十月，茂苑文嘉識。絹高八寸八分，廣一丈四寸四分。

謹按：右圖鍾馗移居，役使羣鬼，詼譎詭異，不可思議。負者、肩者、舁者、提挈者、趨走者、跳踉偃臥者，或張目露齒，或竦肩縮頸，皆枯瘠如腊，面目巉巖如怪石，備諸醜狀。其境則山崖幽闃，大木數圍，懸流萬丈，如入鬼谷。其物則有魚、米、蔬、果之屬，其器則有刀、劍、鏡、盂、盤、榼、燈、匜、鐘、磬之屬。鍾馗方袍皁帽，駕鹿車前行，稚子後隨，阿姨駕藤輿，羣鬼舁之。復有牽牛者、奉佛龕者、舁几案者，案上踞一白狸奴，大僅指許，頸繫烏絲，目炯炯有神。中途一鬼，荷雙榼行，羣鬼遮而奪之，傾其一，朱實纍纍散地上，羣趨争攫，鬼趣横生，如觀吴道子《地獄變相圖》。款字細書石上，書法亦姿媚可喜。

宋馬和之夏山消暑圖卷

素絹本著色畫，款識「馬和之」。絹首有「清森閣書畫印」、「何氏元朗」、「綏子」、「喬氏簣成」、「子敬之章」諸印。中有「乾隆御覽之寶」一璽。絹末有「□傳張奕之印」、「敬穆」、「西秦張瑛」、「金氏元玉」諸印。拖尾有俞和題云：群山岧嶤紫翠封，樓臺縹緲煙霞重。青谿迥隔紅塵路，玉洞遥連絳府宫。溪邊洞口相限隩，蹊徑深深暎花竹。風散花香瀉酒瓢，日高松影閒棋局。巖前偶坐兩三翁，神氣蕭爽巾履同。玲玲緑髮稀可數，皎皎雙瞳圓且濃。其間一仙如識面，憶在芙蓉城下見。曾將寶訣授長生，還引瑶池開小宴。別來倏忽三千秋，舊蹤那復更追游。何當重跨軒間鶴，來會諸仙嶺上頭。至正六年歲在丙戌春二月，紫芝生俞和。又有倪瓚題云：踏遍芒鞋尋好山，好山多在白雲間。白雲也被風吹去，不放林間一片閒。至正辛亥冬題於蕭閒館，東海倪瓚。又余詮記云：豐城余詮觀。又吴寬跋云：錢塘馬和之，其字也。紹興中登第，官至工部侍郎。善畫山水，清逸絶倫。人物仿吴裝，筆法飄逸，人品高雅。宋思陵每令畫《葩經》，虚左以宸翰書之。今觀此卷，筆試圓活，天趣絶塵，故昔人稱爲小吴生，洵不誣也。長洲吴寬。絹高一尺一寸三分，廣七尺一寸三分。

宋陳居中茄子畫卷

素絹本著色畫，款識「居中製」。絹首有「金華宋氏景濂」、「杜館印章」兩印。絹末有「晋府書畫之印」一璽、「勾曲外史張雨私印」、「郭畀天賜」三印。前隔水有「乾隆御覽之寶」一璽。拖尾有胡布跋云：陳居中人物，多見於好事家所藏，但花草弗克多閱。兹卷更覺描法生動，渲染有神。噫！寫生之妙，乃至此乎。不覺有觀止之歎。仲山其永秘笥中，勿以庸常圖畫視之可耳。建民胡布題於玉山高處。又張雨跋云：寫生之妙，與道合機，非可泛焉爲之也。陳居中此卷，儼然在朶頤間，令人望而生愛，不僅以形似争長耳。泰定新元仲冬廿又二日，適有齊安之行，匆匆不及作詩，聊記歲月，附名于左，以紀一時之翫也。方外張雨。又陶宗儀記云：九成陶宗儀觀。絹高一尺一寸三分，廣六尺。

宋王詵漁邨小雪圖卷

素絹本淡著色畫。絹首有「乾隆御覽之寶」一璽。無款，姓名見跋中。拖尾有趙孟頫題云：樹木蕭踈雪未消，空江水冷不生潮。遊魚未出虛漁意，簑笠迴舟不待招。吴興趙孟頫題。又宋克題并識云：都尉從知畫有仙，能收萬里尺圖間。漁村掩映江天雪，遮却溪南無數山。王晉卿《漁村小雪圖》，余在京獲觀于林氏齋頭。筆法蒼勁動，可謂前無古人，兼得松雪翁題句，真無上神品也。宗兄其寶藏之。道川宋克。又文徵明跋云：右《漁邨小雪圖》，宋駙馬都尉王晉卿真蹟。晉卿爲神宗愛壻，博洽能詩文，少見知於翰林學士鄭獬，及尚秦國長公主，益折節禮賢，故眉山、襄陽、山谷、龍□□公皆與之交。及黨籍興，晉卿亦被謫而無悔，蓋士林之錚錚者，非僅戚畹中稱翹楚也。晉卿善書法而耽于畫，嘗作寶繪堂于其第，壁張古人名畫，效宗少文澄懷于其中，故縱筆揮灑，煙雲林壑，動與古會。此卷上有徽宗標題及宣和諸璽，蓋亦内府物。至元而散落人間，故魏公題咏及仲温題識，皆亦絶代名流。余觀其畫法蒼秀，絶類右丞，而設色又擬李雲麾父子，至于布置得宜，種種合度，非尋常畦徑可及也，誠爲希世之寶。時嘉靖十有二年春三月既望，長洲文徵明識。絹高一尺二分，廣六尺九寸三分。

宋蘇漢臣懋遷圖卷

素絹本著色畫，款署「臣蘇漢臣製」。絹首有「御府珍秘」、「乾隆御覽之寶」、「樂壽堂鑑藏寶」、「石渠寶笈」。絹末有「珍藏書籍圖畫之記」、「其永寶用」、「廣平侯圖書」三印，又有「乾隆鑑賞」、「三希堂精鑑璽」、「宜子孫」三璽。前押縫有半璽。中押縫有雙螭一璽。絹高七寸，廣九尺四分五寸。

宋趙孟堅墨水仙卷上等

素箋本墨畫，無款識。箋首有「好古齋」一印、「樂壽堂鑑藏寶」、「乾隆御覽之寶」、「石渠寶笈」三璽，又有「元度」、「德□」两印。箋末有「乾隆鑑賞」、「三希堂精家珍藏」六印。第一幅後押縫有「元度」一印。第二幅後押縫有「小竹居」一印。第三幅後押縫上有「封」字一印，下有「元度」一印。第四、五幅後押縫均有「元度」一印。拖尾有「朝鮮人」、「安歧之印」两印。箋高八寸，廣二丈二尺三寸七分。

鑑璽」、「宜子孫」三璽，又有「子固」、「彝齋」、「拙勝齋」、「元度」、「德□」、「安儀周

宋趙孟堅水仙卷上等

素箋本白描畫，無款識，姓名見跋中。箋首有「樂壽堂鑑藏寶」、「乾隆御覽之寶」、「石渠寶笈」三璽，又有「神品」两字两印，「藏書」、「項元汴印」、「子京父印」、「神遊心賞」、「項墨林鑑賞章」、「楊遵私印」、「棱伽居士」、「張逸菴氏家藏」、「任賀」、「子孫永保」、「見陽圖書珍藏」、「子孫永保」、「純修珍藏之印」諸印。箋末有「乾隆鑑賞」、「三希堂精鑑璽」、「宜子孫」三璽，又有「古燕張純修」、「見陽圖書」、「見陽子」、「語石齋」、「用六道人真賞」、「任賀」、「懷玉山人」、「妙無以加」、「虛静山房」、太極圖、「東壁圖書西園翰墨」、「退密」、「項元汴印」、「子京父印」、「項墨林

鑑賞章」諸印。箋凡五幅，前押縫有太極圖一印、「張」字一印，又有「淑躬齋珍藏書畫記」、「淑躬堂記」、「用六道人真賞」、「真賞」四印。後押縫有太極圖、合函两印。卷後有素箋烏絲闌，有文彭楷書水仙賦一篇云：百花之中，此花獨仙，孕形秋水，發采霜天。極纖穠而不妖，含素□而自妍。骨則清而容腴，外若脆而中堅。匪凡工之琱刻，伊玄造之自然。夐特出乎風塵之表，澹幽貞以忘言。爾其族生瓊洲兮，分植琪樹，華宇琳館，靡所不舍。先春而開，後春而謝，妝不儼於粉黛，香何藉乎蘭麝。時從變乎炎涼，景無殊乎晝夜。若乃芳敷南澤，翠發中坻，儼如王母燕于瑶池。秀挺芝田，英翹蕙畹，□□□□□□□。至於微雲細雨，乍伏乍起，仿佛巫靈，夢彼楚子。輕陰薄陽，半露半藏，恍惚宓妃，見彼陳王。或倚修竹，露華朝濕，一似湘娥，掩袂以泣。或傍寒梅，月影宵浮，復如漢女，弄珠□□。或似幽蘭碧露之壇，有如文簫之遇綵鸞。或依緑蕉層臺之曲，有若簫史之偕弄玉。皎皎乎其如飛瓊，餐餐乎其若雙成，綽約乎其若神人之遊姑射，澹泊乎其若素娥之居廣庭。或疎或密，或信或屈，藂者如隱，擢者如出，千態萬狀，莫能詳悉。然此舉其形似之末，而未究其理趣之實也。是故冰玉其質，水月其神。挾梅兄與礬弟，接蘭桂之芳隣，宜紉佩於君子，亦結褵於幽人。臭不效於蕕，香不染於薰。操靡摧於霜雪，氣超軼乎埃氛。懷清芬而弗眩兮，儋獨全其天真。非夫至德之世、上器之人，孰爲比擬而與之倫哉！詞曰：清兮直兮，貞以白兮。發采揚馨，含芳澤兮。仙人之姿，君子之德兮。雁門文彭書於水鏡堂。下有「三橋居士」一印。箋首有「張逸庵氏家藏」、太極圖、「子京」、「項元汴印」四印。箋末有太極圖、「子敏」、「淑躬齋珍藏書畫記」、「項元汴印」、「子京父印」、「項墨林鑑賞章」七印[一二]。拖尾有王穉登跋云：子固爲宋宗室者，點染尤工，花草爲名流所稱賞，争購之以爲寶，當時已然，況其在今乎？三橋先生補賦，可稱雙璧。偶得觀於項氏西園，書以歸之。太原王穉登。下有「穉」、「登」兩字兩印。又有項子京題字二行云：宋宗室趙子固畫水仙，項氏珍藏，其值四十金，得於錫山華氏黄字號。前有「退密」一印，下有「墨林秘玩」、「項子京家珍藏」兩印。又有題字一行云：此卷不記何人，但記癸卯菊月從中州帶至，值七十金。下有「真賞」兩字一印。第一、二、三、四幅後押縫均有合函、「藏書」兩印、「墨林」兩字兩印，又有一印，不可辨。箋高八寸二分，廣二丈一尺八寸五分。

宋釋惠崇谿山春曉圖卷

素絹本著色畫，無款識，姓名見跋中。絹首有「王鍇」、「膠西張應甲光三氏圖書」、「左軍榮禄大夫之章」、「商邱宋犖審定真蹟」四印，上有「耆德中正」一印，又有「乾隆御覽之寶」、「樂壽堂鑑藏寶」、「石渠寶笈」三璽。絹中有「古希天子」、「八徵耄念之寶」两璽。絹末有「喬木世家清奇珍玩」、「張應甲」两印，又有「乾隆鑑賞」、「三希堂精鑑璽」、「宜子孫」三璽。前押縫有「壽」字一璽。後隔水有董其昌識云：崇禎三年歲在庚午五月，金沙聽雨，於惠生高齋重觀，其昌。下有「昌」字一印。引首李兆蕙隸書「谿山春曉圖」五字，款署「長沙李兆蕙」。拖尾有陶振題云：浣花谿頭春晝閒，緑水恍接銀河灣。參天柳色自遠近，上有好鳥鳴關關。錦雲夾谿三十里，千樹萬樹桃花斑。武陵天台在彷彿，元都白□相迴環。其中豈無仙子宅，微聞雜珮聲珊珊。黄茅野屋星散□，酒旗斜出青林間。漁郎采魚谿上去，艇子打鴨波心還。釣鼇野客居塵寰，十年行歌行路難。尋真謾思窮海嶽，鑿翠空想棲林巒。朅來披圖苕渚上，使我一笑開心顔。於戲！不知人間何處有此景，杖履直欲相躋攀。潯陽陶振。又沙可學題云：鼇溪杏花春雨足，疊澗争流溢深谷。嵐氣空濛暖翠浮，波光滉漾蒲萄緑。柳外人家白板扉，漁罾曉掛蒼苔磯。鳧鷺汎渚傍舟楫，沙禽浦樹相因依。川迴野迴林麓斷，輕煙漠漠開平遠。白鳥孤飛雲水寬，青山一抹蛾眉□。惠崇畫史天機精，晴窗寫出滄州情。胷襟淑氣寄毫素，展卷使吾雙眼明。圖中風景堪重惜，越土吴鄉相仿佛。石田茅屋久荒凉，杜宇苦啼歸未得。天涯半生羈旅客，隨處林泉聊自適。烏紗白髮照滄浪，杖履逍遥歌□逸。古宏沙可學。又鄭椅題云：重重洲渚見鳧鷺，柳暗華明水閣低。記得雨晴湖上路，畫船曾繫六橋西。西粤鄭椅。陳又莊題云：江南二月春光好，紅錦千機絢春曉。一溪流出武陵花，四郊緑遍王孫草。是中原有隱者居，碧波萬頃摇窗虚。阿翁早晚尋歸□，酒酣自玩雙明珠。四明陳莊。又董其昌跋云：五代時僧惠崇與宋初僧巨然皆工畫山水。巨然畫米元章稱其平淡天真。惠崇以右丞爲師，又以精巧勝，江南書卷爲最佳。一似六度中禪，一似西來禪，皆畫家之神品也。惠生博雅好古，得此奇蹟，惠崇亦得主人矣。己巳中秋日，董其昌觀，因題。又宇文燧題云：此地乾坤别，年華隔世塵。溪分燕尾遠，山抹翠眉新。楊柳低垂曉，桃華爛熳春。鴛鴦嬉沙渚，白鷺點柔蘋。僻境無豪客，幽居有散人。飛泉寒漱玉，蔓草暖成茵。谿友時留鯽，園丁或獻蓴。鶴書傳遠信，螘酒接芳隣。石屋依崖古，巖雲出岫頻。民淳存治化，俗厚樂天真。撫卷殊高致，題詩爲品甄。煩爲□著筆，容我一閑身。蜀西宇文燧。又趙文題云：千林紅杏遍山椒，谿上風晴景物饒。啼鳥落華春寂寂，夕陽芳草路迢迢。漁罾遠掛鷗邊渡，釣艇輕移柳畔橋。應有仙家在何處，恍疑天外奏雲韶。苕谿趙文。又朱弼題云：雨霽谿山分外濃，看來多與武陵同。沙頭楊柳株株緑，谷口桃花樹樹紅。禽鳥和鳴春色裏，輪竿争釣水聲中。杖藜擬欲尋仙蹟，知在煙霞第幾重？璚林朱弼。又李東陽題云：宋初世説詩僧九，中有惠崇稱畫手。水禽沙鳥亂縱横，更著巖花兼岸柳。此圖此境知何處，不是湘南是京口。溪山宛轉接林亭，嵐霧依稀入窗牖。來檣去檝紛無數，忽似中流遇□友。風翎露翠滿晴空，乍見如無索還有。應將目力極秋毫，未許長材容寸朽。禪心忽與天機動，指點人間盡飛走。從來詩畫可通神，問渠清思還能否。石淙詩翁百無好，見畫真能辨妍醜。多情爲謝水村翁，半幅生綃一杯酒。兩翁卜築今相近，莫向青雲回白首。嗟予本是好遊人，亦欲江湖□罾笱。東陽。又王穉登跋云：少時曾見惠崇畫江南山景，王介甫題詩贊其超絶。然菰蘆只尺，意興蕭瑟，不如此卷長踰半尋，而禽魚花鳥，林靡岫靄，縱横爛緲，筆法清潤，類趙大年。至於寄思緜密，用墨穠蔚，毫丹縷碧，宛盡人巧，大年有所不逮也。讀長沙公題，則此圖蓋長洲陸太宰物，後舉贈邃菴相國。兩公并好古博物之士，宜其饋遺，莫非名器。今歸陳文學從訓，從訓尚慎齋之，勿爲他人所攘。雖然，空諸所有，禪宗之緒言，何我何人，一切皆幻，惠公而在，且將拊掌余言矣。太原王穉登敬書。又顧大典跋云：余自束髮以至登朝，十餘年間，每過京口，輒弭櫂者旬日。見其山水秀潤，信如米南宫之言。而今覩是卷，則宛然似之。陳君從訓，京口人也，行將挾策壯遊，携之以行，則故國江山之勝，無適而不在几席間矣。從訓其寶之哉！至於畫品之精絶，則來友百穀論之詳矣。乙卯冬日武陵顧大典書。又識云：辛巳立□日，從訓携來重閲，江南春色，如貯生綃半幅間也。大典識。又先三老人識云：余再過江南，得此幀於王奉常煙客。來札云：此先人精意所注，愛之不啻腦髓，先翁海内精鑒，可謂得所歸矣。然侯門一入，蕭郎路人，分袂掩泣，情景仿佛過之，其珍重如此。余每當風日晴好，一再披對，輒怡然永日，不知身之在塵世也。淳其寶藏之。辛酉重九前一日，先三老人識。又王世懋跋云：山水横幅能作萬樹桃花、百種禽鳥，故是五代遺法，李、范、董、巨輩所無也。惠崇以詩僧鳴宋初，聲價當與貫休比肩，黄荃父子不足比也。景似京口，又爲京口故物，天以授從訓者，從訓其寶之。瑯琊王世懋謹識。又王世貞跋云：惠崇詩僧也，畫品不能當荆、關之半。而今所覩平湖小嶼、汀花水禽、漁舟茅舍，便娟暎帶，種種天趣，故非南渡後人所及。昔老米謂五季以來畫江南景稍清遠者，輒以爲王摩詰而實非。使不作惠崇題識，將無以爲摩詰耶？此卷自楊先生應寧而歸之陳從訓，從訓亦京口人也，春時喚小刀泛焦山、北固間，出圖而歌張志和「桃花流水」，按之當與江山俱響應矣。弇州山人王世貞題。又王叔承題云：題陳從訓所藏惠崇《西山春霽圖》卷詩一篇：惠崇一詩僧，宋首柴周尾。丹青入禪觀，别自通元理。能於尺素間，默染千山水。昨登金焦興不孤，陳郎示我溪山圖。灑然江舟夢破被，景象歷歷□糢糊。畫家精工多近俗，寫意得神形不足。此僧妙趣種種兼，瀟灑天機更繁縟。不滿三尺吴興縑，疊嶂層巒了堪掬。桃花半指萬家紅，柳絲寸地千村緑。林靡水靄映茅堂，魚罾酒旗帶煙竹。黄鶯白鷺雜錦雞，百鳥群飛恍聲逐。两點三點溪舠來，似聞欸乃瀟湘曲。鍼頭毫末甚纖細，鳥辨翎毛人辨服。有如蟭螟寄蚊睫，生氣晴光藹團簇。當時筆有神鬼憑，大地微茫化工縮。千年故跡拂若新，昨夜溪山雨初沐。或言工勝趙大年，又云妙超董巨源。只須三日坐其下，眼輕南宋何論元。若使寫時無印款，清華好作王維看。□畫千黄金，秀色飢可餐。出自楊閣老，來從陸天官。陳郎故是楊家倩，怪來玉潤饒奇觀。老米小圖倪大幅，别開四壁江山寒。陳郎揮灑信有本，亦當落筆生林巒。才情不自羈，往往託伎倆。山僧後世圖，□無前生障。不然空觀借虚影，欲表乾坤俱幻相。我昔游桃源，仙洞不知處。變爲驛路塵，桃花盡空樹。滄桑幻化相有無，□覺披圖是真遇。維摩游戲亦□實，手招萬界空花□。托盃一笑避人間，便挾金焦畫中去。萬曆丁亥五月梅雨中賞鰣魚，還自焦山，賦此。其明年戊子七月，將泝大江入白門，秋旱得涼雨，從從訓酒間書之，一助游興。松林王叔承。又曹溶跋云：自輞川翁後，畫分南北二派，評者謂北爲劣。惠崇有融會两家之意，不妨與詩并傳。康熙癸巳正月，檇李曹溶。絹高七寸七分，廣五尺八寸。絹末高宗純皇帝題詩云：馥馥蘭芬□地陳，溪山動植共熙春。摩挲七百餘年物，潤手桃花帶露新。禪宗南北畫還同，六度中禪屬惠崇。奇蹟千秋貴得所，真誰拈出是思翁。箇僧工畫又工詩，妙搆溪山春曉時。若識本來無一物，淡皴濃抹更奚爲？乾隆戊寅御題。下有「乾隆宸翰」一璽。

宋釋巨然山居圖卷

素箋本墨畫，款署「巨然」两字。箋首有「友是蘭」一印。箋末有「聊以自娛」、「書史花農」两印。前押縫有三印，均缺其半。箋高七寸三分有奇，廣二尺四寸八分。

宋劉寀羣魚戲荇圖卷

素箋本淡墨畫。箋首有「乾隆御覽之寶」一璽。前隔水題「宋劉寀羣魚戲荇圖」八字。引首隸書「在藻之思」四字，下有「文彭之印」、「文壽承氏」两印。箋高九寸三分，廣七尺二寸。

謹按：《宣和畫譜》稱道源畫魚能得戲廣浮深之意。是圖明漪絶底，墨花幻爲荇藻清水，游鱗參差上下，相呴以沫，相忘於江湖，使人翛然有濠梁之羡。圖中畫水但畫藻，深得古法。道源詩酒自娱，胸襟高曠。展閲此圖，想見天機清妙。

校勘記

［一］此印印文當作「新安吴廷」。

［二］此印印文當作「羣玉中秘」。

［三］據文意，「能」或當作「然」。
［四］此處因有闕字，文意不明。
［五］據文意，「三」或當作「五」。
［六］據文意，「两」或當作「三」。
［七］據下文，「氏」當作「民」。
［八］此印印文中「齊」或當作「齋」。
［九］據文意，「故中」或當作「中故」。
［一〇］此處因有闕字，文意不明，然印章似不止一枚。
［一一］此處因有闕字，文意不明。
［一二］此處印章數似有誤。

卷之屬三

元趙孟頫書道經生神章卷上等

素箋本。箋首有「乾隆御覽之寶」、「秘殿珠林」二璽。下有「笪印重光」、「江上外史」二印。款書「延祐七年十月，前翰林學士承旨榮祿大夫知制誥兼修國史趙孟頫爲隱真庵開山道士何道堅書」，署名處有「水精宮道人」一印，旁有「吴廷」一印。箋末有「乾隆鑑賞」一璽。前隔水有「張氏玉書」、「素存氏」、「張廸印」、「張恂叔」、「靜□審定」、「清河圖籍之印」、「青山主人」、「吴廷之印」、「餘清齋圖書印」各印。箋凡十一幅。第一幅後押縫有「江上外史」、「張廸」兩印。第二幅後押縫有「晚號奉真」一印。第三幅下有「笪印重光」一印，幅後押縫有「江上光」一印。第四幅後押縫有「江上外史」一印。第五幅後押縫有「重光」一印。第六幅後押縫有「笪在辛氏」一印。第七幅後押縫有「□莊」一印。第八幅後押縫有「晚號奉真」一印。第九幅後押縫有「笪印重光」一印。第十幅後押縫有「江上外史」一印。第十一幅後押縫有「三希堂精鑑璽」、「宜子孫」二璽，下有「笪」字及「道號奉真」二印。引首藍絹一幅，絹端有「松子閣」、「笪印重光」、「直指之章」三印。絹尾有「笪」字及「道號奉真」、「勾曲山光」三印。拖尾有張嗣真跋云：《生神九章》者，《大洞》之血脈，《黄庭》之樞紐，《生民》之元命包也。玄理神奥，功德甚深。錢唐隱真庵主何君道堅尊奉經寶，誦持不怠，且務行陰惠，以資道本，可謂勤求者矣。嗣真深嘉其意，爲請吴興趙公大書《九章》一卷，奉藏庵中。何君既獲是經，乃議入梓，與真迹并傳，學士共之，其法施亦弘矣。所願施者受者悉除垢業，咸悟真筌。何君保經之身，希慕神仙，吉祥止止，所感玄應，如經所陳。上清弟子、三洞講師、吴郡張嗣真謹記。又吴全節跋云：《洞玄靈寶生神九章》，其猶伏羲未畫之爻乎？養素熙夷，練真空碧，天地寓其機緘，鬼神資其變化，其爲彌綸也大矣。翰林承旨趙公子昂爲錢唐何道堅書此《道經》，道堅梓而布之天下，躡逸景，飛天芳，鍊精而神不凋，蜕質而光華生，肩洪匡，袂浮邱，吾於學者有望。泰定改元甲子歲五月五日己丑，時進上卿玄教大宗師吳全節拜手謹題。又張雨跋云：雨往昔侍趙魏公，嘗爲隱真庵主請書是經。公齋沐爲書，自謂此筆大有仙興，不與他書類。隱真所寶，幾何年而遂易其所藏，不幸失於彼，而幸是經之得於此也。用章法師自京師來錢唐，辱交十餘載，所藏公翰墨至多，皆雨題識。繼爲六丁雷電下取，而是經適從而歸之，欣戴有踰於昔，而雨之於是經，俱若有所托於永久者矣。遂詳始末，重題於後，嗣真蓋雨舊法名云。至正九年己丑歲夏五張雨謹書。又趙雍跋云：右先平章文敏公暮年之筆也。故特進上卿閑閑吳公與先平章至交，其徒孫西太一宫提點薛用章得之，因來吳興，携以見示。瞻閲再三，悲喜交集，不能去手。用章其寶藏之，其寶藏之。至正十一年歲辛卯秋七月廿日趙雍謹書。又董其昌跋云：余家有趙文敏爲大長公主仿閻立本畫三清瑞像，張嗣真題詩，吳用卿見而奇之，願以古帖古硯易去，余未之許也。用卿乃出此卷相視，亦張嗣真題文敏真迹。所云天寶君、靈寶君、神寶君，正合三清之意。此卷此軸，似是雙龍神物，合之雙美，余無以難用卿也，遂題以歸之。己未四月舟次邗溝書，董其昌。　又笪重光跋云：趙松雪書道家《生神章》墨迹一卷，在茅山元符宮，與宋朝勅賜印劍同爲流傳，山中掌教遞相守護。　僕習静鬱岡，每至宫中持覽一過，私竊疑爲元人臨本，以名山舊迹，不敢輕議。　及後於吴門購得此卷，心知是承旨真本，歸時拜醮九層臺，請本宫所傳卷磨對，始歎曩年眼力未爲爽耳。　此卷原係册子，後易作長卷，今觀紙痕猶在。　宫中本無折痕，其楮頗薄，乃是當時善腕從墨迹上摹取者。　但元符法物，亦非近今筆，固自可寶。　而此卷真龍復出，信有默護矣。　伯雨、仲穆三跋與吴閑閑題志幸俱連綴，未致脱落。　夫右軍《黄庭》遺教，河南《陰符》度人，結字較他書更工，宜餘清齋珍藏并記。　其重值三百金，爲墨池衣鉢，學山陰者之階梯也。　江上外史笪重光在辛父謹識諸家跋。　箋廣四丈一尺三寸，高一尺六分有奇。

謹按：昔人評趙松雪書師資晋唐，故能絶出流輩。　此卷遠法晋賢，實與唐李北海爲近。　卷共四千餘字，無字不精神貫注，想見心力之勤。　世所傳文敏墨迹，百僞不一真，較之此卷，如專諸巷中木板晋唐帖，索索無生氣矣。

元趙孟頫書六體千文卷

素箋本烏絲闌書《周興嗣次韻千文》。凡六百零二行，鐘鼎、小篆、八分、行書、真、草六體相間。款識「延祐七年秋九月廿四五日，吴興趙孟頫書此《千文》，敬爲湖山先生壽」，下有「趙氏子昂」、「松雪齋」、「天水郡圖書印」三印。箋首有「趙」字一印、「孫氏」一印，又有「乾隆御覽之寶」、「樂壽堂鑑藏寶」、「三希堂精鑑璽」、「石渠寶笈」、「宜子孫」五璽。箋末有「乾隆鑑賞」一璽，又有「季」字、「應召」、「孟堪」、「薛殷」、「蘇鳳」、「吴廷」諸印，下有一印，不可辨。前押縫有「振宜」、「延陵」、「澹芳」、「季章應召」、「劉氏延伯」五印。前隔水有「泥書閣」、「碫研齋」、「王時敏印」、「煙客真賞」、「瑶華之印」、「靈光」、「應召」、「藎臣」諸印，又有兩印，不可辨。箋凡十二幅，每幅押縫均有「藎臣」一印。又有兩印，不可辨。引首有韓逢禧跋云：余南北宦遊，得見趙文敏真迹真、草、隸、篆《千文》二本，真、草二體者五本，今復何幸，獲觀此六體《千文》字。真、草悉仿智永禪師，端莊縝密；鐘鼎、小篆、章草、八分體兼衆善，俱入神品，與先時所見諸本不可比倫。昔人評趙書「上下五百年，縱横一萬里」，此書真足以當之，信爲趙書天下第一，誠希代之寶也，孟禮世翁惟什襲珍之。因題數語以識幸。崇禎十五年歲在壬午十月既望，韓逢禧謹跋。又記語云：丁酉仲冬，李在湄、張洮侯、陸亮中同觀。拖尾有董其昌跋云：鮮于太常題子昂書《過秦論》云：誰知落筆如風雨，爲古今之一奇乎，又元人稱子昂日能書一萬字，康里子山日能書三萬字，皆在理外。觀此六體，只廿四廿五兩日書竟，又有鐘鼎、分、篆、章草，其功力深於萬字多矣。董其昌題。又陳鼎新記語云：崇禎甲戌孟秋陳鼎新觀。又沈荃、馮鐩記語云：順治甲午重陽前三日，沈荃、馮鐩同觀。又陳奕禧記云：康熙甲申四月五日過曹恒齋供奉賜第，敬觀御賜趙子昂書六體《千文》，此人間之至寶。海寧陳奕禧拜記。又沈宗敬跋云：此卷爲太倉所進，上以曹待詔曰瑛書工各體，特出賜之，蓋異數也。宗敬恭祝萬壽來京，被命重入内庭校閲，得與待詔徧觀秘府所藏歴代墨跡，因言及此卷，携以見示。卷末有先文恪及馮明經甲午年同觀題款，今適甲子一週，幸獲展賞，聚散離合，若有天意云。康熙癸巳子月，華亭沈宗敬拜識。箋高七寸二分，廣四丈五尺六寸。高宗純皇帝題籤，籤上有「内府珍藏」、「乾隆宸翰」、「御賞」三璽。

元趙孟頫書桑寄生傳卷

素箋本行書《桑寄生傳》一篇，款識「至大二年秋九月既望書於松雪齋中，子昂」，下有「趙氏子昂」一印。箋首有「乾隆御覽之寶」一璽，又有三印，缺大半，不可辨。箋末有二印，缺左半，均不可辨。箋高五寸二分，廣四尺九寸五分。

《桑寄生傳》：桑寄生者，常山人也。爲人厚朴，少有遠志，讀書數百部。長而益智不凡，雌黄古今，談詞如玉屑。狀貌瑰異，龍骨而虎睛。膂力絶人，運大戟八十觔，走及千里馬。與劉寄奴爲布衣交，劉即位，拜爲將軍，口含雞舌侍左右，恩倖無比。薦其友周升、杜仲、馬勃，上曰：「卿等所謂參苓蓍朮，不可一日無者，何相見之晚耶？」生即進曰：「士以類合，猶磁石取鐵，琥珀拾芥。若小人而望其進賢，是猶求柴胡、桔梗於沮澤也。」木賊反，自號威靈仙，與辛夷、前胡結連，犯天雄軍。上曰：「豺狼毒我民，奈何？」生曰：「此小草寇耳，請折箠笞之。」上大喜，賜以川山甲、犀角帶，問：「何時當歸？」曰：「不過半夏。」遂率兵乘海馬攻賊，大敗，流血餘數里，士卒挽川弓，發赤箭，遂走，絆於蒺藜，或踐滑石而躓，悉追斬之。惟先降者獨活，以延胡索繫之而歸，獲無名異寶不可勝□。或□馬援以苡薏興謗，此不可留之也，遂獻之。上迎勞曰：「卿平賊如剪草，孫、吴不能過也。」因呼爲國老而不名。生益貴，賞賜日積，鍾乳三千兩，胡椒八百斛。以真珠一斛買紅娘子爲妾。紅娘子有美色，髮如蜀漆，顔如丹砂，體白而乳香，生絶愛之，以爲牡丹、芍藥不能與之争研也。上聞之，賜以金銀玳瑁簪，月給胭脂胡粉之費。一日，上見生體羸，謂生曰：「卿大腹頓減，非以好色故耶？宜戒酒，節五味以自養。」且令放還其妾。生不得已，賜以青箱子而遣之。然思之不置，會秋風起，取破故紙題詩以寄焉。詩曰：牽牛織女別經年，安得鸞膠續斷弦。雲母帳空人不見，水沉香冷月涓涓。澤蘭顦顇渚蒲黄，寒露初凝百草霜。不共玉人傾竹葉，茱萸甘菊自重陽。妾答之曰：兔絲曾附女蘿枝，分手車前又幾時？羞折紅花簪鳳髻，嬾將青黛掃蛾眉。丁香漫比愁腸結，荳蔻常含别淚垂。莫學雲中雙石燕，庭烏頭白竟何遲。天門冬日曉蒼蒼，落葉初驚满地黄。清淚暗銷輕粉面，凝塵閒鎖鬱金香。石蓮未嚼心先苦，紅豆相看眼更長。鏡裏孤鸞甘遂死，引年何用覓昌陽。生得詩，情不自禁，乃言於上，召之使還。然生既溺于慾，又不能防風，爲寒所侵，寖以成疾。面生青皮，两手如幹薑，皤然一白頭翁也。乃上疏乞骸骨，上曰：「朕曩者預知卿有今日矣。」乃賜神麯百斛，以皂角巾歸家養病而卒。作史君子曰：桑氏出於秦大夫桑生，桑白皮之後。有名螵蛸者，即其族也。生少孤煢，僅知有母而不知有父，卒以才見于時，非所謂鄧林之桂枝與松江之鼈甲也耶？其後躭于女色，甘之如石蜜，而竟忘其味之苦于熊膽；美之如琅玕，而不知其毒之甚於烏蛇也。迷而不悟，卒以傷生，哀哉！至大二年秋九月既望，書於松雪齋中，子昂。

元趙孟頫臨王大令四帖卷

素箋本臨書云：相過終無後日，悽切在心，未嘗暫撥。一日臨坐，日目想勝風，但有感慟，當復如何？常謂人之相得，古今同盡，此處殆無恨于懷，但痛神理與此而窮耳。盡此感深，殆無真處，常恨。況相過之難，而其所同。省告，不覺濟流。既已往矣，亦復何言？獻之。

獻之白：節過歲終，衆感纏心，伏惟同之。奉月初告，承極不平復，頭眼半體疹恒惡，兄告説姊故殊黄瘦，憂馳可言，寒切。不審尊體復何如？眠食轉進不？氣力漸復，先可遲後旨，告獻之故爾。獻之。

獻之白：思戀觸事彌至，獻之既欲過餘杭，州將若比還京，必視之，來月十左右便當發，奉見無後日，比告何喻，願後盡珍重理。獻之。

衛軍猶未平和，而知勞，殊未得盡消息理，常以不寧。僕射得散力，甚慰。表解臺職不？知得恕，不復冠軍告，懸企。

右大令四帖，子昂臨。

後有「趙氏子昂」、「趙孟頫印」兩印。箋首「趙氏」一印，又有「大雅」一印。箋末有司馬埑題云：松雪翁臨二王帖，非特欲逼真，實欲并駕，故精妙如此。通伯。

下有「司馬蘭亭賞鑑」、「司馬亞父」两印。拖尾有董其昌一跋云：趙吴興常背臨十三家書，無一筆不肖似。余於韓禮部見其書《閣帖》三卷，乃知吴興深得臨仿之力。俗人朝學執筆，而夕已自誇其能，此公所訶，在十七跋《禊帖》中，因觀此四帖，重爲拈出。甲辰六月觀于西湖舟中。箋高七寸五分，廣三尺七寸五分。

元趙孟頫書孝經并圖卷

素絹本，經十八章，圖十八幅。圖用白描，寫經用烏絲闌。每行楷書十二字，先圖後經，每幅相間。款識「吴興趙孟頫書」，下有「趙氏子昂」、「松雪齋圖書印」两印。絹首有「乾隆御覽之寶」一璽。絹末有四印，不可辨。引首題「孝經」二字，款識「七十四叟金湜書」。拖尾有吴全節跋云：趙魏公，宋藝祖子德芳之後。五世祖秀，安僖王子偁實生。孝宗始賜第居湖州，故爲湖州人。至元間治書侍御史程鉅夫奉詔訪江南遺逸，得二十餘人，獨召入見。世祖稱爲神仙中人，仁宗眷重，字而不名。累官翰林學士承旨、榮禄大夫，贈江浙行省平章政事，封魏國公，謚文敏，榮際五朝，名滿天下。書法二王，畫師晋唐，倶入神品。其在鷗波亭，嘗臨李伯時《人物孝經》一卷，當時之人求之罕得，得之者如獲至寶，人以重價購之。此卷其尤妙者也，其入於伯時閫奥不遠矣。今幸獲見之於玉山草堂，主人求題，因書公之出處大畧於後，君其寶藏之。看雲道人吴全節書。又劉若宰跋云：吴興書蹟，予縱觀不下數十本，而好事、賞鑑两家争巇貧富之力，不復擇人，蓋未免陰壤落花之慨，此未可許好事者聞斯言也。黄縻之太守所藏《孝經》數片，亦自零香散玉。而獨書畫主人則曾閔之譽久著朝里，蓋少保公燕詒未艾，而太守且繼述益光，資父事君，縻之有焉。使其日披圖展對，自當無忝聖經。而文敏筆墨遺靈，豈不爲收藏價重耶？崇禎丁丑七月一日，退史劉若宰題於燕齋中。書有破處，玉劃殘缺。絹高七寸九分，廣二丈七尺七寸。

元趙孟頫溪山深秀圖卷神品

素絹本著色畫，款題「至大二年秋七月之望前三日，子昂爲善之寫意，圖此於大都官舍」。絹首有「乾隆御覽之寶」一璽，又有「吴寬」、「匏菴」兩印。絹末有「沈度之印」、「□則」、「伯生」、「宣文閣監書畫博士印」、「錢唐仇遠」諸印。拖尾有鄧文原跋云：余朝京師，得與趙君仝旅舍，每于閒暇談及吴楚山水之勝，意興所到，輒命筆發之。余因以素絹索畫，累歲月始成，無論筆法神奇，蒼古秀潤，絶出蹊徑之外，蓋胸中丘壑，非膚見所能窺測，一時英俊俱賞羡之，真勝事也。或謂余有所寄則不然，大丈夫好山水，便當謝去朝市，安用復寄此爲然？人生有義命，要當以一端成出處也。譬如見佳畫輒云好山水，見佳山水輒云一幅真畫，究竟何所歸？書此以志感，且以解嘲。巴西鄧文原善之甫。又柯九思記云：丹丘柯九思展觀。又仇遠題云：郊原春雨歇，紅杏滿溪林。細柳金絲曳，落花錦繡紛。四圍山色翠，一帶水波平。淑景真堪賞，登臨不厭頻。右圖趙松雪爲鄧善之作也，余得拜觀，深爲欣幸，因贅俚言于卷末，不足言詩，聊誌喜耳。淳祐遺民錢唐仇遠。又僧道衍記云：洪武十八年秋七月既望，道僧道衍獲觀。又吴寬跋云：元趙榮禄富貴風流，詞翰雙美，而尤工于畫。然繇學力之深，亦且天資過人，迺能如是耳。此卷溪山深秀，布置幽邃，偶一過目，儼如身在萬山中矣。延陵吴寬識。絹高一尺二分，廣一丈九寸。

謹按：吴興嘗謂作畫貴有古意，今人但知用筆纖細，傅色濃艷，古意既虧，百病横生。吾畫似簡率，然識者知其近古。此卷爲鄧善之作，鄧跋稱累歲月始能成事，不受相迫促，此卷尤爲可貴。圖中模山範水，刻畫至爲精細，與吴興自謂簡率近古者，又别開一生面。然邱壑在胸，動與古會，披圖相對，不知身在千巖萬壑中也。

元趙孟頫山水卷

素絹本著色畫，款識「子昂」。下有「趙氏子昂」一印，上有「松雪齋圖書」一印。絹首有「乾隆御覽之寶」一璽。拖尾有倪瓚跋云：趙鷗波妙繪，驚才飈發，奇氣横生，筆墨淋漓，抗衡町畦之外，煙巒流動，馳神氣象之中。令觀者形神超越，宜稱逸品。雲林生懶瓚。又方壺道人記云：上清羽客方壺道人曾觀。又馬琬記云：扶風馬琬文璧拜觀。又楊政跋云：魏公精於書法，尤工丹青，得其片紙尺素，即如懸黎絹結綠之貴，安得如是之浩繁而盡神奇之妙乎？捧覽之餘，不覺服膺斂衽，楊政。絹高九寸三分，廣五尺一寸一分。

謹按：趙集賢畫爲元人冠冕，明顧凝遠謂元人用筆生，用意拙，善藏其器，恐以畫名，惟松雪翁任意輝煌，與唐宋名家争雄。此卷慘澹經營，元氣淋漓，其造境自遠而近，自平澹而入於瓌麗，模巖範壑，金碧暉映，蔥蒨中饒有秀拔之致，可行可望，可游可居，四妙備臻，沉著之至，仍歸縹緲。雲林稱爲逸品，可想見其神趣矣。

元趙孟頫松陰飼馬圖卷神品

素絹本著色畫，款題「至大二年三月子昂」，下有「趙氏子昂」一印。絹首有「乾隆御覽之寶」一璽。絹末有「林鍾」、「金氏元玉」兩印。前押縫三印均缺大半，不可辨。拖尾有柯九思題云：圉人唐衣冠，天閑畜神駿。雖非金日磾，不忝張景順。飽食無嫌身賤卑，時其渴燥能飲之。長年牧養瘠者肥，龍鬐鳳臆誇權奇。松雪翁，揮翰手，毫端幻出渴烏首。氣不凋喪骨肉匀，藝精端繼曹韓後。遥想騰驤析木津，銜勒難拘自在身。斗水底用求他人，渌波沄沄易水春。五雲閣吏柯九思。又倪瓚題云：王孫能畫復能書，寫得天閑八尺駒。曾爲岐王天上賜，不隨都護雪中驅。霜蹄奮迅追飛電，鳳首昂藏似渴烏。春草青青華山曲，三邊今日已無虞。東海倪瓚。又仇遠跋云：趙魏公自云幼好畫馬，每得片紙，必畫而後棄去。故公壯年筆意極精絶，郭祐之作詩，至以曹韓上爲言。公聞之，微笑不答，蓋亦自負也。此卷布局高古，精神如生，誠可寶翫。至正四年春，錢唐山村仇遠題。絹高八寸二分，廣八尺四寸四分。

元劉貫道羣仙拱壽卷上等

素箋本著色畫，款識「羣仙壽拱，至正壬辰春日劉貫道寫」，下有「劉氏仲賢」一印，「式古堂書畫」一印。箋首有「乾隆御覽之寶」、「秘殿珠林」兩璽，下有「汪氏珂玉」、「項印德裕」、「錫山華父秘玩」三印。箋末有「乾隆鑑賞」、「三希堂精鑑璽」、

「宜子孫」三璽。箋高一尺七寸四分，廣五尺七寸八分。拖尾有錢陳羣書高宗純皇帝御製《福禄壽三星贊》，《福贊》云：我受命溥將《詩》，降福穰穰《詩》，大有元亨《易》，用敷錫厥庶民《書》。豈弟君子《詩》，受天之祜《詩》，永言保之《詩》，俾緝熙于純嘏《詩》。《禄贊》云：俾爾戩穀《詩》，受天百禄《詩》，惠我無疆《詩》，寵綏四方《書》。受小球大球《詩》，天其申命用休《書》，綏萬邦屢豐年《詩》，萬物皆致養焉《易》。《壽贊》云：天保定爾《詩》，萬壽無疆《詩》，保合太和《易》，身其康强《書》。君子所其無逸《書》，信彼南山《詩》，以引以翼《詩》，惟曰欲至于萬年《書》。乾隆壬辰十月六日臣錢陳羣敬書，時年八十有七。下有「陳羣」、「敬書」两印。

謹按：貫道畫法巨然，南田謂其不免有雄獷氣。是圖蒼然入古，妙契通明，瑶草琪花，别有天地，雲軿紫霧，縹緲空中。闢境運毫，凡塵頓盡，浮邱挹袖，洪厓拍肩，此境仿佛遇之。

元劉貫道如來會圖卷

素箋本著色畫，款識「中山劉貫道敬寫」，下有「仲賢」一印。箋首有「乾隆御覽之寶」、「秘殿珠林」兩璽。箋末有「乾隆鑑賞」、「三希堂精鑑璽」、「宜子孫」三璽。箋高一尺五分，廣八尺六寸。

謹按：是圖入手即作海水杳冥之狀，大士縹緲，淩虛雲水光中，遊行自在。諸佛連翩後先，齊赴靈山盛會，袈裟披拂，丹彩鮮明。卷盡處忽作危崖峭壁，截然而止，如文章家力争起結，中幅平鋪直叙，化爲神奇，殆所謂追摹古人、别出新意者也。

元張渥畫十八羅漢像卷不列等

素箋本白描畫，款識「至正廿又四年春臨龍眠居士白描羅漢像，張渥」，下有「張渥之印」一印。箋首有「乾隆御覽之寶」、「秘殿珠林」兩璽，又有「鳴臯書院」、「李氏家藏」、「壽椿堂章」、「江村秘玩」、「竹窗」諸印。中幅有「古希天子」、「壽」字兩璽，又有「天恩八旬」、「八徵耄念之寶」兩璽，下有「王原吉書畫印」、「夏氏書畫之印」兩印。畫後餘箋烏絲闌，有王逢楷書中峯禪師《十八阿羅漢像讚》云：

欲根於性，擾而莫制。須識性空，彼誘堪示。開口便笑，出世入世。

有未熨貼必使平，有一絲破必須補。非於邊幅求其精，要使六時無空過。

要識本來，請看面目。是一是二，世人罔覺。一點靈臺，太虛遼廓。

相彼金甲神，能俱精進力。問訊參老禪，應是善知識。

濯濯池中蓮，田田水面葉。宴坐聞妙香，乃以證禪寂。

乘狻猊，飄然來，不加威力慈容開。世人比作文殊佛，指揮如意何快哉。

空山歲月深，桃實已爛熟。獮猴能解事，獻供跪雙足。

静參貝葉經，妙義善翻譯。若不立文字，學者詎能識。是以我佛慈，曾不惜願力。

趺坐蒲團，手執拂塵。修身用功，世間奇人。

半規之月清輝多，一卷殘經參摩訶。夜以繼日苦不足，嗤彼虛擲將如何。

尾不可履，鬚不可泐。以法伏之蹲巨石，任爾兇頭具叵測。

木魚經卷，本是色相。老僧端坐，以聲應響。龍神感動，諦聽合掌。

海水詎有涯，神龍善變化。爲霖潤蒼生，聞法能謙下。

樓閣起層雲，毫端現一指。乃作如是觀，幻境皆若此。

本是散花仙，皈法來頂禮。所説是何法，蓮經無量義。

神光離合處，非實亦非虛。禪宗得真性，所在現如如。

行深靡不成，中止良可惜。企彼面壁人，九年如一日。

右書中峯禪師《十八阿羅漢像讚》，席帽山人王逢讚。

後有「乾隆鑑賞」、「古希天子」、「三希堂精鑑璽」、「宜子孫」四璽，又有「陳獻章印」、「白沙」、「峯」[二]、「雁門世家」、「黃琳美之藏印」、「苑西」、「清吟堂」、「高印士奇」諸印。拖尾有顧瑛跋云：宋季李伯時以白描法畫阿羅尊者像，鼻孔毫髮俱動，技入於神，筆能生化，不爲楮墨所囿。吴道子、盧楞伽後一人而已。曾見趙子俊有小横卷臨本，畫法靈敏，能入龍瞑之室。復有中峯國師讚語，可稱雙璧。今張君叔厚亦摹其意爲之，與趙作無少異，窺其旨趣，若不欲使古人專美於前者，功德願力，深可嘉也。然吾聞大雄氏之言曰「毋争能」。則是張君之作，磨墨伸紙，貫相會神，保無自矜之心乎？又曰「寫經文佛像佈施，爲第一功果」。吾於是而知張君之苦心孤詣，實欲紹前哲瓣香，不淪於寂，使鑒古者得展卷而指之曰：此某尊者經行相也，此某尊者説法度人也。筆絲所到，意趣皆真，佛門上乘，踴躍毫端。不但爲傳世傑作，而於佈施功果，則有不可思議者，此張君之志也夫。爰書愚言而爲之跋如此，玉山顧阿瑛。又高士奇跋云：元張叔厚工畫白描，而於佛像尤精，得龍眠遺意。儼齋司農購是卷，暇日示予，設盆蘭作供，香風徐來，展卷静對，煩襟盡釋。竹窗高士奇。又曹知白讚云：張君筆法妙無匹，神奇直造龍眠室。剡籐横卷小裁蔣，芥子須彌顯佛力。中峯讚偈透禪宗，席帽蠅頭了無迹。最後更得金粟題，珍重何異崑山璧。大雄安得法眼藏，須是名山善什襲。雲西老人曹知白合十讚。箋高八寸五分，廣一丈九尺一寸。引首描金箋有高宗純皇帝御書「具足神通」四字，上有「乾隆御筆」一璽，旁有「素心堂」、「簡敬齋」二璽。

謹按：趙子俊摹龍眠作阿羅尊者像，頗爲神肖。叔厚此卷復仿，爲之精妙，不讓古人。圖中佛像莊嚴，香花圍繞，以及龍、象、獅、虎之類，皆絲縷刻畫而成。復有清水芙蕖，亭亭浄植，華嚴樓閣，彈指空中。卷盡處面壁觀心，坐一古佛，巖谷深幽，塵飛不到，尺幅中靈氣往來。非庸工時史所能髣髴也。

元錢選文殊洗象圖卷

素箋本著色畫，錢選自題贊云：文殊普賢，法出一途。或駕獅象，有何所俱。洗爾塵障，得見真如。唐人形容，流傳此圖。物則有相，吾心則無。吴興錢選舜舉畫并贊。後有「舜舉印章」、「錢選之印」二印，又有「舜舉」一印。箋首有「乾隆御覽之寶」、「秘殿珠林」二璽，又有「舜舉」、「翰墨流聲」二印。箋末有「乾隆鑑賞」、「三希堂精鑑璽」、「宜子孫」三璽。箋高一尺一寸五分，廣二尺五分三寸。

謹按：圖中白象旋身右向，象背隆然高起，文殊、普賢拄錫旁觀，似笑似愍。右二人持帚下上拂拭，左一人執錦幪斜睇，各殊神致。選爲吳興八俊之一，與趙孟頫頡頏，易世而後出處各異。是圖是贊，想見其胸次灑灑，不挂一塵，蓋其品皭然不滓，固宜筆墨脱離氛垢也。

元錢選十六應真像卷上等

素箋本著色畫，無款識。箋末有「錢選之印」、「舜舉」两印，又有「乾隆鑑賞」、「三希堂精鑑璽」、「宜子孫」三璽。後押縫有「天子古希」、「壽」字两璽。前隔水有「五福五代堂古稀天子寶」、「八徵耄念之寶」两璽。又有「□昌」、「中吳陸氏松來堂印」[二]、「子子孫孫永守印」三印。箋高一尺一寸七分，廣一丈五尺六寸。

謹按：此圖展卷，即見縹緲海山，湧現空際，危石一角，俯瞰波濤。十六大士攬衣渡海，浪花如雪，紙上驚濺，波譎瀾翻，履如平地。百靈皈命，非幻非真，郤似性海光明，一塵不染。圖中衣摺波紋皆用鐵筆，精妙無倫，應推上乘。

元錢選十六應真圖卷上列等

素箋本白描畫，款識「舜舉」，下有「錢選之印」一印。箋首有「乾隆御覽之寶」、「秘殿珠林」二璽，又有「采山堂印」、「天□釣徒」、「集雅館」三印。箋末有「乾隆鑑賞」、「三希堂精鑑璽」、「宜子孫」三璽，又有「東勾曲山房圖書」、「練水文房」、「潛翁」三印。拖尾有朱芾跋云：錢玉潭寫道釋門人物，于伯時外别有神理。大石山房藏其所作《羅漢卷》，各顯慈悲威重之容，真可寶也。孟辯氏朱芾。又吴釴志跋云：成化己未仲夏，與吴君子舟氏於惟謙年丈廨中，出示此卷，蓋雪溪翁平生合作。又有朱中舍題其後，宜惟謙之護若頭目也。惟謙更有晦翁詩卷，爲約秋涼過賞，其惠我實多矣。翰林編修吴釴志。又許初代跋云：此吴江史明古所藏物，今歸子傳，流傳有自。高陽許初代覽歎賞，遂題其後。箋中裂，有補痕。箋高八寸五分，廣二丈五分。

謹按：玉潭此卷意匠經營，生氣遠出，不僅以刻畫細密爲長。佛像或慈悲，或尊嚴，靈光炯炯，深得畫禪三昧。吴跋稱此卷爲雪溪翁平生合作，洵不虚也。

元錢選并笛圖卷

素箋本著色畫，款題云：新翻一曲玉參差，妙處輸他鸚鵡知。可似虞廷風日美，蕭韶九奏鳳來儀。舜舉。下有「舜舉」、「錢選之印」两印。箋首有「仙客」、「式古堂書畫」、「古香書屋」三印，又有「乾隆御覽之寶」、「樂壽堂鑑藏寶笈」、「宜子孫」四璽。箋末有「安儀周家珍藏」、「式古堂書畫」、「卞令之鑒定」三印，又有「乾隆鑑賞」一璽。前隔水右押縫有「式古堂」、「令之清玩」两印。左押縫有「卞令之鑒定」一印。後隔水左右押縫均有「式古堂」一印。引首篆書「并笛圖」三字，款署「孟舉」，下有「希原」、「萬山中人」两印。拖尾有楊維禎題云：華清宫中春晝長，一枝玉篴啼雌鷟。老優拂袖回風生，□□小板聲嬌獰。三郎共擪同心管，五龍爪逐春蠶館。可憐十指不可□，又竊寧哥手中玉。此老鐵舊題三郎與阿環《并笛圖》，兵燹餘，舊卷已失，友生購此圖求録吾辭，小齋老人見之，稱爲寡合之辭。余曰：玉筍生荆璞□可續餘響也。老鐵貞試郭玘墨。又陸居仁題云：北溟蒼鱗赤有只，何年飛入朝陽裏。王母抱其首，至尊撫其尾，愛之不啻如己子。時復驕嘶作宫徵，寧王竊弄至尊喜。一朝踴躍不可收，化作萬丈長黄虬。騰波怒觸崑崙邱，五城欲崩河倒流。老優方作霓裳舞，翔風忽送漁陽鼓。鼓聲殷殷來朝陽，六龍西狩劍閣長。歡樂極兮成悲傷，馬嵬坡下塵土香。雲松道人。又宋暹題云：并倚東風弄玉簫，君王重念海棠嬌。可憐一曲清平調，千古漁陽恨未消。京兆宋暹。又周景升題云：横玉鸞嬌學鳳吟，君王按曲總關心。那知調入春風變，鼙鼓聲高思不禁。天台山人周景升。又吴元善題云：玉笛夜横吹，君王立并時。曲中多少意，腸斷有誰知。廣信吴元善。又拙菴題云：倚風笛弄開元曲，引得君王笑并肩。歡樂未終愁便至，可憐腸斷馬嵬前。四明拙菴。又陸朝宗題云：三郎半醉阿環嬌，同倚東風弄玉簫。并指深宫人不見，誰知千古話妖嬈。錢塘天泉生。又徐士全題云：玉管多情也并吹，月明宫殿綵雲低。當時只按開元曲，未信漁陽有鼓鼙。遯散人徐士全題。又楊孟載題云：妃子吹簫對月明，君王同按鳳凰聲。曲中多少凄涼恨，都是三郎醞釀成。空同子題。又林珣題云：翩翩紅袖照青春，共喜開元海宇新。玉管噭雲齊按曲，不知吹起柳城塵。丹丘林珣。又后暹題云：共浴温泉事已成，何如又聽玉簫聲。可憐百二山河主，不許霓裳一曲輕。然然居士后暹書。又裴恂題云：笑倚君王百媚生，霓裳新度玉簫清。梨園子弟多零落，莫向秋風寫怨聲。雁山樵者裴恂。又程煜題云：華清宴罷卷霓裳，重立東風并海棠。鳳管莫吹新製曲，有人乘月倚宫墻。宛丘程煜。又王黼題云：天寶山河合動摇，開元宫女出花妖。能移掌握乾坤手，并倚春風按玉簫。古汴王黼。又馬處義題云：三郎半醉倚娉婷，玉篴雙吹月满庭。惆悵梨花零落後，不堪重按雨霖鈴。銅柱生馬處義。又王黼題云：不道心同手更同，一雙吹篴未央宫。可憐天寶歸來後，空對紅桃怨晚風。王黼。又章□題云：鴛鴦金殿鎖晴暉，并立花前度曲遲。一段西遊離别恨，叮嚀莫向篴中吹。章□。又李原題云：笑拂龍髯玉篴横，風飄律吕出華清。長生殿上新翻曲，變作關山離别聲。青社李原。又張憲題云：玉奴弦索花妖鼓，閹奴節腔渾奴舞。阿環自品玉玲瓏，御手移游親按譜。風生龍爪玉星香，露濕櫻唇金縷長。莫倚花深人不見，李謩擫笛傍宫牆。會稽張憲。又陳堯道題云：深宫教得霓裳曲，晝擁香肩弄横玉。心同指應音節和，十筍擫出雌雄六。鸞鳳高翔終不知，不如秦女兩參差。駟祠練急吹不得，草樹長作商音悲。檇李陳堯道。又錢惟善題云：行樂宫中人不知，太平天子日無爲。雖然不是昭華琯，吹出荒梧古别離。三十六宫都斷腸，并吹瓊管侍君王。何如弄玉隨蕭史，直上瑶臺騎鳳凰。曲江居士錢惟善。又劉壖題云：玉顔雲鬢錦衣新，并篴東風寵遇頻。一夕馬嵬坡上月，光華争似未央春。青社錙壖。又迂拙子題云：堪歎三郎與阿環，玉簫并指共吹鸞。宫中行樂期深秘，豈料千年畫裏看。迂拙子。又有白賁道人題云：昭陽宫中玉肩并，昭華琯上玉指并。一聲叫起漁陽塵，吁嗟乎，玉壘西山不并幸。白賁道人題。又夢筆道人題云：玉笛吹長聽未休，漁陽鼓急散風流。誰知蜀道聞鈴曲，别調春風一種愁。夢筆道人題。又陳毓題云：三郎擫笛太真吹，多少風流在此時。一曲未終心共醉，壽王宫裏不勝悲。吴門陳毓。箋末有「式古堂」一印。箋高八寸六分，廣二尺四寸八分有奇。

元王振鵬龍舟圖卷

素絹白描畫，無款識。絹首有「乾隆御覽之寶」一璽，又有「天籟閣」、「神」、「品」、「項子京家珍藏」、「項墨林鑑賞章」、「檇李項氏□□寶玩」、「蕉林寶玩」、「三韓蔡氏魁梧珍藏」、「誦志堂藏」[三]、「見陽子珍藏記」、「東吴王蓮涇藏書畫記」、「鴻儒」諸印。絹尾有「賜號孤雲處士章」、「神」、「品」、「項元汴印」、「項子京家珍藏」、「誦志堂藏」[四]、「三韓蔡氏魁吾珍藏」、「子安珍藏記」諸印。絹高一尺三分，廣五尺五寸八分。

謹按：振鵬圖繪界畫，毫分縷析，最擅能事。此卷天開閶闔，宫闕巍峩，氣象萬千，皆從絲縷刻畫而出。龍舟往來如織梭，舟中人細如粟黍，神氣飛動，心思目力，巧極天工。絹尾有「賜號孤雲處士章」一印，蓋元仁宗所賜道號也。

元王若水蓮池禽戲圖卷

素絹本著色畫，款識「若水王淵」。絹首有「朗齋」、「項子京家珍藏」两印。絹末有「子京」、「平生真賞」、「子孫世昌」、「項叔子」諸印。前隔水有「乾隆御覽之寶」一璽。拖尾有仇遠題云：錢唐老畫師，精神若秋水。落魄天地間，愛畫入骨髓。番禺幕長東還吴，相逢共倒花前壺。酒酣脾肺生竹石，爲作此卷衆禽圖。潁川蚤獲非草草，什襲珍藏以爲寶。從容携來示病翁，摩挲遺墨明雙瞳。風流遠想豈易得，回首茫茫江海空。淳祐遺民山村仇遠。又柯九思題云：排荷拂荇足安身，何必飛鳴逐要津。間向晚涼深處看，羽翎翔集自娱人。丹邱柯九思。又鄭元祐記云：遂昌鄭元祐曾觀。又康里子記云：至順改元春三月康里子山觀於龔上青齋中。又仲山父記云：仲山父曾觀。絹高九寸五分，廣九尺四寸七分。

謹按：若水精花鳥、竹石，當時推爲絶藝，畫史稱其天機溢發，肖古而不泥古。此卷寫生，丹青精麗，華彩紛敷。清水芙蕖，亭亭浄植，緑房翠蓋，摇蕩香風。水禽格格飛鳴，浴波泳渚，浮廣戲深，或振翼修容，或翻飛成列，靡不生動。寫生神妙，真不讓黄筌獨擅能事矣。

明王寵行書千文卷

藏經箋本烏絲闌行書《周興嗣次韻千文》，共一百三十五行，款識「丁亥嘉平月廿又一日，雅宜山人王寵書于石湖草堂」。箋首有「周嘉胄印」、「鼎足齋書畫記」、「曾爲周廣安氏收藏」三印。又有「乾隆御覽之寶」、「石渠寶笈」、「三希堂精鑑璽」、「宜子孫」、「樂壽堂鑑藏寶」五璽。箋末有「周太史收藏」一印，又有「乾隆鑑賞」一璽。箋凡八幅，每幅押縫有两印，不可辨。拖尾有詹景鳳跋云：明興，弘、正而下，法書莫盛於吴，然求其能入晋人格轍，則王履吉一人已矣。是卷遒勁疎爽，翩翩幾爲大令，而行草《千文》，又希有矣。鳳麓先生書法與之齊驅，而雅好此卷。然履吉往矣，先生年方壯，後數年軼履吉而上之，此書不又以先生鄭重哉。時萬曆甲戌七夕前二日，新安詹景鳳敬題。又黎民表跋云：晋人真蹟，世所罕見，所傳者仿書耳，諸體混淆，若出一手，不辨其爲誰也。近世吴人王履吉氏獨能追踪大令，蕭散俊逸，敻出流輩，雖不見晋人書，知其爲絶藝也。金陵姚君叙叔所藏《千文》，用金粟紙書者，尤爲合作，觀者大爲愉快。叙叔雅擅臨池，駸駸度驊騮前，其寶此固宜，神授獨得，將進於是，因書以徯之。萬曆丁丑夏五月黎民表惟敬甫題於燕邸。箋高八寸七分，廣一丈四尺四寸八分有奇。書後餘箋五行。高宗純皇帝識云：明王寵行楷全法右軍，此卷尤極熟之。候晴窗載展，猶覩瓣香。予向愛臨《閣帖》，愧未津逮也。乾隆己巳御識。下有「乾」、「隆」两字两璽。

明文徵明行書卷

素絹本行書詩三首，云：《次韻答石田梅雨後言懷之作》：江南五月春如掃，寂晝清陰占物華。梅子雨晴鳩逐婦，楝花風急燕成家。旋除還滿愁隨草，已放難摶友似沙。羨殺忘憂沈東老，詩書白髮自生涯。《初夏次韻答石田先生》：腥紅簇簇試榴花，四月江南恰破瓜。山鳥初聞脱布袴，美人能唱浣溪沙。方牀睡起茶煙細，矮紙詩成小草斜。爲是緑陰將結夏，兩旬風雨洗鉛華。《感石田先生一首》：杖履空然記昔年，高情無復看雲眠。溪堂白髮留遺照，竹榻清香感斷緣。奄忽流光驚夢裏，蹉跎殘諾負生前。只應舊事僧知得，灑淚同看□讀篇。偶見石田先生畫卷，書此以識感云。門人文徵明。下有「文印徵明」、「衡山」兩印。絹首有「乾隆御覽之寶」一璽。絹高九寸，廣三尺五寸三分。

明文徵明楷書卷

素箋本，共四幅。第一幅藏經箋本烏絲闌小楷書司馬光《獨樂園記》一篇，詩七首，款識「衡□文璧書」。下有「徵」、「明」兩字兩印，又有「子京」、「墨林秘玩」、「平生真賞」三印。箋尾有「乾隆御覽之寶」一璽。箋高八寸六分，廣二尺九寸五分。第二幅素箋本烏絲闌小楷書《古詩十九首》，款識「嘉靖戊子清和望後二日，劉甥復孺索余小楷，案頭有祝希哲行草古詩，遂録以應觀者，勿誚其不工也。長洲文徵明」。下有「徵明」一印。箋前有「玉磬山房」一印。箋高七寸三分，廣三尺六寸三分。第三幅素箋本烏絲闌小楷書李密《陳情表》一篇，款識「嘉靖丁巳歲正月既望，長洲文徵明書」。下有「文印徵明」、「衡山」两印。箋首有「魏公」、「孫琦之印」两印。箋末有「□」字一印，又有「希世之珍」一印。箋高九寸，廣一尺五寸三分。第四幅素箋本烏絲闌小楷書陶潛《歸去來辭》一篇，款識及印章均與第三幅同。箋高九寸，廣一尺一寸七分。

謹按：勝國萬曆以前書家如祝希哲、文徵仲，皆爲吴興入室弟子。徵仲師法二王，根柢尤厚。此卷小楷四幅，入妙通靈，字裏行間，別饒古淡之致。其於松雪則取其菁華，遺其糟粕，其圓秀處神似吴興，而筆力清勁，則爲吴興所未逮，洵有出藍之美。

明董其昌問政山歌卷上等

素絹本行書《問政山歌》云：問政山，錯出黄山白嶽間。昔日仙人留隱跡，至今白雲蒼狗□仙闢。上有千尺之松花□飯，下有五色之芝英可餐。嶺岑本是至人宅，服食頓回童子顔。山中之政何足問，介弟築室來追攀。具茨問道七聖駐，此地迎仙獨鶴還。藥竈餘丹光爲奕，靈泉洗耳聲潺湲。山中居，今吕望，金粟前身語非妄。霄漢已遍閣浮提，經綸半出光明藏。斗杓調燮政所因，拂衣仍作山中相。歲月赤烏生涯有，道德青牛壽無量。道之至者以治身，仙翁何云逃刼塵。不必鞭螭馭風始超世，已是金馬玉堂人。汾陽二十四考中書令，南華八千餘載秋復春。丙申閏秋，舟行池州道中，得朝鮮鼠筆，漫爲書此，華亭董其昌。下有「宗伯學士」[五]、「董玄宰」兩印。絹首有「心賞齋」一印，又有「樂壽堂鑑藏寶」、「乾隆御覽之寶」、「石渠寶笈」三璽，又有「程國珍家藏」一印。絹末有「乾隆鑑賞」、「三希堂精鑑璽」、「宜子孫」三璽。絹高九寸二分，廣七尺二寸。

明董其昌臨英光帖卷

素箋本烏絲闌行書臨帖六十一行，款識「今京口甘露寺起於米老，此帖可爲證據。又有小楷帖云：甘露降，禮部表聞於朝，蓋宋時所重。世宗時瑞草、靈芝，無弗表聞者。」「右選詩子敬筆，昔年嘉禾同籍李比部曾得之内市，久欲視。予今年八月至梅里訪道者，李年丈出以求鑒定，乃唐時硬黄，所謂仿書虞褚迹耳。黄長睿見内府晋人真蹟，大半仿書，王著不能辨，□以入石。《宋潛溪集》亦云内府晋唐真蹟，大半是米芾一手僞造。又元人跋《戎輅表》有云：鍾王真蹟，雖以千金□一字，亦不可得，學書之難以此，要須妙悟耳。」「壬申入都門，即見宋刻《英光樓帖》數本，不知幾何卷，當有近百，未見其全。據一二目録，即米海岳二三十卷餘，宋人蔡忠惠公輩可知矣。宋搨帖尚夥，僅得王大令二卷以歸，刻石奕奕有神，在官帖之上，遂臨於此。崇禎八年歲在乙亥嘉平之望，其昌。」上有「心賞」一印。箋高八寸五分，廣一丈一尺七寸五分。

明董其昌臨宋四家書卷

素箋本行書臨帖，八十五行，款識「丙子八月書蔡、蘇、黄、米四家帖，其昌」。下有「宗伯學士」、「董氏玄宰」兩印。前隔水有「乾隆御覽之寶」一璽。箋高八寸二分，廣一丈七尺三分。

謹按：香光於宋四家書，與海嶽爲近。嘗自謂蔡忠惠、黄山谷非所好也。蘇書亦未甚肖。此卷雖臨四家書，仍未去其本色。然昔人謂學書貴得用筆之意，不專以臨摹形似爲工。香光書神清骨新，自成馨逸，正不必規矩相襲，而筆意自佳。

襄拜：今日扈從徑歸，風寒侵人，偃臥至晡。蒙惠新萌，珍感珍感。帶胯數日前見數條，殊不佳，候有好者，即馳去也。襄上公謹太尉閣下。

襄啟：暑熱不及通謁，所苦想已平復。日夕風日酷煩，無處可避，人生韁鎖如此，可歎可歎。精茶數片不一。襄上公謹左右。

邁往宜興，迨、過隨行。此二子爲學頗長進，迨論古事廢興治亂，稍有可觀；過作楚辭詩，亦不凡也。此亦竟何用，但喜其不廢家業耳。蒙問，妄及之，軾白。

次韻黄魯直見贈古風：佳穀臥風雨，莨莠登我埸。陳前漫方丈，玉食慘無光。大哉天宇間，美意更臭香。君看五六月，飛蚊□回廊。茲時不少假，俛仰霜葉黄。

期君蟠桃枝，千歲終一嘗。顧我如苦李，全生依路旁。紛紛不足愠，悄悄徒自傷。空山學仙子，妄意吹簫聲。千金得奇藥，開視皆豨苓。不知市人中，自有安期生。今君已度世，坐閱霜中帶。摩挲古銅人，歲月不可計。聞風安在哉？要君相指似。贈東坡。

江梅有佳實，託根桃李埸。桃李終不言，朝露借恩光。孤芳忌皎潔，冰雪空自香。古來和鼎實，此物升廟廊。歲月坐成晚，煙雨青已黄。得升桃李盤，以遠初見嘗。終然不可口，擲棄官道旁。但使本根在，棄置果何傷。青松出澗壑，千里聞風聲。上有百尺絲，下有千歲苓。小草有遠志，相依在平生。醫和不并世，深根且固蒂。人言可醫國，何用太早計。小大才則殊，氣味固相似。黄庭堅

揚清歌，發皓齒，北方佳人東鄰子。且停白苧吟緑水，長袖拂面爲君起。寒雲夜卷霜海空，胡風吹天飄塞鴻。玉顔满堂樂未終，館娃日落歌吹濛。絃歌興罷拂衣還，棄米何曾有俸錢。恩同大均能播物，只應訪藥是優賢。米芾

昨夜清風明月，過蒙法師。今又惠及清泉，珍感不已。朮湯法豉，恐濁却妙供，

謹却回納。軾白祖印長老。

春風駐游騎，晚景淡山暉。一問清泠子，獨掩荒園扉。草木魚來長，里閭人到稀。方從廣陵宴，花落未言歸。山谷書韋司直詩。

温而栗，重不泄，不爲礪砥爲翰墨，守不假人永終吉。涪翁。

丙子八月書蔡、蘇、黄、米四家帖，其昌。

明董其昌臨潭帖卷

素絹本行書臨《潭帖》六則，款識「董其昌書」，下有「太史氏」、「董氏玄宰」兩印。箋首有「玄賞齋」一印，又有「張印宏載」、「戚公□鑑藏書畫記」三印[六]。又有「乾隆御覽之寶」、「石渠寶笈」、「樂壽堂鑑藏寶」三璽。箋末有「乾隆鑑賞」一璽。後押縫有「三希堂精鑑璽」、「宜子孫」兩璽。拖尾有張照跋云：此亦思翁壯年筆，蓋作史官或學使時也。絹本不如紙，又多寫，生絹不著膠礬，却未曉古人意處。下署一「照」字。箋高八寸五分有奇，廣五尺二寸七分有奇。

明董其昌尺牘卷

素箋本行書尺牘四則。云：前一日正馳小札奉訊，因棨戟上尊塋持返，不意翰示之翻辱也。公揚事，故知聯合甚難，既有異同，似只須儘其同者爲力差易。撫臺栖泊河干，頃聞遂病，殊爲於邑。然鄙意似宜即發矣。閲按臺手札，時事將大變，陳益老言四友之外别有所語，恐非面不悉也。吾鄉指公作此舉動，可謂膽雄手辣。然竊覬蘇、李可免，彼倘亦念一之爲甚乎？來呈即刻如命批銷矣。前札仍附呈，凡可指示者，不靳手批荷荷。初四日弟其昌頓首。歲暮紙窗竹屋，東坡得少佳趣，今奉去紙百幅，兼以東坡《醉翁亭記》承惠，謝謝清臣。老弟其昌頓首。穀日正待舉齊年之會，此時當勿藥矣。望之望之。惠及珍味，謝謝清臣。老友其昌頓首。青浦來年白銀，俱待賣米，一并完納，今租尚杳然也。行路多盜，載米亦艱，要得承忠料理，不能及耳，奈何。角中每年有節銀三兩與襪一雙，此襪要送廣居，亦催來爲望。其昌頓首。牋首有「乾隆御覽之寶」一璽，又有其昌一小印，缺右半，僅存「鑑藏」兩字。

牋末有「太原王遜之氏收藏圖書」一印。牋高八寸二分，廣三尺一寸七分。

明董其昌夏山欲雨圖卷上等

灑金箋本。前半幅墨畫，款識「仿巨然夏山欲雨圖，玄宰」，下有「董玄宰」一印。後半幅書白居易詩云：連山斷處大江流，紅旆逶迤鎮上游。幕下翺翔秦御史，軍前奔走漢諸侯。曾陪劍履升鸞殿，欲謁旌幢入鶴樓。假著緋袍君莫笑，恩深始得到忠州。款書「董其昌」，下有「宗伯學士」、「董玄宰」兩印，前有「心賞齋」一印。箋末有「三希堂精鑑璽」、「宜子孫」兩璽。前押縫有「筆花春雨」一璽。箋首有「石渠寶笈」、「隆御覽之寶」兩璽。畫中幅押縫有「乾隆鑑賞」一璽。前隔水有「五福五代堂古稀天子寶」、「八徵耄念之寶」兩璽。箋高八寸，廣七尺六寸五分。前引首有高宗純皇帝御題詩并識云：觸手潤嵐煙，自稱仿巨然。都無畫家習，直揭佛門禪。雲出山如破，天高雨與連。全書居易作，其故又何焉？其昌此卷筆墨薦潤，款字頗可，似是畫禪真跡。惟卷後書「連山斷處大江流」一律，與畫意全不合。且其詩爲白居易《行次夏口先寄李大夫》作，其昌即欲畫此篇，亦當表爲白詩，何至止自書名，竟若攘爲己有之理？字亦與董他書不類，或香光未竟之卷，爲妄庸子續貂，遂至真贋相混，識者當能辨之。乙未仲夏月中澣御題并識。下有「乾」、「隆」两字两璽。

謹按：香光畫宗北苑，純以韻勝。巨然爲北苑嫡冢，是卷摹仿巨然，真參畫禪三昧。遥山近樹，横截煙雲，嵐氣沉沉，驟風急雨之將至，滿紙皆含水潤氣。香光嘗謂：煙雲當以墨漬出，令如氣蒸，冉冉欲墮，乃可稱生動之韻。元氣淋漓障猶濕，此境非時史所能到也。

明董其昌書畫合璧卷上等

素絹本書畫相間合璧圖，八幅，先畫後書。第一幅墨畫山水，款識「仿雲林，玄宰」，下有「董印其昌」一印，上有「樂壽堂鑑藏寶」、「乾隆御覽之寶」、「石渠寶笈」三璽。畫後行書一幅，題詩云：雲多石計山深淺，地僻絶無人往來。莫怪披圖便成句，柴門曾對翠峯開。董其昌。下有「董印其昌」一印。第二幅著色畫山水，款識

「仿大癡筆，玄宰」，下有「董印其昌」一印。畫後行書一幅，題詩云：紅樹秋山飛亂雲，白茆簷底□斜曛。此中大有逍遥樂，難説於君畫於君。其昌。下有「董印其昌」一印。第三幅墨畫山水，款識「仿北苑筆，玄宰」，下有「董印其昌」一印。畫後行書一幅，題詩云：山水未深魚鳥少，此生還擬更移居。祇因天竺溪流上，獨木爲橋小結廬。其昌。下有「董印其昌」一印。第四幅著色畫山水，款識「玄宰畫」，下有「董印其昌」一印。畫後行書一幅，題詩云：雖有柴門長不關，片雲高木共身閑。猶嫌住久人知處，見欲移居更上山。其昌。下有「董印其昌」一印。第五幅墨畫山水，款識「山居圖，玄宰」，下有「董印其昌」一印。畫後行書一幅，題詩云：緑溪青嶂是秦餘，靈境今歸藏史居。素友詎迷初得路，頑仙猶讀未焚書。其昌。下有「董印其昌」一印。第六幅著色畫山水，識款「仿吾松小崑山赤壁圖，玄宰」，下有「董印其昌」一印。畫後行書一幅，題詩云：山明水浄夜來霜，數樹深紅出淺黄。試上高樓清入骨，何如春色嗾人狂。其昌。下有「董印其昌」一印。第七幅著色畫山水，款識「仿米海岳筆，玄宰」，下有「董印其昌」一印。畫後行書一幅，題詩云：青山緑樹杳難分，忽斷中間是白雲。欲買一椽深處住，不教名姓向人聞。其昌。下有「董印其昌」一印。第八幅墨畫山水，款識「仿趙松雪筆，玄宰」，下有「董印其昌」一印。畫後行書一幅，題詩云：石磴盤紆山木稠，林泉如此是清幽。若爲飛嶠千峰上，卜築誅茆最上頭。其昌。下有「董氏玄宰」、「宗伯學士」两印。後有陳繼儒題詩云：秋來萬籟戰西風，水竹梢頭落葉紅。草閣捲簾晴一望，酒船將到小橋東。玄宰此卷書畫雙絶，故以七言絶句□之。陳繼儒。下有「陳印繼儒」一印。絹末有「乾隆鑑賞」、「三希堂精鑑璽」、「宜子孫」三璽。引首素絹有陳繼儒書「墨池奇遘」四字，款識「陳印繼儒」。下有「陳印繼儒」一印。絹高八寸六分，廣一丈四尺二寸八分。

明陸治花卉卷上等

素絹本著色畫，款識「嘉靖甲子春日包山陸治製」，下有「陸氏叔平」、「有竹居」两印。絹末有「乾隆鑑賞」一璽。前押縫有「石渠寶笈」、「乾隆御覽之寶」一璽[七]，又有「包山子」一印。後押縫有「三希堂精鑑璽」、「宜子孫」三璽[八]。拖尾有彭年題水仙、梅花、山茶詩三首云：玉貌盈盈翠帶輕，淩波微步不生塵。風流誰似陳思客，想像當年洛水神。冰肌酒沁微生暈，酥頰春融半吐芳。姑射山頭清冷處，鶴林池上愛逢君。鶴頭犀甲高人句，翠碧丹砂妙筆圖。更擬雪中金澗谷，當軒十尺海珊瑚。嘉靖甲子冬日舊吴彭年題。絹高八寸二分，廣一丈一尺五寸。絹中有高宗純皇帝御題詩三首并識云：嫋嫋仙粧宜照水，稜稜玉骨迥淩塵。底緣似聽長吟調，筆底從知別有神。縱鮮幽香頗饒韻，雅供清詠復宜圖。名茶謾誚無茶用，紅玉輝輝飣夏瑚。雖紅邨藉臙脂色，不白仍饒清浄芬。千載孤山山後麓，墓門雪夜護逋君。水仙、山茶、梅花，畫家多以相配，而彭年詩亦以標名，故用韻題卷，各仍舊目。然諦視卷中所爲梅花者，枝幹附蕚，乃全是杏，成詠固不必更易，第知其誤而隱爲遷就，則不可。至陸與彭之孰是孰非，無庸更較耳。丁亥新正御題并識。後隔水又有訂正彭年題詩韻誤一則云：彭年題水仙，首句用「輕」字，後二韻則用十一「真」。「輕」在庚韻，與青、蒸或尚可通用，而於真、文、元、寒、删、先之通韻各不相涉，然亦有古體用之，近體則不宜假借也。吴人讀真、文、庚、青，每不能辨字音之輕重，往往有誤用者。今和其韻，則不當復沿其訛，因改首句不用韻以正之。其題梅花詩，「芳」與「君」同用，則「芳」乃「芬」之筆誤，并爲釐訂而辨識如右。丁亥春御筆。

謹按：畫譜六法，一曰氣韻生動。寫生家以應物象形、隨類傅彩爲能事，至於氣韻，非時史所能摹取也。是圖穠而不艷，綺而不靡，素絹爛若花錦，而別饒幽馨芳逸之致。昔人謂包山寫生得徐、黄遺意，蓋其氣韻，本自天成也。

明沈周畫山水卷

素箋本六幅著色畫。第一幅題云：信脚清溪細路斜，角巾捎落紫藤花。尋常記得相過處，口未譍門先喚茶。沈周。下有「啟南」、「石田」两印，上有「樂壽堂鑑藏寶」、「乾隆御覽之寶」、「石渠寶笈」三璽。箋高八寸三分，廣一尺一寸。第二幅題云：山窻朝讀易，竹樹盡扶踈。露氣濕還潤，曉雲卷復舒。沈周。下有「啟南」两字一印。箋高九寸，廣九寸三分有奇。第三幅題云：秋葉霜明照水殷，夕陽影裏一舟還。傍舟鷗鳥閑應劇，還道數鷗人更閑。成化丙戌八月製。沈周。下有「啟南」兩字一印。箋高八寸九分，廣一尺一寸四分有奇。第四幅題云：宦海如今路不遥，大家閑步踏霜朝。水南水北無人住，古木寒泉對寂寥。沈周。下有「石田」、「啟南」兩印。箋高九寸五分有奇，廣九寸九分。第五幅款云：弘治庚戌夏日寫，沈周。下有「啟南」兩字一印。箋高九寸，廣八寸二分。第六幅題云：重林複嶺雪初收，石瀨潺潺帶玉流。儘好山陰可乘興，王猷過去别無舟。石田道者。下有「啟南」、「石田」兩印，上有「乾隆鑑賞」、「三希堂精鑑璽」、「宜子孫」三璽。箋高九寸一分有奇，廣一尺一寸六分有奇。每幅前均有高宗純皇帝御題詩一首。第一幅詩云：高樓盤□老松斜，却俯青青竹未花。遥見過橋客將至，呼童石鼎好烹茶。下有「得象外意」、「乾隆宸翰」、「陶冶賴詩篇」三璽。第二幅詩云：霜楓幾點紅猶綴，秋樹數株緑已疎。水榭支窻不嫌冷，碧天騁望與懷舒。下有「几席有餘香」、「煙雲舒卷」、「吟詩春風裏」三璽。第三幅詩云：江翻石壁夕陽殷，耐可言歸拏艇還。舉首遥看峰頂寺，山僧閉户更高閑。下有「□閣」、「漱芳潤」、「清心聞妙香」三璽。第四幅詩云：遠山雲表一稜遥，寒散秋空嵐吐朝。水閣幽人閑對瀑，目窮落落意寥寥。下有「研露」、「用筆在心」、「修辭立誠」三璽。第五幅詩云：艤舟岸上有人立，問答情深一幅兼。却被伊誰割半壁，石田遺韻衹虚拈。此幀石田獨無題句，畫較他幅稍窄，似係後人割去，因以己意補之。下有「萬有同春」一璽。第六幅詩云：蹇驢詩興可中收，得句何曾愛俗流。最是江南風氣好，雪天猶有自拏舟。乙未季秋御題。下有「乾」、「隆」两字两璽。

明仇英白描羅漢卷不列等

素箋本白描畫，款識「實父仇英摹龍眠山人畫」，下有「十州」、「仇英之印」两印。箋首有「乾隆御覽之寶」、「秘殿珠林」、「神品」三璽、「墨林子」、「子京所藏」、「家在北潭」諸印。箋末有「乾隆鑑賞」、「三希堂精鑑璽」、「宜子孫」三璽、「子京」、「留耕堂印」、「朱臥菴收藏」三印，又有一印，漶漫不可辨。拖尾有文彭書《十八阿羅漢像讚》云：欲根於性，擾而莫制。須識性空，堪以戒示。開口便笑，出世入世。

有未熨貼必使平，有一絲破必須補。非於邊幅求其精，要使六時無空過。相彼金甲神，能具精進力。稽首參老禪，此是善知識。亭亭池中蓮，田田水面葉。宴坐聞妙香，乃以證禪寂。我心復何有，乃是福種子。求其不昧真，即可悟至理。要識本來，請看面目。是一是二，世人罔覺。一點靈臺，太虛遼廓。乘狻猊，飄然來，不加威力慈容開。世人比作文殊佛，指揮如意何快哉。空山歲月深，桃實已爛熟。獮猴能解事，獻供跪雙足。静參貝葉經，妙義善繙譯。若不立文字，學者詎能識？是以我佛慈，曾不惜願力。趺坐蒲團，手執拂塵。在修身上用功，乃是世間奇人。半規之月清輝多，一卷殘經參摩訶。夜以繼日苦不足，笑彼虚擲將如何。尾不可履，鬚不可㴒。以法伏之蹲巨石，敢逞兇頑具叵測。木魚經卷，本是色相。老僧端坐，以聲應響。龍神感動，諦聽合掌。海水詎有涯，神龍善變化。爲霖潤蒼生，聞法能謙下。樓閣起層雲，毫光現一指。乃作如是觀，幻境皆若此。本是散花仙，皈法來頂禮。所説是何法，蓮經無量義。神光離合處，非實亦非虚。禪宗得真性，所在現如如。行深靡不成，中止良可惜。企彼面壁人，九年如一日。嘉靖十六年春二月，三橋文彭敬書。又申時行跋云：納須彌於尺素，現真相於毫端。龍眠居士後身，金粟如來復見。瑶泉申時行。箋高八寸八分，廣一丈六尺三寸。

謹按：十州佛像摩仿龍眠，得其神髓，嘗作五百羅漢及千二百五十人，俱長卷，均不減宋筆，此圖十八應真色色飛動，精神溢於毫楮。昔人謂臨摹古人，不在對臨，而在神會。十州師法龍眠，神而明之，故能詣境造極，筆精墨妙，定是華嚴法界中得來，非曹洞下乘所能夢見也。

明仇英白描十六羅漢卷

素箋本白描畫，無款識。畫端有「十州」一印。箋首有「乾隆御覽之寶」、「秘殿珠林」二璽、「天籟閣」、「墨林山人」、「谷蘭幺珍秘圖書之印」[九]三印。又有「項墨林鑑賞印」六字一印，似誤倒印而復改印者。箋末有「乾隆鑑賞」、「三希堂精鑑璽」、「宜子孫」三璽、「項元汴印」、「子京父印」、「軒」字、「青壁」四印。引首行書「福種」两字，上有「夢幻泡影」一印。拖尾有高士奇行書跋云：仇實父畫人物，遠師顧、陸、閻、周，近學馬、陳、諸、趙，即仿南宋畫苑中人，必淘汰拙俗而採掇菁華。此白描應真各有意致，雖其偶爾爲之，亦非贋手能髣髴也。康熙戊寅初冬題於清吟堂，江村高士奇跋。前押縫有「谷蘭齋珍秘圖書之印」一印。箋高九寸五分，廣五尺二寸。

謹按：是圖白描鐵綫，精細絶倫。仇英摩龍眠作《五百羅漢圖》，陳繼儒謂不落仇款，幾疑龍眠手筆。又有《五百應真圖》，文徵明跋稱無減宋筆。二卷舊藏内府，均編列上等。是圖鐵筆描成，刻畫幾若絲縷。高跋謂雖偶爾爲之，亦非贋手能髣髴，洵不虚也。仇英工筆稱絶一時，三百年來贋本流傳，真迹罕矣。

明仇英玉洞燒丹圖卷

素絹本著色畫，款識細字金書「仇英臨趙千里筆」，下有「十州」兩字一印。絹首隸書「近來聞説燒丹處，玉洞開花萬樹春」十四字。拖尾有文徵明題并識云：下辭紫府出仙都，來問丹成事有無。雲霧衣裳芝作饌，桃花顔色雪爲膚。壺中滿貯長生蘖，卷内同看太極圖。寄語羣仙機盡息，何須更問玉蟾蜍。仇英實甫畫《玉洞燒丹圖》，精細工雅，深得松年、千里二公神髓，誠當代絶技也。雨窻無聊，據案展閱，不覺清思飛揚，漫賦短句。嘉靖壬子徵明識。又許初跋云：仇實父《玉洞燒丹圖》精工雅致，深入松年、千里两君之堂奥而得其神髓者也。此卷固其平生得意之作，前有衡山先生贊嘆之矣，余何必以辭贅爲哉？然夜光之不世出，孰不驚見而愛之耶？此卷又何異焉？不惟予與衡山先生两人愛，即證之人人，而愛亦同也。愛不能已，所以語不覺溢也。遂援筆以識其後云。是歲清和之望，許初書。又陳鎏跋云：余觀實父畫《玉洞桃花》卷，宗唐宋絶筆，有自得天真爛熳格物美趣，無一毫塵俗作家氣象，人所効筆者，不能追其萬一也。雨（客）［泉］陳鎏書。絹高九寸六分，廣一丈一尺二寸四分。

明仇英山水卷神品

素絹本著色畫，款識「仇英實父製」，下有「十洲」两字一印。絹首有「乾隆御覽之寶」一璽。又有「張伯起」、「鳳翼」、「錫山華氏補菴收藏印」。絹末有「□之」、「子孫永保」两印。拖尾有文彭題云：萬壑瀠洄磴道長，崇岡□互轉蒼蒼。疎松過雨虛闌静，喬木迴風曲岸凉。村舍幾家門半啟，溪梁何處水流香。扁舟凝望雲歸處，不覺西林下夕陽。三橋文彭題。又王世貞記云：萬曆五年夏四月既望觀，弇州山人王世貞。又顧璘題云：長林春夏候，澗壑流潺潺。静境霞光落，虛簷翠影還。夕陽時漏竹，禽聲併在山。迴塘荇帶晚，古石蘚花斑。挂壁瑶琴浄，居人埜鶴閑。傍崖麋鹿跡，臨牖柏松顔。如此幽情足，那知人代間。東橋顧璘。又周天球跋云：仇十洲此畫，蓋非對臨，以意仿佛爲之，靡不神往。筆先似□，不專以迹，吴中妙手也。亦見其胸中博洽，故能隨摹輒肖。十洲嘗游文太史之門，朝夕追隨，見有古人名蹟，借臨再三，其用心如此。後之學者欲藝之工，豈可苟焉已哉？六止生周天球。又陸師道觀記云：五湖居士陸師道觀。絹高九寸五分，廣九尺九寸六分。

明仇英百美圖卷

素絹本著色畫，款識「實父仇英製」，下有「實父」一印。絹首有「危氏至寶」、「汲古閣」两印。絹末有「周氏文種堂珍藏印」一印。絹高一尺一寸六分，廣一丈五尺二寸一分。

明丁雲鵬羅漢卷上等

素箋本著色畫，款識「丁雲鵬」，下有「丁雲鵬」、「南羽」两印。箋前有「乾隆御覽之寶」、「秘殿珠林」两璽。箋末有「乾隆鑑賞」、「三希堂精鑑璽」、「宜子孫」三璽。卷内有濺髒磨破痕迹。卷前脱落。箋高八寸五分，廣一丈五尺。

謹按：南羽繪事遠仿龍眠，古佛精靈，仿佛不可爲象。此圖以縹緲虚無之筆摹擬形容，或奇而古，或清而臞，目光炯炯有神。尺幅中百靈秘怪，恍惚畢出，雕鎸刻畫，無蹟可尋，深得畫禪三昧。

明丁雲鵬十六應真圖卷不列等

素箋本墨畫，款識「丁雲鵬敬繪」，下有「南羽」一印。引首有「紫邏雲深」四字，款書「濟南臨邑邢侗題」。箋共四幅。第一幅前有「乾隆御覽之寶」、「秘殿珠林」兩璽，又有「宗伯學士」、「董氏玄宰」、「子忠」、「鐵華居士」、「祖孫父子叔姪弟兄鼎甲」、「中武氏」諸印。幅後押縫有「黄山練水中人」一印。第二、第三幅後押縫均有「名山」兩字一印。第四幅後有「乾隆鑑賞」、「三希堂精鑑璽」、「宜子孫」三璽。拖尾有高士奇書《般若波羅蜜多心經一卷》，跋云：丁南羽深得曹吴筆法，寫山林、應真，各得自然行游之致，令後人見之作出世想，因敬書《心經》於後。康熙壬申臘八日，江村高士奇。箋高九寸八分，廣一丈二尺八寸。

謹按：圖中佛像一一清臞，瑶草琪花，層巒怪石，引人入勝。雲鵬畫佛，白描最爲精妙。此圖墨痕渲染，筆意縱横，濃淡粗細，隨意爲之，又成一格。高書《心經》娟秀可喜，頗似香光。

明丁雲鵬應真雲彙圖卷不列等

素箋本墨畫，款識「丙申臘月之吉，聖華居士丁雲鵬寫」，下有「丁印雲鵬」、「南羽」兩印。箋首有「乾隆御覽之寶」、「秘殿珠林」兩璽。引首幅隸書「應真雲彙」四字，款識「章夏敬題」。中幅押縫一小印，不可辨。箋末有「乾隆鑑賞」一璽。押縫有「三希堂精鑑璽」、「宜子孫」兩璽。箋高一尺六分，廣二丈八尺五分。

謹按：雲鵬佛像多用白描鐵筆，精細絶倫。此卷墨則濃淡兼施，筆則麤細并用。危崖峭壁，遠近幽深，古木叢林，參差攢簇。佛像多作奇古之狀，在雲鵬畫本中别爲一格。

明丁雲鵬畫十八羅漢卷

素箋本墨畫，下有「丁南羽」一印。箋首有「乾隆御覽之寶」、「秘殿珠林」二璽。箋末有「乾隆鑑賞」、「三希堂精鑑璽」、「宜子孫」三璽。箋高九寸三分，廣一丈。

謹按：龍眠居士製《十八羅漢渡海謁大士圖》，一切水陸神怪精妖之類，莫不皈命馴服。此圖似仿其意而爲之，雲影飛揚，海波洶湧，諸應真皆在雲水光中，游行自在。昔人謂雲鵬畫，雖龍眠不能遠過。此圖非幻非真，筆墨都化，殆不可以色相求也。

明丁雲鵬白描應真卷

素箋本白描畫，款題「佛弟子丁雲鵬敬寫」，下有「丁雲鵬印」、「南羽」兩印。箋首有「乾隆御覽之寶」、「秘殿珠林」二璽。箋末有「乾隆鑑賞」、「三希堂精鑑璽」、「宜子孫」三璽。箋高八寸五分，廣一丈八尺九寸五分。

謹按：龍眠居士《十六應真》久稱神品，近已罕覯。雲鵬是圖，殆心摹力追而爲之。圖中結跏趺坐者、入定者、頂禮者、立者、侍者、尊嚴者、慈和者，眉間毫相，若涌寶光。復有珠珞、寶幢、古木、奇卉、伏虎、馴龍、仙鶴、野鹿之屬，無不奇妙。昔人評南羽以繪事作龍象，此圖慘澹經營，洵爲精詣。

明文徵明湖光巒翠圖卷

素絹本著色畫，款識「徵明」，下有「徵明」两字一印。引首文徵明自書「湖光巒翠」四字，款書「徵明」二字，下有「文印徵明」、「徵明」两印。前有「停雲」一印。絹首有「乾隆御覽之寶」一璽。絹高九寸一分，廣五尺九寸五分。

謹按：徵仲山水遠學郭熙，近學松雪，兼瓣香於梅花盦道人。其氣韻秀逸，往往空中攝景，澹處傳神。此卷筆意蕭散，尺幅中湖天杳靄，煙景空濛，攬之不盡。山石用淡青緑著色，遠翠浮嵐，别有幽倩明媚之致。皴法不多，蒼然入古，六法之外，饒有士氣。

明吴彬畫羅漢卷不列等

素絹本著色畫，款識「枝隱頭陀吴彬拜寫」，下有「文中」一印。絹首有「乾隆御覽之寶」、「秘殿珠林」二璽。絹末有「乾隆鑑賞」、「三希堂精鑑璽」二璽。下有一印，漶漫不可辨。絹高一尺五分，廣一丈七尺二寸六分。

謹按：吴彬山水人物多作奇形怪狀，自立門户。此圖十八應真形相奇古，怪石離立，潤以青翠，大木百圍，如聞遠籟。蒼苔點處，石壁動摇，翠竹黄花，靈境絶勝。諸大阿羅漢或坐或立，或止或行，或尊嚴或欹側，皆隨山石作奇勢。卷末忽阻清淺一水，真如海上三山，風欲引去，可望而不可即。一應真跨海飛行，隔海危厓，險仄蒼翠。深處一應真結跏趺坐。絹久色闇，益顯丹青，神工獨運，得未曾有。

明商喜萬靈拱祝圖卷

素絹本著色畫，款字金書「錦衣指揮臣商喜繪」。絹首有「乾隆御覽之寶」、「秘殿珠林」二璽，又有一璽，不可辨。絹末有「乾隆鑑賞」、「自天祐之吉无不利」、「三希堂精鑑璽」、「宜子孫」四璽。又有「商邱宋氏收藏書畫」、「伊洛淵源」、「七芙蓉草堂」諸印。絹高二尺，廣一丈七尺五分。

謹按：右圖真明會□，縹緲太清，襂襹羽裳，旖旎旌節，若乘雲氣而御閬風，矯掌煙霄，目眙神詭。惟吉人物、花鳥爲時所重，是圖列仙羽從以百計，面目無一相肖，乃至一樹一石、一花一草，亦復争奇出新，想見慘澹經營，良工心苦。

明唐寅溪閣閑憑卷

素絹本著色畫，款署「正德己卯歲春三月蘇臺唐寅」，下有「子畏」、「唐寅私印」兩印。絹首有「乾隆御覽之寶」、「石渠寶笈」、「樂壽堂鑑藏寶」三璽、「王印穉登」一印，又有一印，漶漫不可辨。絹末有「桂坡安國賞玩」、「張伯起」兩印，又有「乾隆鑑賞」、「三希堂精鑑璽」、「宜子孫」三璽。絹高九寸一分，廣五尺九寸六分。絹末有高宗純皇帝題詩云：水繞山圍依絶區，石墻茅屋足清娱。高人溪閣閑憑坐，羡彼心中一事無。戊子新秋上澣御題。下有「得佳趣」一璽。

明唐寅山莊水郭圖卷

素絹本著色畫，款識「晋昌唐寅」，下有「唐寅私印」、「六如居士」两印。拖尾有許初題云：六如妙手天下無，生絹寫出山水圖。飄颻天趣入三昧，點染意外争銖錙。遠山糢糊近山碧，澄江一帶横秋色。老樹參差曲岸傍，迴波摇蕩奔崖側。諦觀此圖豈等閑，水即真水山真山。虚堂展閲神骨爽，恍惚置我山水間。徐子昌穀好奇者，揮金求之不論價。索題愧我句未工，贏得披襟一瀟灑。高陽許初題。又楊循吉跋云：子畏先生精于六法，不下唐宋。此卷筆法入神，綿密秀潤，誠得繪家三昧。而圖中谿山松竹，曲嶺遠樹，與平蕪暮靄相連，秀勁茂潤，一洗畫家習氣，非後人所可仿佛也。其善珍之。嘉靖丙寅十月望楊循吉書。又周宏記云：雲間子周宏曾覽。又文彭題云：唐君灑灑更風流，常到谿南山下游。下馬脱巾青竹裏，題詩圖畫水村頭。揮毫潑墨□能得，謝眺襟懷自可侔。漫擬良溪一相覓，桃花春草隔芳洲。三橋文彭。絹高九寸九分，廣八尺五寸三分。

謹按：六如居士風韻高邁，并擅鄭虔三絶。偶以繪事寫胸中逸氣，神機湊泊，有超然物外之概。此卷興與景會，先作遠勢蒼茫，一髮遥山，澄江如練。楊柳岸傍，艤棹三兩，洲渚歷歷，一水縈迴。蹊徑曲折，村墟遠近，羣牛渡水，野景蕭然。迤西則叢篠深篁，湖光嵐翠，沉沉撲人。其畫意在空曠有無之間。畫史稱六如遠攻李唐，足任偏師，近交石田，可當半席。此圖氣韻生動，天機清妙，匪惟與石田并驅争先，即李唐小品，無以遠過。

明陳淳花卉卷

素箋本墨畫花卉八種，畫後各題一詩，卷末款識云：昔嘗見沈石田先生所作水墨花鳥一册，似不經意，而精妙入神。册後自題曰：人當以丹青之外求我也。蓋自有得而云然耳。今吾爲此，豈謂是歟？不過胡亂塗抹，消磨歲月而已，觀者幸勿多誚。嘉靖壬寅夏日，道復書于五湖田舍之歌亭。下有「復父氏」、「白陽山人」兩印。第一種畫牡丹，題云：春色上花枝，紅紫呈妍好。摹寫不知疲，筆墨竟草草。第二種畫粉團花，題云：三月東風起，花開雪作團。不知冰玉相，却把繡球看。第三種畫辛夷花，題云：春暮辛夷發，未嫌花事遲。園林成緑徧，獨薦紫葳蕤。第四幅畫百合花，題云：百合種偏殊，幽閑絶可娱。花傾蒼玉帶，香泛紫檀須。第五種畫蘭，題云：衆草栖白露，早已識秋期。蕙生孤竹根，香風朝夕吹。第六種畫菊，題云：清霜殄衆草，畦菊自紛若。撫玩闃無人，風摇松子落。第七種畫水仙，題云：玉面嬋娟小，檀心馥郁多。盈盈仙骨在，端欲去淩波。第八種畫梅，題云：寒岩如削鐵，凡木未堪依。獨有梅花冷，踈踈點翠微。第一首詩下有「白陽山人」一印。第二首至第八首詩下均有「復父氏」、「白陽山人」兩印。箋首有「乾隆御覽之寶」、「石渠寶笈」、「樂壽堂鑑藏寶」三璽。箋末有「乾隆鑑賞」、「三希堂精鑑璽」、「宜子孫」三璽。箋凡五幅，每幅押縫有「道復」一印。箋高八寸，廣一丈八尺八寸。

明朱芾揭鉢圖卷

素箋本白描畫，款署「朱芾」二字，下有「朱芾」一印。箋首有「吴寬」、「趙□□

字□□書畫印」、「琅琊郡世家」、「錫山華氏補菴收藏印」四印。上有「乾隆御覽之寶」、「秘殿珠林」二璽。後押縫有「乾隆鑑賞」、「三希堂精鑑璽」、「宜子孫」三璽。引首有「廣運之寶」一璽。拖尾有冷謙楷書《寶積經》十二行，款識「洪武九年四月八日冷謙書」。箋高九寸四分，廣一丈三尺六寸一分。

明女史李翠蘭畫陶靖節圖卷

素絹白描畫，款識「萬曆壬午年秋七月，永安李氏寫於閨中」，有「翠蘭」一印。絹首有「乾隆御覽之寶」一璽，又有「金印依□」一印。圖共十三幅。第一圖前題「陶靖節先生遺像」。第二幅前題云：送一力給其子，出曰：汝旦夕之費，自給爲難，今遣此力，助汝薪水之勞。此亦人子也，可善遇之。淵明年四十一。第三圖前題云：爲彭澤令，歲終，郡遣督郵至縣。吏請曰：應束帶見之。淵明歎曰：我豈能爲五斗米折腰，候鄉里小兒耶？第四幅圖前題云：賦《歸去來兮》一篇。第五圖前題云：郡將嘗候之，值其酒熟，取頭上葛巾漉酒，畢復著之。第六圖前題云：淵明不解音律，而留無絃琴一張。每酒適醉，輒撫弄以寄意曰：但識琴中趣，何勞絃上聲。第七圖前題云：貴賤造之者，淵明有酒輒若先醉，便語客曰：我醉欲眠君且去，明朝有意抱琴來。元熙中，年五十一。第八圖前題云：龐通之至，欣然共酌。俄頃弘至，亦無忤也。時年五十五。第九圖前題云：淵明缺履，弘顧左右爲之造履。左右爲請履度，淵明便於弘前伸脚令度焉，顯其真率。時年五十七。第十圖前題云：九月九日，出宅邊菊叢中坐久之，滿手把菊。忽值白衣人送酒就酌。第十一圖前題云：王弘以重九日命酒遣介至，淵明獨飲，既醉而歸。第十二圖前題云：顔延之爲劉柳後軍功曹，在潯陽與淵明情款。爲始安郡守，逕過潯陽，日造淵明飲焉。每往必酣飲至醉，弘欲就邀之坐，彌日不得。延之臨去，留二萬錢與淵明，俱送酒家，稍就取酒。元嘉五年延之爲始安郡守，淵明年六十。第十三圖前題云：躬耕自資，遂抱羸疾。江州刺史道濟往候之，淵明偃臥，瘠有日矣。道濟謂曰：賢者處世，天下無道則隱，有道則至，今文明之世，奈何自苦如此？對曰：潛也何敢望賢，志不及也。道濟餽粱肉，麾而去之，時年六十二。題字下均有「翠蘭」一印。絹高八寸四分，廣一丈四尺一寸。

明人掃象圖卷

素箋本著色畫，無款姓名。箋首有「乾隆御覽之寶」、「秘殿珠林」二璽。箋末有「乾隆鑑賞」、「三希堂精鑑璽」、「宜子孫」三璽。箋高一尺五分，廣四尺二寸五分。

謹按：是圖無款識，印章不知出誰氏手。標題明人真蹟，已是三百年前舊物。圖中賦彩若新，象形畢肖。佛像莊嚴，各殊神致。復有奇花怪石、珊瑚木難諸物，無不精妙。象毛旋卷，細若螺髻。两番奴左右拂拭，形神栩栩。卷盡處古木森森，青翠可挹。幽靈勝絶，攬之不盡。惜佛面傅粉，半已黝黑矣。

于敏中書四體心經卷上等

藏經箋本烏絲闌，各書《般若波羅蜜多心經》一卷。首真，次草，次篆，次隸，款識「臣于敏中敬書」，下有「臣敏中」一印。箋首有「乾隆御覽之寶」、「秘殿珠林」二璽。箋末有「乾隆鑑賞」一璽。後隔水有「三希堂精鑑璽」、「宜子孫」兩璽。箋高二寸六分，廣三尺四寸二分。

錢陳羣癸巳春帖子詞卷

素箋本金絲闌四十一行，行書《癸巳春帖子詞》云：元日開豐象，元日得卯，爲十分豐稔之占。韶華應攝提。寅爲攝提格立春，恰逢寅日，正協孟陬之吉。昌明千載念，仁壽八方躋。巡河畿甸奏宣防，疏瀹功成聖澤長。翔鳳親扶金母駕，遙瞻瀛鄭有祥光。敷文自洽昭陽序，保泰彌殷已盛時。帝治長如春日麗，閏年春日更遲遲。臣於昨歲冬祝釐入覲，禮成後陛辭出都。積十年而仰迓天顏，纔浹月而即違禁禦。塗次將屆元辰，恰迎令節，曾恭進帖子，少申依戀微忱。自返里門，更週年籥，際始和之布令，欣已盛之紀年，春較遲而愈長，歲逢閏而自稔。我皇上對時茂育，愛日舒長，巡玉甸而恩浹省耕，奉金根而歡臚掖輦。臣望雲□候，倍切心馳。倣故事於歐蘇，呈好音於殿閣。喜報簷前之雀，香傳嶺上之梅。敬綴春詞，仰祈乙覽，可勝抃躍之至。臣錢陳群敬書并識，時年八十有八。下有「宫傅尚書」、「臣錢陳群」兩印，又有「香樹齋」一印。箋首有「天地之大德曰生三皇之世如春」一璽，又「乾隆御覽之寶」、「石渠寶笈」二璽。箋末有「乾隆鑑賞」、「三希堂精鑑璽」、「宜子孫」三璽。前押縫有「樂壽堂鑑藏寶」一璽，箋高五尺三分有奇，廣三尺三寸七分有奇。

黄鼎山陰邱壑圖卷

素箋本淡墨畫，款識「康熙甲午十月仿雲林筆，獨往客鼎」，下有「黄鼎」、「尊古」兩印。箋首自題「山陰邱壑」四字，下有「出游五岳歸臥一邱」一印，上有「乾隆御覽之寶」一璽。中有楊賓題詩云：溪口數間茅屋，閑門却對青山。何事杳無人跡，采藥朝來未還。大瓢楊賓題。下有「楊賓」、「耕夫」兩印，前有「山陰」兩字一印。籤題「山陰邱壑虞山黄尊古畫顧天珊題簽」十五字，下有「藹」字一印。箋末有「我心松石青霞裏」、「虞山陰黄子畫記」兩印。箋高九寸九分，廣四尺三寸八分。

謹按：尊古足跡徧兩戒，踰絶塞，尋江源，所過名山大川、奇險絶勝，一一寄之於畫。故畫家謂尊古看盡九州山水，筆下有生氣，與王石谷并稱大家。此卷仿雲林筆法，在有意無意之間，蕭蕭寥寥，神與古會。空山無人，惟石嶕嶢，想見此境。筆意蒼勁秀逸，遠摹倪迂，近似麓臺，洵爲逸品。

丁觀鵬摹顧愷之斲琴圖卷

素箋本著色畫，款署「斲琴圖，乾隆十一年三月臣丁觀鵬奉勅恭臨摹宋人顧愷之筆意」，下有「臣丁觀鵬」、「恭畫」兩印。箋首有「乾隆鑑賞」、「樂壽堂鑑藏寶」、「三希堂精鑑璽」、「宜子孫」、「石渠寶笈」五璽。箋末有「乾隆御覽之寶」一璽。箋高九寸七分，廣四尺五寸二分。箋首有高宗純皇帝御題「雲霄高躅」四字，上鈐「乾隆御筆」一璽。

張宗蒼吴中山水卷上等

素箋本著色畫，款題「臣張宗蒼恭繪」，下有「張」、「宗蒼」两小印。箋首有「石渠寶笈」一璽。中有「乾隆御覽之寶」一璽。箋末有「乾隆鑑賞」、「三希堂精鑑璽」、「宜子孫」三璽。高宗純皇帝御題詩云：飽挹煙霞趣，來爲山水圖。學王無刻畫，似米不糊塗。緑樹高扶嶂，白沙源帶湖。携張留别沈，詩畫信歸吴。款書「辛未夏初御題」，下有「乾隆宸翰」、「惟精惟一」两璽。箋高九寸三分，廣四尺八寸。

謹按：宗蒼畫學出黄尊古門，山水具有師法。乾隆十六年聖駕南巡，宗蒼以畫册進，遂命入都，是圖即作於此時。御製詩有「携張留别沈」之句，張即宗蒼，沈當是歸愚尚書德潛也。德潛於己巳請告，庚午賜詩有云：爲語餘年須愛護，來春吴會共論文。蓋預訂次歲南巡期約。辛未德潛迎駕江浦，此圖疑宗蒼所進，而即以賜德潛者，故有「携張留别沈」之句也。

張宗蒼松壑琴音圖卷

素箋本著色畫，款署「臣張宗蒼恭繪」。下有「張」、「宗蒼」两印。箋首有「乾隆御覽之寶」、「樂壽堂鑑藏寶」、「石渠寶笈」三璽。箋末有「乾隆鑑賞」、「三希堂精鑑璽」、「宜子孫」三璽。箋高一尺一寸一分，廣四尺七寸五分。箋首有高宗純皇帝御題詩云：盤陀松下坐聽濤，箕踞科頭逸興豪。携得焦桐何必鼓，高山流水自成操。壬申御題。下有「乾」、「隆」两字两璽。

顧銓摹阮郜女仙圖卷上等

素箋本著色畫，款識「乾隆三十七年十月朔，臣顧銓奉勅恭摹阮郜筆意」，下有「顧」、「銓」两字两小印。箋首有「石渠寶笈」一璽。箋末有「乾隆鑑賞」、「三希堂精鑑璽」、「宜子孫」三璽。前押縫有「乾隆御覽之寶」一璽。前隔水有「五福五代堂古稀天子寶」、「八徵耄念之寶」两璽。箋首有高宗純皇帝御題詩三首云：行雲冉冉步璇空，虹帶霞衣世鮮同。姝彼一時降洛浦，致他八斗賦驚鴻。黄庭手把静而娟，跳脱輕伊戀世緣。别有雙成翩赴約，飛來天外駕胎仙。阮學周王顧摹阮，後生師法視前人。不因新舊装池異，咄咄憐他欲逼真。甲午初夏御題。下有「乾」、「隆」两字两璽。箋高一尺四寸五分，廣五尺八寸四分。

謹按：阮郜繪人物仕女故實，有瑶池閬苑之趣。此仿其《仙女圖》，頗爲娟妙。羣仙女侍縹緲步虚，或騎麒麟，或控鸞鶴，冉冉從空而下。仙島浮空，環以翠水，旋娟起舞，玉女彈絲，如聽《霓裳羽衣》之曲。披圖泠然意遠。

楊大章仿宋宣和柳鴉蘆雁圖卷

素箋本著色畫，款題「宋宣和《柳鴉蘆雁圖》，己亥春正月奉勅恭摹，臣楊大章」。下有「大」、「章」两字两小印。箋首有「石渠寶笈」一璽，箋中有「乾隆御覽之寶」一璽，箋末有「乾隆鑑賞」、「三希堂精鑑璽」、「宜子孫」三璽。前押縫有「成性存存」一璽。前隔水有「五福五代堂古稀天子寶」、「八徵耄念之寶」两璽。箋高一尺一寸，廣七尺二寸五分。

謹按：宣和畫本衆體兼備，寫生尤稱神妙。是圖仿而爲之，衰柳一叢，寒鴉點數，驚飛不定，或垂翅下視，或引吭欲鳴，靡不生動。隔渚數莖蘆葦，摇蕩西風，冷雁團沙，雲栖水宿。著筆寥寥，摹出一段荒寒之景。對之翛然意遠。

楊大章仿陳容九龍圖卷

素箋本墨畫，款識「乾隆五十五年十一月，奉勅恭仿陳容《九龍圖》，臣楊大章」。下有「大」、「章」兩字兩小印。箋高一尺四寸五分，廣三丈二尺八寸五分。

謹按：公儲畫龍，久稱神品。大章此卷仿《九龍圖》，滿紙水墨痕，皆滃然化作雲氣，爪牙鱗甲，色色飛動，没出隱現於空中，噓而爲雲，噀而爲水。卷中波譎瀾翻，雲垂海立，凡三停九似之法，俱神明變化而出之，洵爲神妙。

程志道摹丁雲鵬羅漢卷上等

素箋本著色畫，款識「臣程志道奉勅敬摹丁雲鵬《羅漢圖》」，下有「恭畫」一小印。箋首有「乾隆御覽之寶」、「秘殿珠林」兩璽，箋中有「御賞」、「内府書畫之寶」兩璽。箋末有「乾隆鑑賞」、「三希堂精鑑璽」、「宜子孫」三璽。中押縫有「天府珍藏」一璽。前隔水有「五福五代堂古稀天子寶」、「八徵耄念之寶」兩璽。左右押縫有「心清聞妙香」、「筆花春雨」兩璽。箋高九寸八分，廣八尺三寸六分。

謹按：南羽粉本羅漢，董文敏稱爲人巧極而天工錯。是圖以精緻之筆繪莊嚴之相，曼陀五色，優鉢千香。水陸精妖靡不馴服，神奇譎異，備極雕鎸。佛面多作滿月形，各殊神致，自是刻意摹擬之作。

方琮仿王希孟江山千里圖卷上等

素絹本著色畫，款識「臣方琮奉勅恭仿王希孟《江山千里圖》」，下有「臣」、「琮」

两字两小印。絹首有「乾隆御覽之寶」、「石渠寶笈」两璽。絹末有「乾隆鑑賞」、「三希堂精鑑璽」、「宜子孫」三璽。前押縫有「即事多所欣」一璽。後押縫有「天地爲師」一璽。前隔水有「五福五代堂古稀天子寶」、「八徵耄念之寶」两璽。絹高一尺六寸五分，廣三丈七尺四寸。

謹按：巨然嘗作《長江萬里圖》，自汶岷濫觴，以至金焦流宗東會。其間層峰疊嶂、城郭樓臺、水村漁舍、關梁估船，靡不畢具，最爲生平傑作。方琮此卷仿王希孟《長江圖》，咫尺之内，真覺千里爲遥。嵐氣山光，攬之不盡，大含元氣，細入無倫。衣袋江流，帆檣出没，青山一髮，嵐翠千重。遠近作飛舞之勢，磴道盤空，飛泉掛壁。經營慘澹，別有空靈之趣。當與巨然并驅争先，以視希孟，真有青藍之美。蓋方琮畫法大癡，大癡師法董、巨，心香一瓣，淵源固有自也。

嚴宏滋白描十六羅漢像卷

素箋本白描畫，款識云「乾隆庚辰歲嚴宏滋敬寫」。下有「宏」字、「滋」字兩小印。上有「天子呼來」一小印。又有「江陰人」一印。箋首有「乾隆御覽之寶」、「秘殿珠林」兩璽。箋末有「乾隆鑑賞」、「三希堂精鑑璽」、「宜子孫」三璽。前隔水中有「五福五代堂古稀天子寶」、「八徵耄念之寶」二璽。左右押縫有「心清聞妙香」、「筆花春雨」二璽。後隔水押縫有「天子古稀」及「壽」字兩璽，箋高一尺三分，廣一尺八寸九分。

謹按：畫家分白描爲兩派，鐵線描出自顧愷之，蘭葉描出自吴道子。是圖衣摺多用蘭葉描，諸應真空際游行，迦羅飄舉，色相莊嚴，精彩煥發。鑪煙臭臭上升，篆成龍影。華嚴樓閣，忽現空中，精緻細密，允推能品。

方椿年南極呈祥天女散花圖卷上等

素絹本著色畫，款識「臣方椿年繪進」。絹首有「乾隆御覽之寶」、「秘殿珠林」兩璽。絹末有「乾隆鑑賞」、「三希堂精鑑璽」、「宜子孫」三璽。絹高一尺一寸五分，廣八尺七寸。

謹按：是圖烘託佳妙，絹素本色，幻爲雲影。列仙天女，縹緲步虛。仙雲而外，皆作蔚藍天光。飛花四散，灼灼耀目，仙靈往來，雲霓明滅，不減曹唐《游仙詩》也。

金廷標八仙卷

素箋本著色畫，款識「臣金廷標恭繪」，下有「廷標」一印。箋首有「乾隆御覽之寶」、「五福五代堂古稀天子寶」、「秘殿珠林」三璽。中有「八徵耄念之寶」、「古稀天子」兩璽，箋末有「乾隆鑑賞」、「三希堂精鑑璽」、「宜子孫」三璽。箋高一尺九寸，廣九尺八寸六分。

謹按：是圖前幅雲水杳冥，後幅海山縹緲，筆意蒼古入化，寂焉寥焉，浩焉眇焉，若超鴻濛而遊溟渤。廷標供奉内廷，繪圖多邀睿題。父鴻，工寫真及山水，蓋其繪事，具有淵源也。

弘旿壽山衍勝圖卷

素箋本著色畫，款題「壽山衍勝，臣弘旿敬繪」。下有「臣」、「旿」兩字兩小印。箋高一尺二寸，廣一丈七尺三寸五分。

校勘記

[一]此印印文或當作「函峯」。

[二]此印印文或當作「中吴陸氏松華堂印」。

[三]此印印文或當作「通志堂藏」。

〔四〕此印印文或當作「通志堂藏」。

〔五〕此印印文當作「宗伯學士」。

〔六〕此處印文數目或有誤。

〔七〕此處印文數目或有誤。

〔八〕此處印文數目或有誤。

〔九〕據下文，此印印文中「亝」或當作「齋」。

軸之屬一

高宗純皇帝御筆宴坐齋中成詠軸

藏經箋本立軸。御筆行書八行詩一首云：麥秋宜快晴，雲斂天如洗。插秧資梅黄，尺澤早霑矣。良足慰吾農，吾寧不爲喜。消暇坐虚齋，疏達窻四啟。風度松含籟，露滋花散綺。展卷鑑古今，勑幾籌遐邇。理因不易晰，情更實難揣。愛而知其惡，惡而知其美。六時有勞逸，一心無終始。宴坐齋中，偶而成詠，壬申夏御筆。下有「乾隆宸翰」、「幾暇臨池」两璽。箋高一尺三寸，廣八寸一分。

高宗純皇帝御筆大寶箴軸

灑金箋本烏絲闌立軸。御筆楷書《大寶箴》十六行，末行識云：張蘊古《大寶箴》，己卯新正長春書屋御筆。下有「乾」、「隆」兩字兩璽，又有「□□□」一璽。箋高二尺七寸三分，廣一尺一寸四分。

高宗純皇帝御筆即事詩軸

素箋本立軸。御筆行書十行詩一首云：膏雨頻霑□，首夏誠清和。日照弗炎騰，風送致爽過。彤殿豈閑居，魁閱卷如何。藻繢非所尚，敷陳在所羅。就此獲者披，慮彼失者多。籲俊期真材，吾寧取揣摩。即事一首，己丑清和月下澣御筆。下有「所寶惟賢」、「乾隆御筆」二璽。箋高二尺四寸，廣二尺九寸一分。

高宗純皇帝御筆魯論四勿軸

藏經箋本立軸。御筆行書四行云：非禮勿視，非禮勿聽，非禮勿言，非禮勿動。魯論四勿御筆。下有「乾隆御筆」一璽。箋高二尺五寸，廣九寸六分。

高宗純皇帝御筆春曉即景詩軸

素箋本立軸。御筆行書六行詩一首云：園芳含宿雨，林翠帶浮陰。□裔殊難狀，溪山漸與深。春雲騁錦□，露氣馥檀心。漸覺微陽上，煙中散曉晴。春曉即景，御筆。下有「契理在寸心」、「乾隆御筆」兩璽。箋高三尺六分，廣一尺七寸一分。

高宗純皇帝御筆水仙詩軸

素箋本立軸。御筆行書四行詩一首云：斜臨文石笑依梅，一室居然漢水偎。窗影新蟾姿更好，却疑華下素姝來。詠盆中水仙作，御筆。下有「契理在寸心」、「乾隆御筆」兩璽。箋高二尺三寸九分，廣九寸四分。

高宗純皇帝御臨王羲之秋中帖軸

藏經箋本立軸。御筆行書臨帖五行，末行識云：己巳仲冬御臨。下有「惟精惟一」、「乾隆宸翰」兩[二]。箋高一尺七寸七分，廣九寸五分。

高宗純皇帝御臨快雪時晴帖軸

藏經箋本立軸。御筆臨帖三行云：羲之頓首，快雪時晴。佳想安善，未果爲結。力不次。王羲之頓首。山陰張侯。上有「三希堂」一璽，下有「游心藝圃」、「落紙雲煙」二璽。書後題詩云：時晴快雪對時晴，真者當前怵惕生。展闊縮臨皆自我，《蘭亭》何必擅前旌。下有「陶冶賴詩篇」一璽。詩後記云：《蘭亭》橅者大小不一，真草亦殊，《快雪》獨無聞焉。曩嘗縮臨蠅頭本，并寫《玩鵞圖》，刻於天然玉子。兹復展闊臨之，因題一絶。乾隆癸酉新正四日雪後詣齋宮御筆并記。下有「乾」、「隆」兩字兩璽，又有「用筆在心」一璽。箋高一尺七寸七分，廣九寸一分。

高宗純皇帝御臨米芾中秋登海岱樓詩軸

素箋本立軸。御筆臨帖五行云：目窮淮海□如銀，萬道虹光育蚌珍。天上若無修月斧，桂枝撐損向西輪。中秋登海岱樓作，米黻元章。乾隆甲戌孟夏御筆臨。下有「得象外意」、「乾隆宸翰」两璽。箋高一尺六寸五分，廣七寸九分。

高宗純皇帝御臨王羲之別疏帖軸

素箋本立軸。御筆臨帖十三行，末行識云：戊子春杪御臨。下有「契理在寸心」、「乾隆御筆」两璽。箋高二尺二寸八分，廣三尺三寸一分。

高宗純皇帝御臨王羲之伏想帖軸

藏經箋本碧絲闌立軸。御筆臨帖五行，下有「乾」、「隆」两字两璽。箋高一尺八寸四分，廣九寸一分。

高宗純皇帝御臨王羲之禊帖軸

灑金箋本立軸。御筆節臨《禊帖》七行云：羣賢畢至，少長咸集。此地有崇山峻嶺、茂林修竹，又有清流激湍，暎帶左右，引以爲流觴曲水，列坐其次。雖無絲竹管絃之盛，一觴一詠，亦足以暢敘幽情。是日也，天朗氣晴，惠風和暢，仰觀宇宙之大，俯察品物之盛。所以遊目騁懷，足以極視聽之娱，信可樂也。節王羲之《禊帖》，御臨。下有「茹古含今」、「摛藻爲春」二璽。箋高二尺四寸一分，廣一尺三寸三分。

高宗純皇帝御臨唐文皇枇杷帖孫過庭書譜軸

灑金箋本立軸，御筆臨帖。方圓兩箋，上圓下方。圓箋臨孫過庭《書譜》十五行，下有「乾隆御筆」、「惟精惟一」兩璽。箋徑周均二尺二寸一分。方箋臨唐文皇《枇杷帖》十二行，下有「含豪邈然」一璽。箋高一尺二寸九分，廣二尺三寸。

高宗純皇帝御臨褚遂良書枯樹賦軸

灑金箋本立軸。御筆臨帖四行，末行識云：「□□」。下有「含英咀華」、「洗盡塵氛爽氣來」兩璽。箋高二尺一寸，廣五寸六分。

高宗純皇帝御臨顔真卿自書告軸

灑金箋本立軸。御筆臨帖四行云：立德踐行，當四科之首；懿文碩學，爲百氏之宗。忠讜罄于臣節，貞規存乎士範。述職中外，服勞社稷，静專由其真方，動用謂之懸解。山公啟事，清彼品流，叔孫制禮，光我王度。惟是一有，實貞萬國。力乃稽古，則思其人。臨顔真卿自書告。下有「耽書是宿緣」、「得句□新意」兩璽。箋高三尺一寸九分，廣五寸九分。

高宗純皇帝御臨米芾帖軸

素箋本立軸。御筆臨帖四行云：□□觀江湧，瀾迴覺浦平。風資眼界潔，露借濁中清。臨米芾。下有「契理在寸心」、「乾隆御筆」兩璽，箋高一尺七寸五分，廣一尺二寸二分。

高宗純皇帝御筆趙孟頫書陶潛詩軸

藏經箋本立軸。御筆臨趙孟頫書陶潛詩三首云：秋菊有佳色，裛露掇其英。汎此忘憂物，遠我遺世情。一觴雖獨進，杯盡壺自傾。日夕羣動息，歸鳥起林鳴。嘯傲東軒下，聊復得此生。結廬在人境，而無車馬喧。問之君何能，心遠地自偏。采菊東籬下，悠然見南山。山氣日夕佳，飛鳥相與還。此中有真意，欲辨已忘言。青松在東園，眾草没其姿。凝霜殄異類，卓然見高枝。連林人不覺，獨樹眾乃奇。提壺挂寒柯，遠望時復爲。吾生夢幻間，何事紲塵羈。趙孟頫書陶詩三首，清和月臨於三希堂，御筆。下有「乾」、「隆」兩字兩璽，上方有「研露」一璽。箋高三尺一寸三分，廣一尺。

高宗純皇帝御臨趙孟頫書軸

素箋本立軸。御筆臨帖五行云：西湖清且漣漪，扁舟時蕩晴暉。處處青山獨往，翩翩白鶴迎歸。昔年曾别孤山，蒼藤古木高寒。想見先生風致，畫圖留與人看。御臨趙孟頫書。下有「與物皆春」、「乾隆宸翰」两璽。箋高二尺五分七分，廣九寸四分。

高宗純皇帝御臨張芝左軍帖軸

灑金箋本立軸。御筆臨帖五行云：臨帖：看過還復，共舉散耳，不見奴，粗悉書，云見左軍，彌若故也。臨張芝《左軍帖》。下有「自强不息」、「與物皆春」两璽。箋高一尺九寸七分，廣一尺四寸八分。

高宗純皇帝御筆梅花軸

素箋本墨畫立軸。上方御題詩云：清標宜象外，春色在枝南。瀟灑將塵遠，芬芳與静諳。遐心聊復寄，生意幾多含。恍憶書牕曉，還凴結習參。甲子秋日幾暇，作古梅一幀，因書己未題句，御筆。下有「乾隆宸翰」、「幾暇臨池」两璽。下方有

「游心藝圃」一璽。箋高三尺二寸三分，廣一尺二寸五分有奇。

高宗純皇帝御筆梅花軸

藏經箋本立軸。方圓兩箋，上圓下方。圓箋御題詩云：貌得梅花净絶塵，藝林都説畫梅人。不逢梅樹人誰仿，還是寒梅自寫真。乙丑春作，御筆。下有「乾隆宸翰」一璽。箋周徑均七寸五分。方箋墨畫梅花，上方御題「三友軒御製」五字，下有「乾隆宸翰」一璽，下方有蔣溥題詩云：閏夏濡毫託興新，隴頭疎影寫來真。一枝自領群芳秀，數朵能涵大地春。静裏暗香浮楮墨，個中清韻見精神。披圖頓覺饒生意，曾與逋仙結浄因。臣蔣溥敬題。又汪由敦題詩云：冰姿玉立寄清和，春色千林未足多。鄧尉饒稱香雪海，一漚元是海全波。臣汪由敦敬題。又觀保題詩云：庾嶺分來第一枝，雪中月下更相宜。依稀幾縷幽香動，釀自天工潑墨時。天家和鼎重鹽梅，仙種無須花信催。想見東君調化處，輕從筆底挽春回。臣觀保敬題。又劉統勳題詩云：清迥抱明心，風姿乍出林。色於毫彩現，香自意珠尋。漠漠常留影，悠悠漫弄音。一枝春鏡曉，祇訝玉煙深。臣劉統勳敬題。又介福題詩云：太和元氣合，古幹發新枝。春信傳瑶翰，天機動墨池。疎香風乍過，清影月初移。造化無言妙，胥歸静寄時。臣介福敬題。箋高八寸三分，廣七寸五分有奇。

高宗純皇帝御筆墨蘭軸

藏經箋本立軸墨畫。左方有御題「丙寅季夏來青軒御製」九字，下有「乾隆宸翰」、「幾暇臨池」两璽。右方又有御題詩一首并識，下有「乾」、「隆」两字两璽。前有「雲霞思」一璽，左旁有「筆端造化」一璽，右旁有「清心抒妙理」一璽。箋高一尺七寸，廣九寸五分。御題詩并識云：芽茁紫箭新，葉抽青劍短。著雨生意佳，逗風真馥遠。緑窗影遲遲，篸瓶作清伴。逸興吟五言，遐心企九畹。偶展是圖，因書詠蘭舊作，時丁卯大雪日。

高宗純皇帝御筆三清圖軸

藏經箋本立軸。墨畫水仙、梅花、北天竺，御題「丁卯冬日製於三希堂」，下有「乾」、「隆」两字两璽。下方有「游心藝圃」一璽。箋高一尺七寸五分有奇，廣九寸三分。

高宗純皇帝御筆竹泉春雨軸

藏經箋本墨畫立軸。下有「讀書依竹静」、「研露」两璽。又有莊有恭楷書齊召南賦一篇云：伊授簡於彤廷，敬抽毫而拜手，瞻洋谷之一圖，邁渭川之千畝。泉流瀌瀌，映翠色以參差，雨洗娟娟，帶清流而左右。翔干霄之鳳尾，境不涉乎一塵，森出地之龍孫，春已包乎萬有。爾其禮稱有筠，詩歌有斐，德懋虚中，品超群卉，挺節以稜稜，異凡花之韡韡。荆維篠簜，貢則并乎琨瑶，震爲蒼筤，材豈同夫葭葦。況當幽澗，雅植此君，灑跳珠之飛瀑，對削玉之淩雲。醮碧波而一色，緣青嶂以成文，既亭亭而顧影，亦離離而引群。髣髴湘江，傳遺斑於帝子，依稀蘭渚，誇列坐於右軍。時則令秉青陽，人歌淥水，瞻彼菁菁，環臨瀰瀰，欣膏雨之舒徐，滌春山之塵滓。碧蘚含潤，即垂露以珠聯，玉笋驚雷，更排頭而雲起。誰寫枝枝葉葉，共説蕭郎，能圖雨雨風風，無如蘇子。則見細沿曲峽，遥列層峰，新篁冉冉，密霧重重，泉似分而仍合，影如淡而猶濃。想筆快奔泉，描繪儼聞澎湃，亦胸羅成竹，渾灑自括初終。懿彼淪漣，縈茲崕崛，得雨而泉流激湍，當春而竹添葱蔚。方數莖於偃谷，自謂過之，擬八景於洞庭，未知同不。是則癖擅子猷，派傳與可，筆自挾乎神仙，境迥殊乎煙火。看竹間之春水，翡翠千行，緬雨後之春山，芙蓉幾朵。時也熏風叶律，天子臨軒，命詞臣以作賦，思君子之難諼。願共勉切磋於淇澳，亦以協和應于崑崙。爲之歌曰：維竹猗猗，垂簡策兮。維泉沄沄，潤地脉兮。雲行雨施，皇沛渥澤兮。水墨之繪，可勒金石兮。皇上萬幾餘暇，怡情翰墨。是圖既成，適集試詞臣於乾清宮，遂以命題，擢侍讀學士臣齊召南賦爲之冠，命臣莊有恭敬書於下方。雕蟲小技，得附天筆之末，曷勝榮幸。臣莊有恭恭紀。上方御題詩云：戛玉垂珠幾萬竿，猗猗石罅激鳴湍。玉堂儘有琳瑯輩，是日考翰詹，輒以命題。淇澳閑情試賦看。戊辰夏五偶爲是圖，兼題以句。前有「愛竹學心虛」一璽，下有「幾暇臨池」一璽。又識云：夏杲《竹泉春雨》，又兼王蒙《鐵網珊瑚》筆意，乾隆御識，下有「乾」、「隆」两字两璽。箋高三尺二寸九分有奇，廣九寸五分有奇。

高宗純皇帝御筆竹石疎林軸

素箋本立軸墨畫。上方御筆題詩一首并識云：有竹昂藏瀟灑候，有石禿兀醉道士。問以槎枒古樹枝，或俯而垂或軒起。妙參丹窟與天根，慢云生意長辭春。珊瑚鐵網名實稱，想見當年唱和人。范緩倪迂應壓倒，釣竿欲拂思杜老。古來契合別有神，一時榮悴真其小。内府藏黄鶴山樵《鐵網珊瑚》小幅，修筠瘦石，筆意羅羅清疎，而一時名流拈吟迭和，致爲可愛。予已用圖閒元韻題句，長夏幾餘，輒復仿其意爲此，并書題句於右。戊辰夏五望後八日，乾隆御識。下有「乾」、「隆」两字两璽，又有「幾暇臨池」一璽。前有「三希堂」一璽，右方又有「筆端造化」一璽。又有御題詩一首云：黄鶴山樵自逸民，玉崖范生亦高士。一時酧唱留墨戲，致我興勃掀髯起。摹將皴法石爲根，枯枝不約秋與春。更森筠籜蒼巖畔，崛强飄蕭率可人。圖成自視笑絶倒，筆法何須論嫩老。寓意風流聯爾爲，刻楮求工何見小。越二日，用前韻自題。下有「幾暇怡情」、「得佳趣」两璽。又有梁詩正依韻敬題詩一首云：至人讀畫如讀史，元賞翛然寄青士。倚樹不礙清風披，掃石應看臥雲起。綈筵静暇清塵根，墨池偶點靈蘭春。化工已自開生面，名跡猶云繼古人。詞源下障細流倒，真教唱和慙諸老。七尺珊瑚語足方，翠枝秀出玲瓏小。臣梁詩正依韻敬題。下方有汪由敦依韻敬題詩一首云：不山不水得古意，王生落拓真放士。偶然縱筆寄幽偏，剡藤瑟瑟清風起。修篁如玉倚雲根，古木倔强無冬春。珊瑚秀句争傳和，能事半屬江湖人。瑶齋一展一傾倒，點綴參差秋意老。宸藻雙垂日月光，絶藝從嗤螢爝小。臣汪由敦依韻敬題。箋高二尺七寸三分，廣八寸五分。

高宗純皇帝御筆墨梅軸

藏經箋本墨畫立軸。上方御書唐宋璟《梅花賦》一篇，識云：巡豫返轡，駐蹕梅花亭，感名臣之故蹟，緬姑射之仙姿，率繪一株，并書是賦。昔人云，思其人并愛其梅，予則愛其梅，益思其人矣。乾隆庚午初冬既望四日御識。下有「幾暇怡情」、「得佳趣」兩璽。中有御題詩一首并識云：重吟賦句憶前賢，便是無花地亦仙。賸有亭名傳故里，因教畫意補東川。宛然疎影臨清水，行矣明朝□斷煙。俯仰漫須陳迹惜，風華爾許在詩編。予向寫梅，不過疎枝數蕋而已，讀賦發興，因貌東川全體，并記是律。駐蹕梅花亭，燈下再書。下有「比德」、「朗潤」兩璽。下方有梁詩正題詩云：小亭紆蹕慕栖賢，藻筆春回緑蕚仙。恰應瓊華舒瘦嶺，肯同玉局憶樊川。一枝影落參横月，半畝宮環翠縷煙。勝蹟清標千載迥，石渠佳話續新編。臣梁詩正恭和。又有劉綸恭和詩云：一瓣香猶見昔賢，無聲賦裏筆如仙。乍疑翠照連嵩麓，還訝清裁逼渭川。嵩陽漢柏、百泉奇樹，御筆并爲補圖，得此遂成三絶。畫閣旌門吹帶月，花驄驛路折和煙。他時鄧尉山前景，刻劃春風待續編。臣劉綸恭和。又有彭啟豐恭和詩云：覽景風亭緬古賢，宛從南國訪逋仙。好教瘦影淩寒月，不遣香塵委逝川。畫裏冰綃珠綴蕾，賦中玉笛雪霏煙。婆娑詎爲吟枯樹，鐵石心情印簡編。臣彭啟豐恭和。又有方觀承恭和詩云：攬勝尋梅契昔賢，圖成欲認古臞仙。寒香乍覺花迎樹，澹影疑窺月照川。題處回廊常映雪，移來孤墅亦生煙。芳亭翠帷簪毫近，許綴微吟續睿編。臣方觀承恭和。詩四首。右角有「摛藻爲春」一璽。箋高一尺五寸八分，廣九寸七分。

高宗純皇帝御筆北天竺軸

藏經箋本立軸墨畫。上方御題詩并識，下有「會心不遠」、「幾暇怡情」兩璽。下方右角有「游心藝圃」、「落紙雲煙」兩璽。左角有「摛藻爲春」一璽。箋高一尺七寸，廣九寸二分。御題詩并識云：佛説西天竺，視如乾闥城。而誰於卉物，南東借强稱。四維缺匪宜，朱穗八百盈。儼從兜羅手，飛來証無生。北亦有天竺，吾今正其名。是地秋嘗雪，渥丹積素擎。叢益知其繁，華不改其青。□笑南方暄，耐寒孰不能。塞北奇種異植，多所未辨。有倒生絶壁，結子纍纍，玫瑰鞢鞨其色而扶緑葉者。問之蒙古，不能舉其名，與南天竺子相類，因以北天竺名之，并圖其狀而繫以詩。乾隆辛未中秋日御識。

高宗純皇帝御筆玉蘭軸

素箋本立軸墨畫。上方有御題詩一首并識，下有「乾」、「隆」两字两璽，下方右角有「藻心追縞素」一璽。箋高四尺九分，廣一尺二分。御題詩并識云：匪濃而麗淡而芳，本分仙人素縠裝。更喜佩阿神解處，不因世事涉雌黄。乾隆乙亥春寫，再題於含韻齋，御筆。

高宗純皇帝御筆歲朝圖并書新春重華宫詩軸

藏經箋本立軸。墨畫古瓶一，内供竹梅，傍有盤石。御題詩云：銅龍問安迴，紫鳳披圖始。□展椒餘馨，帖懸勝裁綺。青宮奉時韶，丹書凜敬止。南望江鄉遥，飢寒編閭里。西廛雪嶺外，勞苦衆軍士。萬方縱小康，兩端切深揣。方伯新奏雪，邊郵亦報喜。受俘指日期，多稼三秋擬。丙子新春重華宮得句并寫，御筆。下有「得佳趣」、「幾暇怡情」、「乾隆宸翰」三璽。下方有「見天心」、「得象外意」兩璽。又有蔣溥題詩云：嘉氣協韶年，瑶圃開令節。琅玕報佳音，蓓蕾含快雪。磐石奠金甌，瑞兆符天筆。化工普萬類，早向春風茁。臣蔣溥敬題。又觀保題詩云：祥光開閬苑，衆卉發春陽。竹戛青瑶韻，梅含絳雪香。文珉呈歲永，瑞草報年芳。御墨流輝處，先徵萬彙昌。臣觀保敬題。又汪由敦題詩云：春風駘蕩入璇圖，寶墨勝輝協瑞符。第一枝頭芳信早，歲朝佳氣滿蓬壺。日暖平安春晝長，韶華麗景自昌昌。雲根仙露滋瑶草，探得佳名是吉祥。臣汪由敦敬題。又介福題詩云：竹葉分晴翠，梅花報早春。青葱生趣滿，仙藻墨華新。上苑韶光麗，條風次第來。歲朝徵吉語，樂事愜天懷。臣介福敬題。箋高一尺七寸有奇，廣九寸。

高宗純皇帝御筆秋亭竹石軸

素箋本墨畫立軸。御題云：丙子新秋，明圓[二]園畫禪室寫，下有「乾」、「隆」兩字兩璽。下方有「游心藝圃」一璽。箋高二尺五寸，廣一尺六分。

高宗純皇帝御筆竹石軸

素箋本墨畫立軸。御題「丁丑春仲寒山別墅寫」，下有「得象外意」、「乾隆宸翰」兩璽。下方右角有「摛藻爲春」一璽。箋高二尺三寸二分，廣一尺二寸三分。

高宗純皇帝御筆山水軸

素箋本墨畫立軸。御題云：香光得意筆，必以高麗紙爲之。偶仿其法作此，不知有合於潤浥氣韻否也。丁丑小除節御識。下有「幾暇怡情」、「得佳趣」兩璽。下方有「繪月有色□□有聲」、「畫禪室」、「落紙雲煙」三璽。箋高一尺七寸七分，廣一尺二寸六分。

高宗純皇帝御筆慈竹長春軸

素箋本立軸淡墨畫竹數竿、水仙數本。上方有御題詩并識云：一夜霏雯曉勢加，祥符瑞喜在農家。延庥襲澤春朝四，行慶承歡萬壽遐。早報魚龍增瑞氣，恰看樓閣襯銀霞。女夷今歲迎鑾巧，苑樹高低遍綴花。戊寅春正月四日恭奉皇太后幸圓明園，是日復雪，因成是律，并寫雪景，取慈竹凝禧長春仙品之意，録詩其上，以志慶賞，御筆。下有「乾」、「隆」两字两璽。下方右角有「摛藻爲春」一璽。左角有「意在筆先」、「落紙雲煙」两璽。箋高四尺二寸四分，廣一尺九寸。

高宗純皇帝御筆温牡丹軸

素箋本著色畫。上有御題詩并識云：女夷司花定花期，春芳秋艷各有時。鼠姑殿春風信遲，一開萬卉都收姿。花師解□女夷巧，暖窨温棚培護好。縮地燕北忽江南，駐年凋後偏榮早。臘鼓鳴來春草萌，黄姚紫魏先吐英。圖入歲朝百事吉，玉梅爲弟水仙兄。韓湘頃刻雖輸疾，敷華頗不殊殷七。欄蜂欲採却無緣，屏燕相看渾可匹。簾旌嫩日照暄妍，簷溝積素暎輕煙。玉局詩與石田畫，迹今伊昔韻事傳。異哉草木無情物，旋轉猶然資翦拂。擘苞彈蕊笑彼工，移風易俗慙我拙。

昨既成牡丹詩，復爲墨戲寫生，聊用遣興，令畫苑以設色寫之，則皆爲夏牡丹而非温牡丹，蓋温牡丹由蕴火而得，花色雖豐妍可愛，葉則嫩弱，纔及本來之半。畫家未及審視，宜其莫辨也。予廿餘年不爲設色畫，隨意圖此示之，再書原詩其上。雖結習之未忘，亦體物之雅趣云爾。戊寅春御筆。下有「乾隆宸翰」、「幾暇臨池」兩璽。下方右角有「天地爲師」、「擒藻爲春」兩璽。左角有「胸中常養十分春」一璽。

箋高二尺七寸七分，廣一尺二寸五分。

高宗純皇帝御筆雨梧煙柳軸

素箋本墨畫立軸。御題云：内府藏郭畀《雨梧煙柳》，倪瓚題。此以倪意而行郭法也，職者自能辨之，或不致重儓之誚，足矣。戊寅嘉平并識。下有「幾暇怡情」、「乾隆宸翰」兩璽。下方有「游心藝圃」、「洗盡塵氛爽氣來」、「春雨軒」三璽。箋高二尺二寸三分有奇，廣一尺一寸四分。

高宗純皇帝御筆蘭竹軸

素箋本著色畫立軸。御題「庚辰嘉平仿董祥法於三友軒」，下有「乾」、「隆」两字两璽。下方有「讀書依竹静」、「摛藻爲春」、「畫禪室」三璽。箋高三尺二寸五分有奇，廣一尺四寸八分。

高宗純皇帝御筆緋桃新柳軸

素箋本著色畫立軸。上方御題詩云：啟駕恒山曉尚晴，滋溪卓午蔚英英。雨佳不雨誠何礙，未免因之望又生。行營駐蹕雲容重，霡霂纔飛勢旋加。過未歷中疎復密，嚮聽布帳正清嘉。紅桃緑柳沐𩆜𩆝，今歲春光迥出奇。篇幅已多圖綴筆，天公好雨又催詩。靈台未紊一旬節，方伯早稱三寸滋。嗟爾農人霑渥澤，不勤耕作更何辭？□□入夕益飄蕭，添得微涼天泬寥。大野雲低𪆟燭早，旃盧倚枕聽清宵。雖云泥濘却無塵，潤浥芳菲最好春。歌舞農夫喜行路，阿誰不是篋飱人。既優既渥既霑足，誠感誠欣誠惕乾。久讀虞書明損益，天不欺人，我敢欺天。辛巳三月七日喜雨之作。夭桃弱柳，正資𩆜沐，輒圖小幅，以志氈廬對時之趣。保陽行營御筆。下有「幾暇怡情」、「得佳趣」兩璽。下方有梁詩正題詩云：夭桃與穉柳，互發争春妍。膏雨一浣濯，旗旄增芳顏。青紅雜點綴，隴陌同芊眠。似識六飛過，容悦前旌前。徘徊紆宸顧，四野含輕煙。花枝尚爾爾，矧彼春農田。感此知時雨，志喜題詩篇。更復不自已，吮墨和丹鉛。化工運腕底，刻畫嗤熙荃。莫作餘事看，茂育此寄焉。臣梁詩正敬題。又董邦達題詩云：紅萼初擘灼灼桃，新枝更披濯濯柳。生綃一幅染穠華，春光盡入天工手。昨夜東風送輕寒，朝來好雨零芳田。會心寫出春消息，知是清明三月天。臣董邦達敬題。又錢汝誠題詩云：佛國欣看香界晴，曼陀花雨尚餘英。昨朝纔渡滹沱水，川上魚鱗倏已生。綺年錫羡真無量，樂歲綏豐惠有加。豈獨來年承渥闓，柔條芳蕊總含嘉。散絲漸覺勢涔瀰，婉孌容雨更奇。杏粥餳簫春好處，詩中畫是畫中詩。三旬二百餘篇麗，一雨十千維耦滋。志喜九天珠玉在，侍臣何處騁妍辭。寒餘料峭聽蕭蕭，滲幕霑帷靜碧寥。居者懽欣行者暢，最關心處是□宵。近光輦路淨微塵，臺上熙熙共快春。潑火初收三月節，衝泥還有踏青人。宛馬飛騄猶卓午，旌門暫解繡連乾。化工點筆傳韶景，正是桃舒柳放天。臣錢汝誠恭和。又劉綸題詩云：十雨已告瑞，春春況知時。紅含欲笑蕊，緑濯將眠枝。清蹕觀道化，仙毫驗天隨。無言自花葉，有喜同畬菑。不盡圖中意，黃雲連幀披。臣劉綸敬題。箋高一尺六寸二分，廣一尺三寸六分有奇。

高宗純皇帝御筆杏花軸

素箋本著色畫立軸。御題詩云：去時寒蕊始含苞，迴看新英綻樹梢。萬物形形還色色，不須觀象注羲爻。隴首連林葩吐榮，澹煙微雨過清明。得教撲鼻香風拂，便擬靈巖山下行。詎必北方杏不嘉，開時常是溷塵沙。今春雨露真滋潤，請看於梅大可差。阜平道中適見杏花，輒以元人折枝法寫之，并題三絶句，辛巳春三月御筆。下有「乾」、「隆」两字两璽。下方有「意在筆先」、「筆花春雨」、「摛藻爲春」三璽。箋高二尺五分，廣九寸七分。

高宗純皇帝御筆紫白丁香軸

素箋本著色畫立軸。御題：同是春園百結芳，紫丁香遜白丁香。山人衣好僧衣俗，鄭谷清詞趣獨長。園中丁香盛開，朅爾成詠，因寫生識之。辛巳暮春御筆。下有「乾」、「隆」两字两璽，又有「幾暇臨池」一璽。下方有「研露」、「筆花春雨」、

「意在筆先」三璽。箋高一尺六寸六分，廣一尺三寸五分。

高宗純皇帝御筆瓶蘭軸

素箋本墨畫立軸。御題云：淡泊祇安君子節，清高不上美人頭。辛巳長夏寫。下有「乾」、「隆」两字两璽，下方有「見天心」、「心清聞妙香」、「游心藝圃」三璽。箋高一尺九寸四分，廣一尺二分。

高宗純皇帝御筆歲朝圖并詩軸

素箋本軸立[三]著色畫。上方御題詩云：草穗吉祥號，木根如意呈。錞于歷周代，温室貯乾清。手澤欽淳樸，心傳符一精。西瀛珍果至，北闕歲朝迎。吉語天然叶，新圖率爾成。休徵緬昔省，藻思引今賡。乾清宫西暖閣几上周虎錞一具，供木根如意及吉祥草，皇祖手植也，逮今歷數十年，弗敢移置。適回部貢果至，槃貯其側，天然歲朝吉語，因爲之圖并成是什題幀端。乾隆癸未新正之吉御筆。下有「乾」、「隆」两字两璽，又有「萬有同春」一璽，下方有「信天主人」、「與物皆春」、「天地一家春」三璽。箋高三尺一寸，廣一尺七寸七分。

高宗純皇帝御筆繪歲朝圖于敏中書聯句軸[四]

素箋本著色畫立軸。上有御題詩云：草穗吉祥號，木根如意呈。錞于歷周代，温室貯乾清。手澤欽淳樸，心傳符一精。西瀛珍果至，北闕歲朝迎。吉語天然叶，新圖率爾成。休徵緬昔省，藻思引今賡。乾清宫西暖閣几上有周虎錞一具，供木根如意及吉祥草，皇祖手植也，逮今歷數十年，弗敢移置。適回部貢果至，槃貯其側，天然歲朝吉語，再爲之圖，并命于敏中書聯句於下，癸未新春月御筆。下有「幾暇怡情」、「得佳趣」、「乾隆宸翰」三璽。軸下横幅有臣于敏中楷書歲朝聯句詩并序云：粵若癸符揆叙紫濛，疏屬咸賓，未協味滋青陸，康功肇稔。半子乍當陽復，三宵瑞蕊連塍，先庚旋迨春半，十日條風入座。爰臨温室，載紀芳朝，傍徵姬代之笵銅，早列堯年之雕几。傳均扆氏，腹皤而和鼓能調，鑒擬斛斯，項直則芒箭可將。貯以靈根擢秀，佐指揮者樂意相關，參之異卉鋪菜，承彼拂焉祥飈自集。矧法物已常供蓂砌，寧嘉生猶待補蘿圖。迺有實落湟中，安若蒲梢，競爽珍輸□筆，黃甘粉荔標奇。駃應蹀躞，名駒西來，及熟□結髫鬐，獨樹未面知榮。盛時憶銘在，雙盤撫新苞乎倍郁，黃處覘表隨，特罄求舊器矣彌諧。緊餞腊方擅餘妍，暨迎韶更新得氣。一幀既皴成吉語，八叉因趣召文筵。吟賡百句而嬴，東□五巡以□。然而厥包厥篚，對時每懷綏遠之仁，維梓維桑，道古遑釋崇先之敬。亦庶幾長言臚實，不矜艷吐椒花，抑惟是首祚遵和，毋負釋增蕢燭也哉。御製歲朝佳語詠乾清，前席珍臣引共賡。如意吉祥綿祖慶，載歌喜氣愜皇清。堯階翠莢條初茁，康國金桃實早呈。屏綴馨椒凝淑氣臣傅恒，户轟爆竹驗春聲。鳲農占稔金穰叶，象魏宣仁木德行。揆正三元舒茁奧臣來保，味滋萬彙達勾萌。暖催花信梅翻雪，脆試蔬香菜和鍚。綵勝爲人宜令甲臣劉統勛，繡楣帖子進先庚。亮工座是中垣拱，乾清宮爲禁垣中殿。錫福班纔右个擎。鴻寶排籤班乙乙臣梁詩正，御制蓮壺依案聽丁丁。靈根嘉兆同民豫，瑞草貞符叶物成。三品錯成回部果，雙枝駢護佛臺罳。植時憶展兜羅氎，珽處傳馳沫赭騂。冶貴霽甆堆火齊臣陳悳華，懸嗤節鼓注芒莖。鈞涵妙有和而畚，瑞紀蕃昌碩且盈。宛爾指揮文竹幼臣劉綸，天然菌蠢秀芝榮如意。揣稱利夜佛稱吉祥爲利夜猶華土，辨種菰沙本闐城。吉祥草，梵稱菰沙，與内地同名種異。房擘扶南苞礌坷臣董邦達，根移博望顆晶瑩石榴。宣州産漫矜黏紙，齊俗投寧論報瓊木瓜。萍實底庸如斗剖臣彭啟豐，御制來禽差擬用囊盛蘋果。春盤垄斡回語鮮果也惟珍飣，周器錞于以虎名。古澤色含芳潤味，遠芬清挹配藜羹。鏡中適兆千禧集，席上真逢五美并。帝貺韶華華始協臣保觀[五]，聖貽嘉屢屢端迎。九宵節物多膺景，一蹬年光特寫生。御筆即景繪圖，并題排律幀端，以識祖澤天庥，因符慶節。緼瑟風旋諧鳳琯臣于敏中，宣毫輝早麗花桁。胆瓶最勝礬茶艷，露甕相於竹柏貞。肇泰從心夷卉木臣錢汝誠，綏豐有象遍垓紘。荃熙未許形摹肖，嵇陸應輸疏譜精。況是幅員恢蕩蕩臣張開泰，御制祇惟謨列仰明明。三朝禁秘勅幾□，萬里遐方獻賫誠。條鬯青陽宣太簇，豐茸朱草啟華平。儀鍠晨賀鳩班旅，毷氉春朝雁塞伻。哈薩之西連鰈贄臣王際華，箹沖以外接梟旌。新歸冠帶爻閭屬，舊緝共球大府瀛。職貢編函殊價辦臣竇光鼐，同文喻志譯傖儜。舍婆鉢遮波旬域，嘈嚕蒻鄄疏勒程。玉并琢拌孚黝碧臣金甡，銅還似豆縷廻衡。崑源便不煩青鳥，火站胥頻載赤麖。遂漬椹膏飴石蜜臣王會汾，御制詎摻蒟醬淪葵羹。蒲萄别苑今恒熟，苜蓿離宫昔已輕。圖擬董祥徵茀禄，《石渠寶笈》中有董祥《歲朝圖》。鼎聯侯喜拜彭亨。大絃鏗□咸諴翕，凡籟喁于瓦缶鳴。八伯際方同復旦臣倪承寬，廿臣數更邁登瀛。瞻從琅笈仙雲捧，賜出瑶匡異核傾。回部貢果至，臣等并蒙分賜。奚羨薰來吟殿閣臣蔣檙，可知萍食燕簧笙。綺錢采絢琉璃樹，葩瑤瓔垂韎鞨檠。授簡堂廉增抃躍臣盧文弨，拈題倪管罕量評。標池常展熙春繪，鞠曆齊斟介壽觥。皇矣繩繩欽我后臣邊繼祖，御制襄哉贊贊勗諸卿。敢誇薄海均和樂，所願寰區時雨晴。肯構億年延福履，承天萬國奉元正。臣于敏中奉勅敬書。詩塘有御題「賡韶」兩字，上有「乾隆宸翰」一璽。箋高一尺九寸，廣一尺二寸五分。

高宗純皇帝御筆繪湯泉荷花并詩軸

素箋本立軸著色畫。上方御題詩并識云：翻畫花疏曾未見，湯泉仲夏芰荷榮。每當五日臨風綻，早有中人應節呈。葉亦擘圓那識暑，朵雖嫌小却饒清。孔門設擬多君子，欲速還同闕黨成。湯泉荷花，較他處早將一月，届天中即可爲膽瓶清供，因設色成圖，并題一律。甲申仲夏御筆。下有「乾」、「隆」兩字兩璽，下方右角有「几席有餘香」、「即事多所欣」兩璽。左角有「意在筆先」一璽。箋高二尺一寸九分，廣一尺二寸五分。

高宗純皇帝御筆枯木竦筠軸

素箋本立軸墨畫。上方御題「枯木竦筠，乙酉嘉平月寫於三希堂」十四字，下有「乾」、「隆」兩字兩璽。下方右角有「落紙雲煙」一璽，左角有「意在筆先」、「松竹一庭道心」兩璽。箋高一尺九寸，廣九寸四分。

高宗純皇帝御筆春喜圖軸

素箋本立軸墨畫梅鵲。上方御題詩云：春信梅傳鵲喜占，晴枝報喜籍毫拈。喜神元旦西南值，送喜金川願早詹。偶爲《春喜圖》，輒題以句，用叶開韶佳兆，癸巳新正御筆。上有「寫心」两字一璽。下有「乾」、「隆」两字两璽。右傍有「天地爲師」、「即事多所欣」二璽，下方左角有「新藻發春妍」一璽。箋高二尺八寸三分，廣一尺六寸五分。

高宗純皇帝御筆墨梅軸

素箋本墨畫立軸。御題「乙未仲秋避暑山莊」寫，下有「乾」、「隆」两字两璽，下方有「游心藝圃」、「摛藻爲春」、「意在筆先」、「筆花春雨」四璽。箋高二尺，廣九寸九分有奇。

高宗純皇帝御筆煙雨樓景軸

素箋本墨畫。上有御題詩并識云：宿雨已收際，曉雲未泮時。斯樓合斯景，宜畫復宜詩。梅謝砌餘片，柳眠簷罥絲。傳神縱非米，那可拟過之。昨於煙雨樓，曾仿小米意寫景，命裝長卷弆樓中，既覺神韻弗類，因馹致米卷觀之，果弗類也。船窗餘暇，復仿此卷，雖真者在前而大意斯得，重寫前詩於上，貯懋勤殿。時一展玩，不異宿雨初收，曉雲未泮，水天渺茫之趣，直在目前也。庚子清和，維揚舟中御識。下有「古稀天子」一璽，中有「五福五代堂古稀天子寶」一璽。箋首有「意在筆先」、「煙雲舒卷」两璽。前隔水左押縫有「水月两澂明」、「即事多所欣」两璽。右押縫有「見天心」、「萬有同春」两璽。後隔水有「八徵耄念之寶」一璽。左押縫有「妙意寫清」[六]、「古希天子」、「朝日輝」三璽。右押縫有「□閣」、「筆花春雨」两璽。卷首脱爲两截，中多碎裂，玉劃殘缺。箋高一尺二寸二分，廣三尺七分。

高宗純皇帝御筆雲嵐煙靄軸

素箋本墨畫立軸。御題云：雲嵐煙靄，以無意運之，乃得真趣，正不必規矩於海岳、房山之跡也。癸卯暮春御筆。下有「幾暇怡情」、「得佳趣」两璽，上押縫有「八徵耄念之寶」一璽，下有「古希天子」一璽，下方有「落紙雲煙」、「含味經籍」、「摛藻爲春」三璽。詩塘藏經箋御題「天全」二字，上有「乾隆御筆」一璽。箋高一尺九寸八分，廣一尺三分。

高宗純皇帝御筆梅杏軸

素箋本墨畫立軸。上方御題詩云：梅兄杏弟江南例，杏主梅賓薊北題。底藉郭駝法之巧，可參莊叟物□齊。田盤富於杏，兹遊正值盛開，雨後益饒艷冶。向於雨花室移盆梅植於庭者，同時放花，因各寫一枝，并成是詩書之。乙巳暮春御筆。下有「古稀天子之寶」、「猶日孜孜」两璽。下方有董誥和詩云：江梅山杏論先後，淡色濃香寄繪題。萬彙栽培歸造化，南華理寓不齊齊。臣董誥恭和。又有「涉筆偶值幾閒」、「意在筆先」、「摛藻爲春」三璽。箋高三尺九寸二分，廣一尺六寸二分有奇。

高宗純皇帝御筆朱竹軸

素箋本朱畫立軸。御題云：竹可以墨爲，亦可以硃爲。批硃餘瀋，偶一寫之，覺渭川淇澳，近在几席間，所爲在彼，不在此也。乾隆辛酉新秋作於抑齋。下有「乾隆宸翰」、「幾暇臨池」兩璽。箋高四尺二寸三分，廣一尺九寸一分。

高宗純皇帝御筆立春節物軸

素箋本墨畫立軸。御題「立春節物，重華宮敬製」。下有「幾暇怡情」、「乾隆宸翰」兩璽。下方有「内府書畫之寶」一璽。箋高一尺七寸七分，廣九寸九分。

高宗純皇帝御筆秋卉軸

白藏經箋本立軸墨畫。上方御題云：神汞流霞，仙人九轉之候。下有「得佳趣」一璽。又題：令人起灘頭垂釣之想。下有「會心不遠」、「德充符」两璽。箋高七寸一分有奇，廣九寸五分。

高宗純皇帝御筆松菊軸

素箋本立軸淡墨畫。上有御題「静怡軒寫」四字，下有「乾隆宸翰」一璽。下方右角有「芷田」两字一璽，左傍有「含英咀華」一璽。箋高二尺二寸六分，廣一尺四寸七分。

高宗純皇帝御筆菊花軸

素箋本立軸墨畫。御題云：秋卉中宜作盟主，春園畔不逐花王。三希堂寫。

下有「漱芳潤」一璽。箋高一尺八寸五分，廣一尺一寸一分。

高宗純皇帝御筆松依菊圃作佳鄰詩意軸

素箋本立軸墨畫。上有御題云：松依菊圃作佳鄰，静怡軒寫舊句意。下有「乾隆宸翰」、「幾暇臨池」兩璽。又有張照、梁詩正、張若靄、勵宗萬題詩四首。下方右角有「清心悟妙理」一璽。箋高二尺二寸九分，廣一尺六寸一分。

張照題：森森千丈汝南和，洽比柴桑處士過。冷色寒聲相映答，一雙紅玉不如他。臣張照敬題。

梁詩正題：菊花澹以芳，松枝秀而古。落落野徑邊，蕭閑合成伍。陶令去已遐，風味誰領取。寫生瞻天筆，秋光動寒圃。臣梁詩正敬題。

張若靄題：虬鬣森森蒼翠垂，鶴翎宛宛綴繁枝。分明三徑延年種，都借毫端蕙露滋。臣張若靄敬題。

勵宗萬題：逸格同居士，蒼容似大夫。歲寒堪共守，秋色淡相娛。著紙雲濤沸，抽毫蕙露濡。睿懷時遠託，山澤愛清臞。臣勵宗萬敬題。

高宗純皇帝御筆梅竹軸

素箋本著色畫立軸。上方御題詩一首并識，下有「乾隆宸翰」、「幾暇臨池」兩璽。下方右邊有「游心藝圃」一璽，左角有「摛藻爲春」一璽。箋高二尺六寸五分，廣一尺三寸三分。御題詩并識云：虚窗正對緑波涯，名借山莊號水齋。却似石披真妙跡，水容山態各臻佳。塔灣行宫旁室曲折臨水，致有佳趣，因以避暑山莊内窗名名之，兼系一絶句。時值花朝，春英吐艶，几間適陳畫碟，輒設色寫紅梅翠竹，未免見獵心喜。御筆。

高宗純皇帝御筆枯木竹石軸

藏經箋本圓式立軸墨畫。上有御題「古柯」二字。下有「乾隆宸翰」、「幾暇臨池」两璽。左有「意在筆先」一璽。箋周徑均一尺二寸一分。

高宗純皇帝御筆橅仇英修禊圖軸

藏經箋本立軸淡墨畫。上方御題「乾隆丙寅首夏，御筆橅仇英《修禊圖》」，下有「幾暇怡情」、「乾隆宸翰」、「游心藝圃」三璽。下方左角押縫有「煙雲舒卷」一璽。箋高一尺五寸九分，廣九寸六分。

高宗純皇帝御臨文徵明松陰高士圖軸

藏經箋本墨畫立軸。御題詩云：松陰趺坐两高人，想見王裴心蹟親。常占青山爲宅寄，奚煩緑水滌塵纓。手披圖畫聊同賞，身被詩書未是貧。問絹家風重鑒定，縹香墨瀋鎮如新。丙寅九月，偶橅文待詔《松陰高士》，輒圖書題停雲舊作於上。前有「奉三無私」一璽，下有「乾隆宸翰」、「惟精惟一」两璽。下方有乾卦一璽，又有「内府書畫之寶」、「内府圖書」、「長春書室御製」三璽。箋高三尺四寸九分，廣九寸五分有奇。

高宗純皇帝御筆仿項聖謨松濤散仙軸

素箋本立軸墨畫。上有御題詩一首并識，下有「得佳趣」、「幾暇怡情」两璽。石壁上有御題行書三行，下有「比德」、「朗潤」两璽。箋高二尺七寸二分，廣一尺三寸四分。御題詩并識云：隱括長圖意，松濤宛散仙。飛蘿籠仄澗，落葉逐流泉。太古無朱夏，一峯湊紫煙。何時苔壁上，又識戊辰年。項聖謨《松濤散仙》卷，自於石壁上題云：戊辰年爲是圖。兹仿其意作小幅，而歲紀實符，亦翰墨緣中一巧合也。圖成漫題，因并題識。御筆。又御題云：仿項聖謨《松濤散仙》卷爲此小幅，既成，書之以識歲月。戊辰孟冬上澣御筆。

高宗純皇帝御筆仿王紱竹石軸

素箋本墨畫立軸。御題「壬申清和下澣二日，法九龍山人筆意於來青軒」，下有「愛竹學心虚」、「妙意寫青神」两璽。下方有「洗盡塵氛爽氣來」一璽。箋高二尺四寸二分有奇，廣一尺三寸四分。

高宗純皇帝御筆橅倪瓚小景軸

素箋本墨畫立軸。御題「壬申夏五齋居，偶橅雲林小景於長春書屋」。下有「取益在廣求」、「幾暇臨池」兩璽，下方有「意在筆先」一璽。箋高一尺七寸二分，廣八寸七分。

高宗純皇帝御筆仿倪瓚江岸望山圖軸

藏經箋本墨畫立軸。御題云：不須留白且須晴，了了嵐光入眼明。笑我曾同高士興，隔江亦復還山橫。錢塘秦望應如昔，白傅蘇公只剩名。若向錦賻論氣韻，輸他老驥鶩前程。去春覽吴越江山之勝，時時往來胸中。適見倪瓚《江岸望山》小幅，則宛然西興煙樹也。因仿爲之，即用其韻題句。壬申十月下浣製於盤山之石林精舍，覺江風拂拂，吹我閑愁暇思也。御識并書。下有「乾」、「隆」兩字兩璽。下方有「几席有餘香」、「洗盡塵氛爽氣來」兩璽。箋高三尺六寸四分，廣一尺一寸五分。

高宗純皇帝御筆仿唐寅修竹幽泉圖意軸

素箋本墨畫立軸。御題云：竹裏通泉透曲流，小亭結竹近泉頭。清風满榻枕書臥，白眼青天何所求。此唐寅《修竹幽泉圖》題句也，乾隆癸酉仲春，略仿其意爲此幅，即用原韻題之。亭下逍遥静者流，侍者童子任蓬頭。竹泉大意聊相仿，其似吾於不似求。御筆。下有「秀色入窗虚」、「至味寓淡泊」兩璽。下方有「讀書依竹静」一璽。箋高三尺三寸六分，廣一尺一寸五分。

高宗純皇帝御臨沈周枇杷軸

素箋本墨畫立軸。御題「甲戌季春仿沈周意於長春書屋」。下有「乾」、「隆」兩字兩璽。下方右角有「筆花春雨」一璽。箋高一尺五寸八分有奇，廣一尺三寸有奇。上有圓箋一幅，御題「晚翠傳芬」四字。上有「乾隆御筆」一璽。箋徑均一尺三寸一分。

高宗純皇帝御筆仿倪瓚小景并題軸

素箋本立軸墨畫。中有御題詩一首并識。下有「幾暇怡情」、「得佳趣」兩璽。下方左角有「天地爲師」一璽。箋高二尺四寸七分，廣七寸九分。御題詩并識云：藝事偶寄懷，固知非所貴。近來更有悟，每仿雲林意。偶仿倪瓚小景趣，題以句，乾隆丙子御筆。

高宗純皇帝御筆仿倪黄法軸

素箋本立軸墨畫。上方右角有御題行書三行，下有「幾暇怡情」、「得佳趣」兩璽。左角又有御識十三行，下有「乾」、「隆」兩字兩璽。下方左角有「天地爲師」、「落紙雲煙」兩璽。箋高一尺七寸五分，廣一尺二寸五分。御題云：丁丑冬至望後三日，對雪遣興，寫於明窗，御筆。御識云：元大家中，黄以渾厚勝，倪以疏淡勝，各造其極。畫禪翁兼而有之，要其氣韻天成，所謂不從門入，超證無上妙諦者。乘興擬此，相遇於筆墨町畦之外，正恨不從香光一爲印可耳。同日御筆再識。

高宗純皇帝御筆仿宋人歲朝圖并重華宫新正詩軸

素箋本立軸著色畫。牡丹一盆，又古瓶一具，内供水仙、梅花各一枝，傍置一盤，内盛百合、菱角、蘿蔔、金橘等物。下方有「與物皆春」、「天地爲師」两璽。上方御題詩云：春台此日同衆躋，訢合東皇萬福禔。左个青陽迎紫鳳，元辰嘉祉應金雞。載昭土德祈豐楙，敬受人時紀攝提。兖豫徐淮籌作乂，沮洳幸固舉耕犁。戊寅初春仿宋人意爲《歲朝圖》，乘興寫傅色温牡丹，即景傳神，已漏逗幾分春色，適得重華宫新正長句，并書於此。劭農望歲，未嘗暫釋於懷，固情有不能自已者耳。御筆并識。下有「乾」、「隆」两字两璽，又有「萬有同春」一璽。箋高二尺九寸六分有奇，廣一尺二寸一分有奇。

高宗純皇帝御筆仿徐渭霜荷巨蟹軸

素箋本立軸墨畫。上方御筆題款五行，下有「乾」、「隆」兩字兩璽，又有「幾暇臨池」一璽。右旁有「游心藝圃」、「滿紙雲煙」兩璽，左角有「摛藻爲春」一璽。箋高三尺七寸五分，廣一尺九分。御題云：徐渭作《霜荷巨蟹》，寫生逼真，筆墨間饒有逸致，兹有意仿之，參用石田翁法，亦猶書法之奇正相生耳。辛巳夏日御筆。

高宗純皇帝御筆仿董其昌山水軸

素箋本墨畫立軸。御題云：石渠所藏香光仿北苑小幀，愛其煙靄滃濛，林巒疏逸，是真文人之筆。幾暇偶一臨橅，覺墨章水暈，映發成趣，蓋參之化工爲師，興會更無盡耳。壬寅長至月中澣御筆。下有「古稀天子寶」[七]、「猶日孜孜」兩璽。上方正中有「古希天子」一璽。下方有「煙雲無盡藏」一璽。箋高三尺六寸九分，廣九寸三分有奇。

高宗純皇帝御筆仿金鉉濯足圖軸

素箋本墨畫立軸。下方有「涉筆偶值幾閒」一璽。上方御題詩云：振衣濯足句誠高，足見太沖興致豪。千仞之岡澗底水，一時陟降豈無勞。乙巳仲春中澣，偶仿金鉉《濯足圖》，戲題以句。御筆。下有「古稀天子之寶」、「猶日孜孜」两璽。箋高四尺二寸一分有奇，廣一尺四寸六分有奇。

高宗純皇帝御筆臨仇英雙駿圖并文徵明書天馬賦軸

素箋本書畫合軸。上書下畫。上箋御臨文徵明《天馬賦》，題曰：高君素收唐畫御馬，感今無此馬，故賦。賦云：方唐牧之至盛，有天骨之超駿。勒四十萬之數，而隨方以分色焉，此馬居其中以爲鎮。目星角以電發，蹄椀踣以風迅。鬐龍□而孤起，耳鳳聳以雙駿。翠華建而出步，閶闔下而輕噴。低鶩羣而不嘶，横秋風而獨韻。若夫躍溪舒急，冒絮征叛，直突而建德項縶，横馳而世充領斷。咸絶材以比德，敢伺

□以致吝。豈肯浪逐金粟之堆，故嘗下視八方之駿。高標雄跨而獅子讓獰，逸氣□襄而照夜矜穩。於是風靡格頹，色妙才駘，入伏不動，終日如□。乃□玉爲銜，飾繡作鞍，儓秣粟豢，肉脹筋埋，蓋不如偷□噬盜，策蹇勝柴。鑄黃蝸而吐水，畫白澤而除災。但覺駝垂節就，鼠伏防猜。妬心雖厲，馴號難諧。誓俯首以畢世，來伏櫪以興懷。所謂英風頓盡，冗長常排。嗟乎！若不市駿骨致龍媒。如此馬者，一旦天子巡朔方，升高嶽，抒四夷之塵，較岐陽之獵，則飛黃褭騕，躒雲追電，何所從而遽來，何所從而遽來！嘉靖庚子春三月二十六日，徵明書於停雲館。上押縫有「陶冶性靈」一璽。箋高一尺二寸九分，均廣一尺六寸三分。下箋著色畫，上方御題詩并識云：不知誰向車前識，應有人從窗内窺。乍憶黃沙紫塞外，正當草淺獸肥時。題仇英《雙駿圖》之作。偶橅是圖，輒復書之圓明園畫禪書室，御筆。下有「乾隆宸翰」、「幾暇臨池」兩璽。畫箋高二尺二寸九分有奇。

校勘記

［一］此處似漏一「璽」字。

［二］「明圓」當作「圓明」。

［三］「軸立」當作「立軸」。

［四］「聯句」底本作「句聯」，據文意改。

［五］「保觀」當作「觀保」。

［六］此印印文當作「妙意寫清快」。

［七］此印印文或當作「古稀天子之寶」。

軸之屬二

唐周昉書麻姑仙壇記并畫軸

素絹本立軸書畫合璧。上方書《麻姑仙壇記》，款識云：右顏魯公《麻姑仙壇記》，燕山周昉書。下有「師留」一印。下方著色畫，上方有「乾隆御覽之寶」、「秘殿珠林」、「乾隆鑑賞」、「三希堂精鑑璽」、「宜子孫」五璽。絹高四尺三寸，廣一尺六寸七分。高宗純皇帝御題詩云：書效平原法，畫傳右相神。故當稱合璧，豈祇曰希珍。爬背寧容得，蜕形詎是真。丹青留妙蹟，千古見斯人。丙申新正御題。下有「乾」、「隆」兩字兩璽。

後蜀黄筌鷹逐畫眉圖軸神品[一]

素絹本著色畫立軸，無款識，姓名見跋中。絹上方有題詩五首。第一首云：畫眉幽鳥羽毛奇，鷙翮飛來日暮時。翠竹蕭蕭黄草薄，一聲驚起野花枝。趙俶。下有「本初」两字一印。第二首云：八月胡鷹掠地飛，愴忙樹底急相依。俊禽尚且知先避，何况人尤不見機。杜允誠。下有「可問」、「洪崖樵者」两印。第三首云：雨華枝上畫眉啼，蒼鶻斜飛影漸低。冷眼暗窺心已動，何殊偃月禍深擠。會稽楊深。下有「楊深」、「原齋」两印。第四首云：修眉如畫稱鮮翎，自在棠梨試好聲。野鶻翻身雲外落，故應偷眼忌多情。剡許汝霖。下有「時用之章」一印。第五首云：小棠枝上語調簧，曾駐多情走馬郎。鷙鳥見攻能引避，禽中真是白眉良。恕齋班惟志題。下有「彦□」两字一印。下方右角有「王氏若水」一印。詩塘有陳繼儒題云：此畫鷹捉畫眉，非黄筌不能作。孟昶按，鷹犬出獵，一鷹離韝，怒擲直入殿中，搏畫上翎毛，蓋黄筌筆也。余有黄筌雪兔，竹勁草垂，極似此筆。昶卯生，筌繪兔壽之前。董思翁八十，余撤雪兔爲祝，思翁亦卯君也。今畫眉不堪老拳，得無類宋太宗之欲射花蕊夫人乎？一笑。崇禎丙子六月十六日，眉道人陳繼儒題於藤鵬白鷴架下。下有「陳印繼儒」、「眉公」兩印。絹高三尺六寸六分，廣一尺六寸七分。

宋黄庭堅書軸

素絹本立軸行書詩一首云：郡城南下接通津，異服殊音不可親。青箬裹鹽歸洞客，緑荷包飯趁墟人。鵝毛禦臘縫山罽，鷄骨占年拜水神。莫向公庭問重譯，欲投章甫作文身。元豐庚申二月爲孫莘老書，庭堅。下有「黄氏庭堅」、「山谷道人」兩印。上方正中有「乾隆御覽之寶」一璽。下方右角有「黄氏珍玩」一印。左角有「墨林項季子章」一印。絹高四尺六寸六分，廣一尺五寸四分。

宋趙伯駒仙山樓閣圖軸

素絹本著色畫立軸，款識「臣伯駒畫」。上方右角有「乾隆御覽之寶」一璽、「退密」印。下方右角款識「臣伯駒上」四字，下有「元汴之印」、「墨林外史」兩印。絹高五尺二分，廣二尺六寸四分。

宋趙大年水村圖軸

素絹本著色畫，款題「大年」二字。下有「金粟道人」一印，又有二印，漶漫不可辨。上有「乾隆御覽之寶」一璽。絹高四尺五分，廣二尺一寸。

謹按：大年畫格極高，時與摩詰爲近。宋元千金册中有《溪牧圖》一幅，流水斜陽，寒鴉數點，石谷曾仿爲之。此圖清曠澹遠，木落天高，孤艇小橋，遥相映帶，數家臨水，野意蕭然，一角遠峯，蒼翠欲滴。披圖静對，可作臥遊。華子岡頭，犬聲如豹，覺輞川風景，去人不遠。

宋李晞古炙艾圖軸

素絹本著色畫立軸，無款識。上方右角有「乾隆御覽之寶」一璽。絹高二尺一寸二分，廣一尺七寸九分。

宋艾宣茄菜圖軸

素絹本著色畫立軸，款識「艾宣」。下有「越國世家」一印。上方有「乾隆御覽之寶」一璽。下方右角有一印，缺下半，僅存上半「李鑒」两字。左角有「吴興沈氏家藏」一印。又有一印，僅存邊綫。絹高一尺七寸六分，廣一尺八分。

宋郭熙觀碑圖軸

素絹本淡墨畫，松陰贔屓負古碑一，觀碑者二人，從者四人，馬二頭。下方右角碎裂補褋，無款識。絹高五尺三寸七分，廣三尺三寸。

宋米芾雲山煙樹軸

素箋本墨畫立軸，款署「芾」字一字。上有一印，漶漫不可辨。上方有楊萬里題詩云：春江欲入户，雨勢來不已。小屋如漁舟，濛濛水雲裏。萬里。前有「松月」一印。下有「東西南北之人」一印。上方正中有「仁者壽」一印。右角有「天際真人想」一印。（右）［左］角有「援青松以示心」、「俠骨禪心」兩印。又畫後絹邊上識云：米元章此幀墨汁淋漓，得天地山川雲行雨施之妙。誠齋題句，更爲奇絶。向藏予家，壬午仲夏允文來過草堂，示倪迂設色畫，亦無上神品也。因與相易，并題以歸之。横雲山人。下有「石窗」一印。箋高三尺八分有奇，廣一尺二寸六分有奇。

宋馬和之五臺勝概軸

素絹本著色畫立軸，隸書款識「錢塘馬和之作」六字。下有「和之」兩字一印。上方正中有「乾隆御覽之寶」一璽，又有沈度題詩云：突兀五高峯，蒼茫紫霧中。孤高超象外，疏鑿識神功。霞表梵宫峙，天低法界融。鐘聲落雲際，花雨散虚空。樹老惟巢鶴，崖深時見龍。文殊修證地，亘古振鴻濛。雲間沈度題。下有「沈度之印」、「民則」兩印。左角有馬和之自題隸書「五臺勝概」四字。絹高二尺一寸六分，廣一尺一寸七分。

宋馬和之秋風倚杖軸

素箋本墨畫立軸，款署「馬和之」。下有一印，漶漫不可辨。上方有「乾隆御覽之寶」、「樂壽堂鑑藏寶」兩璽。右邊押縫有「三希堂精鑑璽」、「宜子孫」兩璽。左邊押縫有「乾隆鑑賞」、「石渠寶笈」兩璽。箋高一尺三寸九分，廣七寸五分有奇。

宋馬遠仙巖坐月圖軸

素箋本立軸著色畫，款署「馬遠」二字。下有「馬遠之印」一印。上方有「乾隆御覽之寶」、「石渠寶笈」、「樂壽堂鑑藏寶」、「乾隆鑑賞」、「三希堂精鑑璽」、「宜子孫」六璽。下方左角有「王印啟磊」、「石支人」兩印。箋高三尺七寸八分有奇，廣一尺六寸二分有奇。

宋蘇漢臣畫軸

素絹本著色畫立軸。上有「乾隆御覽之寶」一璽，又有「退密」一印。下方右角有「神品」、「墨林子」、「項墨林父秘笈之印」三印。左角有「子京父印」一印。絹高五尺三分，廣二尺二寸二分。

宋崔白刻絲一鷺榮華圖軸

五彩刻絲立軸。左方款識「富貴榮華，崔白」，下有「崔白」一印，均係刻絲。上方正中有「乾隆御覽之寶」一璽。高五尺四寸五分，廣一尺六寸二分。

宋崔白刻絲天仙壽芝圖軸

五彩刻絲立軸，款識「崔白製」三字。下有「崔白」两字一印，均係刻絲。上有「乾隆御覽之寶」一璽。軸高三尺二寸二分，廣一尺四寸一分。

宋刻絲八仙拱壽圖軸

五彩刻絲立軸，無款識。上方有「乾隆御覽之寶」、「秘殿珠林」、「乾隆鑑賞」、「三希堂精鑑璽」、「宜子孫」五璽。軸高二尺五寸九分，廣一尺二寸七分。

宋刻絲蟠桃獻壽軸

五彩刻絲立軸，無款識。上方有「乾隆御覽之寶」、「秘殿珠林」、「乾隆鑑賞」、「三希堂精鑑璽」、「宜子孫」五璽。軸高一尺八寸四分，廣一尺五分有奇。

宋刻絲八仙軸

五彩刻絲立軸，無款識。上方有「乾隆御覽之寶」、「秘殿珠林」、「乾隆鑑賞」、「三希堂精鑑璽」、「宜子孫」五璽。軸高三尺一寸二分，廣一尺四寸。

宋刻絲八仙祝壽軸

五彩刻絲立軸，無款識。上方有「乾隆御覽之寶」、「秘殿珠林」、「乾隆鑑賞」、「三希堂精鑑璽」、「宜子孫」五璽。軸高二尺九寸八分，廣一尺三寸八分。

宋刻絲花鳥軸

五彩刻絲立軸，無款識印章。上有「乾隆御覽之寶」一璽、「真賞」、「丹誠」兩印。右角有「琴書都尉」、「耿信公書畫之章」兩印。下方右角有「公子」一印、「信公珍賞」、「漢水耿會侯書畫之章」兩印。左角有「珍秘」、「宜爾子孫」兩印。籤題「半古軒藏」，下有「□海主人珍藏」一印。軸高五尺三寸九分，廣二尺三寸六分。

宋刻絲瑶池集慶圖軸

五彩刻絲立軸，無款識。上方有「乾隆御覽之寶」、「乾隆鑑賞」兩璽。軸高八尺一寸五分，廣六尺四寸。

元王蒙太乙觀泉圖軸

素箋本墨畫立軸，款識「董北苑《太乙觀泉圖》，太原王蒙□」。下有「生安穩想」、「俠骨禪心」兩印。又有一印，漶漫不可辨。箋高三尺六寸七分，廣九寸七分。

元王蒙畫軸

素箋本著色畫立軸，款識「大德改元夏四月念日，黄鶴山樵王蒙畫」。下有「王蒙印」、「王叔明章」兩印。中押縫有「乾隆御覽之寶」一璽。下方左角有「□印网」、「羅鳳」兩印。箋高四尺五寸，廣一尺三分。

元戴進扁舟訪客圖軸

素絹本著色畫立軸。絹上款題云：草堂聞有故人尋，野店山橋轉石林。渺渺白雲行徑遠，蕭蕭黄葉閉門深。脱巾自漉牀頭酒，賣藥新修壁上琴。世事匆匆良會少，輕舟訪戴十年心。錢塘戴進。下有「戴文進」一印。絹端有「乾隆御覽之寶」一璽。下方右角有「天籟閣」、「項墨林父秘笈之印」、「□□」三印。左角有「樂善堂圖書記」一璽。詩塘素箋有寶親王題詩一首云：爲訪煙霞侶，輕舠泛□流。披襟倚亭畔，策杖到磯頭。地僻知塵遠，心閑爲興留。漁童纔學棹，驚起一群鷗。雍正乙卯立秋日，寶親王長春居士題。前有「樂善堂」一璽。下有「和碩寶親王寶」、「長春居士」两璽。絹高六尺六寸五分，廣三尺二寸七分。

元郭文通畫軸

素絹本著色畫立軸，無款識。上有「乾隆御覽之寶」一璽。下方有「震□珍藏」一印。籤題「蘭奕齋鑒藏」。下有「永」字一印，又題「人物」两字。絹高三尺四寸四分，廣一尺九寸五分。

元錢舜舉秋瓜圖軸仙品

素絹本著色畫立軸，款題云：金爍石流汗如雨，削入冰盤氣似秋。寫向小圖醒醉目，東陵向説故秦侯。吴興錢選舜舉。下有「舜舉」、「錢選之印」、「翰墨流聲」三印。上有「乾隆御覽之寶」一璽。下方右角有「神遊心賞」、「希世之珍」、「子京珍秘」三印。左角有「項子京家珍藏」、「項墨林鑑賞法書名畫」两印。絹高二尺四寸一分，廣一尺二分。

元倪瓚古木竹石軸

素箋本立軸墨畫，無款識姓名。上方有「乾隆御覽之寶」、「樂壽堂鑑藏寶」、「乾隆鑑賞」、「三希堂精鑑璽」、「宜子孫」、「石渠寶笈」六璽。左傍有「蕉林書屋」、「通志堂藏」、「蕉林寶玩」、「鴻儒」、「子安珍藏記」四印[二]。又有「張仲簡」、「方外司馬」两印，缺左傍。箋高二尺二分，廣一尺一寸七分。余詮題云：三春雷雨蒼龍角，萬里雲霄翠鳳毛。怪得君家圖畫裏，虛窗涼月夜蕭騷。余詮。下有「桐江釣者」一印。又唐肅題云：木客夜吟秋露翻，山空無人石榻寒。不似君家子午谷，雲旗畫下元都壇。會稽唐肅。下有「桐岡」一印。又高巽志題云：居然古木石巖幽，移得江南一段秋。共説倪君知籕法，數竿瀟灑更風流。河南高巽志。下有「高氏士敏」一印。又于思緝題云：喬木千章高出雲，幽篁幾箇石嶙峋。生平邱壑真成僻，莫怪烏籐來往頻。于思緝。下有「于思緝印」一印。又醉樵題云：斷劍故留碧，錯刀終有神。坡陀歲寒□，不似醉時真。醉樵。下有「醉樵」一印。又盧充耘題云：清閟當年風度，雲林此日襟期。每向詩中見畫，今於畫裏觀詩。盧充耘。又王璲題云：流光冉冉逐驚波，文物空思晋永和。遼鶴重尋舊城郭，當時風致已無多。王璲。下方右傍有「見陽圖書」一印，又有四印，漶漫不可辨。箋高二尺二分，廣一尺一寸七分。

元趙孟頫竹院鳴泉圖軸

素絹本著色畫立軸，款識「至大二年仲春下浣畫於可詩堂」，下有「趙氏子昂」一印。上方正中有「乾隆御覽之寶」一璽，下方右角有「子孫保之」一印。右押縫有「樂善堂圖書記」一璽。右角有「鄭氏明德」一印。又有一印，漫漶不可辨。詩塘素絹一幅，有寶親王題詩云：山花繞徑竹梢椽，一卷黄庭聽瀑泉。幽韻情吟傳別院，寒光蕭灑動明川。依稀琴瑟調階畔，借助琅玕戛座邊。試問飄然雲水客，箇中消得幾多年。寶親王長春居士題。絹高三尺二分，廣一尺八寸五分。

元趙孟頫湯王徵伊尹圖軸

素絹本著色畫立軸，款識「至大二年冬十月三日子昂」，下有「趙氏子昂」一印。上方正中有「乾隆御覽之寶」一璽。右有錢宰題詩一首云：碧海晝沸白日淪，禹鼎欲徙湯網仁。長繩短箠行蹩躠，驅牛獨耕莘野雪。有時仰面一長吁，青天漫漫風烈烈。身居畎畝堯舜心，忍看民生墮昏沉。乾坤闔闢係出處，幡然起作商家霖。先農有詩亦有譜，後世南陽詠梁父。臨安錢宰。下有「伯均父印」一印。絹高四尺六寸七分，廣二尺三寸。

元趙雍飼馬圖軸

素絹本著色畫立軸，款署「仲穆」二字。下有一印，漶漫不可辨。上方右角有「乾隆御覽之寶」一璽。右押縫有「乾隆鑑賞」一璽。左押縫有「樂壽堂鑑藏寶」一璽。下方右角有「三希堂精鑑璽」、「宜子孫」兩璽。左角有「石渠寶笈」一璽。又右角有半印，左角有一印，均漫漶不可辨。絹高二尺三寸一分，廣八寸七分。

元人三陽開泰圖軸

素箋本立軸著色畫，羊三頭，無款識姓名。箋高五尺三寸一分有奇，廣二尺八寸五分。上方高宗純皇帝御題詩云：語刱劉和柳，喻緣羊者陽。試思開以泰，詎是得因王。膺凜一心惕，行看萬物昌。壬辰曾著説，闡義敬無遑。辛亥新正御筆。下有「八徵耄念」、「自彊不息」兩璽。

元人歲朝百爵圖軸

素絹本立軸著色畫，梅竹雀百頭，無款識。上方有「乾隆御覽之寶」、「石渠寶笈」、「乾隆鑑賞」、「三希堂精鑑璽」、「宜子孫」五璽。絹高四尺九寸一分，廣二尺八寸一分有奇。

明宣宗畫子母雞軸

素絹本立軸著色畫，母雞二，雛雞八。上方有宣宗御書「勑賜宣德御筆輔臣楊時」十字。上有「□□」一璽。左角有「乾隆御覽之寶」一璽。絹高二尺四寸九分，廣一尺七寸九分。

明憲宗畫一團和氣圖并贊軸

素箋本著色畫立軸，無款識。上方正中有「□□」一璽，右邊有「乾隆御覽之寶」、「石渠寶笈」两璽。左押縫有「乾隆鑑賞」、「三希堂精鑑璽」、「宜子孫」三璽。詩塘素絹，楷書《御製一團和氣贊》云：朕聞晋陶淵明乃儒門之秀，陸修静亦隱居學道之良，而惠遠法師則釋氏之翹楚者也。法師居廬山，送客不過虎溪。一日，陶、陸二人訪之，與語道合，不覺送過虎溪，因相與大笑，世傳爲三笑圖，此豈非一團和氣所自邪？試揮綵筆題識其上：嗟！世人之有生，并戴天而履地。既均稟以同賦，何彼舒而此異。惟鑿智以自私，外形骸而相忌。雖近在於一門，乃遠同於四裔。偉哉達人，遐觀高視，談笑有儀，俯仰不愧。合三人以爲一，達一心之無二。忘彼此之是非，藹一團之和氣。噫！和以召和，明良其類，以此同事事必成，以此達功功必備。豈無斯人，輔予盛治，披圖以觀，有概予志。聊援筆以寫懷，庶以驚俗而勵世。成化元年六月初一日。上鈐「廣運之寶」一璽。箋高一尺五寸三分有奇，廣一尺一寸五分。

明憲宗冬至一陽圖軸

素箋本立軸淡墨畫，羊一頭。上方正中款識「成化庚子御筆戲寫」八字。字上鈐「廣運之寶」一璽。右有「乾隆御覽之寶」一璽。箋高二尺三寸七分，廣一尺三寸三分。

明文徵明書軸

素箋本立軸行書詩一首云：聖主回鑾肅百靈，紫雲團蓋翼蒼精。屬車劍履星辰麗，先駕旗常日月明。十里春風傳警蹕，萬方和氣協韶韺。白頭欣覩朝元盛，願續思文頌太平。款識「徵明」。下有「文印徵明」、「玉蘭堂」、「惟庚寅吾以降」三印。上方正中押縫有「乾隆御覽之寶」一璽。箋高一丈九寸六分，廣三尺一寸六分。

明文徵明書軸

素絹本立軸行書七律一首云：三月韶華過雨濃，煖蒸花氣日溶溶。菜畦麥隴青黄接，雲岫煙巒紫翠重。一片垂楊春水渡，两崖啼鳥夕陽松。晚風吹酒籃輿倦，忽聽天平寺裏鐘。徵明。下有「文印徵明」、「徵仲」、「停雲」三印。上有「乾隆御覽之寶」一璽。絹高六尺二寸，廣三尺三分。

明文徵明松陰高士圖軸

素絹本著色畫立軸，款識「嘉靖十四年乙未十月徵明製」。下有「徵明」、「停雲館」两印。上方中押縫有「乾隆御覽之寶」一璽。絹高五尺四分，廣二尺一寸。

明董其昌書軸

素箋本立軸行書詩一首云：温洛嵩高天地中，千秋再見鳳游空。直緣干羽修虞典，可但循良遡漢風。干羽論功銘熟釜，内庭錫燕賦彤弓。承明著作朝班掾，德化猶能紀大鴻。其昌。下有「董印其昌」、「宗伯學士」两印。上有「心賞齋」一印。中有「乾隆御覽之寶」一璽。綾高四尺四寸三分，廣一尺六寸四分。

明莫雲卿書軸

素箋本草書詩一章云：揮手寒原日影西，霜禽向客有情啼。空山摇落無相贈，獨與春風送馬蹄。雲卿書。下有「莫氏廷韓」、「興與墨飛」两印。上有「乾隆御覽之寶」一璽。箋高四尺一寸六分，廣一尺六寸六分。

明仇英畫壽星軸

素絹本著色畫立軸，款識「仇英實父製」，下有「十州」一印。上方有「乾隆御覽之寶」、「秘殿珠林」、「乾隆鑑賞」、「三希堂精鑑璽」、「宜子孫」五璽。詩塘鄒一桂題云：老而秃，走如犢。杖笻枝，跨白鹿。貯日月於壺中，渺滄海之一粟。彼造物者小兒耳，而尊讓其獨，豈止次三多，弁五福。乾隆庚寅菊月題于睫巢書屋，二知鄒一桂。絹高三尺三分，廣一尺五寸九分有奇。

明仇英仿趙伯駒煉丹圖軸

素絹本著色畫立軸，隸書款識云：吴門仇英仿趙千里《煉丹圖》。下有「十洲」、「仇氏實父」两印。上方有「乾隆御覽之寶」、「秘殿珠林」、「乾隆鑑賞」、「三希堂精鑑璽」、「宜子孫」五璽。絹高四尺一寸二分，廣一尺五寸六分。

明仇英畫錦堂圖軸神品

素絹本著色畫立軸，款識「實父仇英製」五字。下有「十州」、「永存珍秘」两印。上方詩塘有文徵明小楷書《畫錦堂記》一篇，款書「徵明」两字。下有「徵」、「明」两字两小印。正中有「乾隆御覽之寶」一璽。絹高六尺七分，廣三尺四分。

明仇英羣仙會祝圖軸

素絹本著色畫立軸，款識「仇英實甫謹製」。下有「十州」一印，下二字不可辨。又有三小印，不可辨。上有「乾隆御覽之寶」一璽。絹高三尺一寸，廣四尺六寸八分。

明仇英寶繪堂圖軸

素絹本著色畫立軸，款識「實父仇英製」，下有「十州」、「仇英之印」兩印。上有「乾隆御覽之寶」一璽。下方右角有「其□寶玩」、「安定家寶」兩印。左角有「子京父印」一印，又有「墨林之印」一印，缺下半。絹高五尺九寸三分，廣三尺一寸一分。

明仇英仙山樓閣圖軸

素箋本著色畫立軸，款識「仇英實父製」。下有「十州」、「仇英之印」兩印。上方正中有「乾隆御覽之寶」一璽，右角有「真賞」、「琴書堂」、「都尉耿信公書畫之章」、「珍秘」、「宜子爾孫」[三]、「敬勝齋」、「耿印嘉祚」、「長宜子孫」、「宗家重貴」九印。左角有「日講」、「湛思」、「漱水主人」、「信公珍賞」、「會侯珍藏」五印。又有「公」字一印。左押縫有「□軒書畫印」一印。詩塘烏絲闌陸師道楷書《仙山賦》一首，款云：馳藻思兮何間關，搆繪圖兮非人間。將神遊之恍惚兮，抑倒景之曾攀。山莫妙於九疊屏風，又九九而無窮。水莫妙於三十六曲，又曲曲而愈通。示白雲之懸路兮，叩靈關而莫從。但見山产不凋之木，地茂常青之草，桃李榮萬年之春，羽毛翔不死之鳥。巖幽幽乎葉飛，洞聒聒兮泉鳴。非金膏之餘液，則璚樹之弱英。雙朱楣以爲門，忽青林之隱隱。覽黄金之高榜，因碧霞以發軔。磴乍升而乍降，徑或浮而或沉。非鸞參而鶴跨，抑步虚而躡清。白玉爲棧兮，往來自易，青雲爲襪兮，出入自輕。秀木疎而復密，石壁起而復合。樹交杪結，蒼鼯飛越。積雪爲膏，碧火明滅。鑒寒潭兮心空，拂水光兮情悦。靈狷蔭於寒條，珍鳥宿於貝葉。白鹿引偓佺之車，玉兔開仙城之闕。或蹈翡翠之巢，或載虹霓之轍。雲悠悠兮□□，岸縈縈兮履絶。或懸空中之梁，或設平步之杠。神恍惚於水簾，載宴息于玉房。桂叢蒙密，蘭薄芬芳。金堤曲逆，竹林清涼。煙廊霧閣，雲帳翠牀。冒碧瓦于山椒，牽朱欄于水傍。飛泉出于簷末，紅葩焕于幽窗。于是安期羨門之徒，乘紫鸞，駕白鶴，拾瑶草，採翠華。拂煙光而容與，步明月于金沙。既邅迴于溆浦，遂釋近而即遠。望白銀之層觀兮，凌杳嶂兮宛轉。峰嵯峨兮疊青蓮，樹青葱兮生紫煙。三神山兮起空濛，十二樓兮懸珠簾。日未出兮珊瑚明，涉春冬兮花木妍。策神駟兮躡光景，放靈槳兮花間船。入閬苑，即仙居，憩靈宫，臨瑶池。于是素女開牖，宓妃上樓。鈞天奏于别館，神籟發乎中洲。載雲旗以往來，采清氣以遨遊。水閣則金屧蹣跚，雲闥則綺疏綢繆。蘭堂兮貝室，蓀壁兮蕙稠。金鋪陸離，旋廊洞修。屏比交玉几之光，球琳鳴甲帳之句。出入歡濩，仙侣道儔。鳳皇銜燈于玄夜，蟾蜍納月于中秋。冬居則光風轉淒，夏處則瀑布爲幕。飡六氣兮飲沆瀣，服□醴兮進芍藥。鼓金簧，敲玉籥，檀吹流，霞光落。纖阿舉兮椒芬揚，玉汗生兮異香薄。璚漿徹兮回霓裳，華燈陳兮歸洞房。窺王喬之靈竈，啟赤松之丹牀。愈入愈秘，□□嗅芳。始知元化之道，無爲之方。冥冥寂寂，其樂未央。回視凡境，杳而渺茫。於乎！非得仙風道骨，奚爲克躋其鄉。嘉靖庚戌春二月既望，五湖陸師道書。下有「陸子傳」、「嘉靖戊戌進士」兩印。箋高三尺四寸七分，廣一尺三寸二分。

明仇英青緑山水人物軸

素絹本著色畫立軸，款識「實父仇英製」，下有「十洲」、「仇英之印」兩印。上方正中有「乾隆御覽之寶」一璽。絹高四尺九寸五分，廣一尺九寸九分。

明唐寅鬭茶圖軸

素絹本立軸著色畫，款識「晋昌唐寅」四字，下有「唐寅私印」、「唐伯虎」兩印。上有「乾隆御覽之寶」一璽。下方左角有兩印，漶慢不可辨。絹高一尺七寸，廣一尺九寸四分。

明唐寅煎茶圖軸

素箋本著色畫立軸，款題云：腥甌膩鼎原非器，曲几蒲團迴不塵。排過蜂衙窗日午，洗心閑試酪奴春。吴門唐寅。前有「南京解元」一印。下有「唐子畏」、「唐寅私印」兩印。上方有「乾隆御覽之寶」、「乾隆鑑賞」、「樂壽堂鑑藏寶」、「三希堂精鑑璽」、「宜子孫」、「石渠寶笈」六璽。下方右角有「梁谿安氏家藏」一印。箋高三尺三寸五分有奇，廣一尺五寸一分。

明唐寅采菊圖并讚軸

素箋本墨畫立軸。讚云：東籬寄傲，悠悠自然。鞠有黄花，仰見南山。好友我遺，清酒如泉。一舉如醉，物我忘言。夫斯民也，無懷葛天。款署「晋昌唐寅」，下有「唐子畏」、「南京解元」兩印。上方有「乾隆御覽之寶」、「乾隆鑑賞」、「石渠寶笈」、「樂壽堂鑑藏寶」、「三希堂精鑑璽」、「宜子孫」六璽。箋高一尺六寸四分，廣九寸三分。

明沈仕青山紅葉軸

素絹本著色畫立軸，款題「青山畫閣迥，紅葉過溪深。青門山人沈仕」。下有「□□山人」、「沈仕之印」两印。上方有「乾隆御覽之寶」、「石渠寶笈」、「樂壽堂鑑藏寶」、「乾隆鑑賞」、「三希堂精鑑璽」、「宜子孫」六璽。絹高二尺一分有奇，廣一尺二分。

明沈周鳩聲喚雨圖軸

素箋本著色畫立軸，款題云：空聞百鳥羣，啁啾度寒暑。何似枝頭鳩，聲聲能喚雨。沈周。下有「啟南」、「石田」两印。上方有「乾隆御覽之寶」、「石渠寶笈」、「乾隆鑑賞」、「樂壽堂鑑藏寶」、「三希堂精鑑璽」、「宜子孫」六璽。下方左角有「王禹冑孫謀珍賞印」一印。箋高一尺六寸，廣九寸五分。

明周臣山水軸

素絹淡本[四]墨畫立軸，款識「東明周臣寫」五字。下有「舜印」兩字一印。上有「乾隆御覽之寶」一璽。又有元度徐[五]題詩云：東甌自昔多名山，武夷秀出傾人寰。懸崖絶壁不可以逕踐，唯見清谿九曲流其間。雲蒸石罅枯□懸，碧潭濯足芝草班。精靈盤薄蔽日月，地脈暗與天台雁宕相勾連。考亭斯文有遺迹，地因人勝非偶然。使君好道景昔賢，皇華四牡淩秋煙。浴沂自得點也趣，詠歸來上東吴船。雲山夢寐重回首，落筆煙霞常在手。英才樂育兼壯遊，一日聲名懸北斗。遷史冥搜興益奇，承明延佇時逾久。戀主看山無限情，臨岐且盡清尊酒。震澤徐元度。下有「徐氏民則」、「澱峰精舍」二印。絹高三尺一寸，廣一尺一寸三分。

明吕紀芙蓉蘆雁軸

素絹本著色畫立軸，款識「吕紀」二字。下有「四明吕延振氏」一印。上方正中有「乾隆御覽之寶」一璽。絹高五尺六寸，廣三尺四寸一分。

明張翀墨竹軸

素箋本立軸墨畫，款題云：春雨池塘滿，茅堂日正長。數竿湘水玉，一片緑陰涼。右絶句前十字爲乙亥三月望日夢中得，醒而自占之曰：既春而雨，池塘俱滿，得非否之極泰之來乎？琅然長吟，真足自慰。翀竊謂平日好與此君傳神，而此君似亦有靈，預爲平安之報邪？天明起，作是圖，并足之以後十字云。寫畢付謨兒什襲，以爲他時嘉話。雲邱道人。前有「一天秋」一印。下有「張翀」、「允諧」两印。上方有「乾隆御覽之寶」、「石渠寶笈」、「樂壽堂鑑藏寶」、「乾隆鑑賞」、「三希堂精鑑璽」、「宜子孫」六璽。又有二泉山人題云：夢裏詩情遠，閑中筆力長。雲邱本孤絶，更愛竹風涼。二泉山人實。下有「國賢」一印。又□□題云：夢醒初傳筆，今來夢更長。百年雲在竹，六月午生涼。惠嵓可學。下有「翠微閣主」一印。又文浚題云：夢裡通詩句，醒來□更長。雲邱去何處，□有竹清涼。下有「□質」一印。又潘緒題云：枌社皆耆耈，多君道誼長。湘筠同抱節，浮世自炎涼。潘緒。下有「繼芳」一印。又莫止題云：菉竹含風細，幽人午夢長。起來還寫影，滿紙濕雲涼。南里。下有「莫止如山」一印。又繆觀題云：世世傳名筆，一邱雲意長。張翁家訓好，氣味揔清涼。繆觀。前有兩印，不可辨。下有「元宜」一印。又張愷題云：環珮清聲遠，瀟湘秋意長。佳人初破夢，徙倚自生涼。東洛張愷。下有「元止」一印。又題云：老節留新脆，孫枝較舊長。碧窻人睡醒，毛骨盡秋涼。静學欽。下有「敬」、「甲戌進士」兩印。又潘箴題云：一代湖州筆，猗猗過祖長。清風傳奕葉，三徑不荒涼。潘箴。下有「獻忠」一印。箋高三尺四寸二分有奇，廣一尺一分有奇。

明袁尚統寒江放棹軸

素箋本著色畫立軸，款題「羣鴉集古樹，孤棹出寒江。丙子清和寫於竹深處。袁尚統」。下有「尚統私印」、「袁氏叔明」兩印。下方右角有「臥雪遺□」一印。上方有「乾隆御覽之寶」、「乾隆鑑賞」、「石渠寶笈」、「樂壽堂鑑藏寶」、「三希堂精鑑璽」、「宜子孫」六璽。箋高三尺九寸，廣一尺五寸二分。

鄭簠分書軸

素箋本立軸八分書詩一首云：綺陌塵香曙色分，碧山如畫又逢君。蛟藏秋月一片水，□瑣晴空千尺雲。□里舊知何駙馬，詩家今得鮑參軍。陽和本是煙霄曲，須向花間次第聞。楊巨源酬于駙馬，壬戌竹醉後一日書，谷口鄭簠。下有「鄭簠之印」、「谷口農」二印。中有「乾隆御覽之寶」一璽。原文「陌」字下多一「晴」字，「碧山如畫」誤作「碧如山畫」，「千尺雲」誤作「尺千雲」。箋高五尺七寸，廣三尺七寸五分。

張照書詩帖軸

素箋本立軸行書詩一首云：委緌飲清露，流響答疎桐。居高聲自遠，非是藉秋風。張照。下有「張照之印」、「得天」两印。上方有「乾隆御覽之寶」、「樂壽堂鑑藏寶」、「石渠寶笈」、「乾隆鑑賞」、「三希堂精鑑璽」、「宜子孫」六璽。箋高三尺九寸六分，廣一尺六寸六分有奇。

張照臨董其昌書軸

灑金箋本立軸書行[六]七行云：玉下輦離宮，瓊樓上半空。方巡五年狩，更闢四門聰。都邑觀秦墅，山河念禹功。停鑾留睿作，軒檻起南風。鳳城春色曉，龍禁早暉通。舊火收槐燧，餘寒入桂宮。鶯啼正隱葉，雞鬪始開籠。藹藹瑶山滿，仙歌揔大風。董其昌書唐人詩帖，臣張照敬臨。下有「臣照」、「瀛海仙班」兩印。上方有「乾隆御覽之寶」、「樂壽堂鑑藏寶」、「石渠寶笈」、「乾隆鑑賞」、「三希堂精鑑璽」、「宜子孫」六璽。箋高五尺五寸八分有奇，廣二尺八寸六分。

汪由敦臨蘇軾春帖子詞軸

素箋本行書六行云：藹藹龍旗色，琅琅木鐸音。數行寬大詔，四海發生心。暘谷賓初日，清臺告協風。願如風有信，長與日俱中。草木漸知春，萌芽處處新。從今八千歲，合抱是靈椿。瑞日明天仗，仙雲擁壽山。猗蘭春晝永，金母在人間。蘇軾春帖子詞，臣汪由敦敬臨。下有「臣印由敦」、「葵藿是平生」两印。上方有「乾隆御覽之寶」、「石渠寶笈」、「乾隆鑑賞」、「三希堂精鑑璽」、「宜子孫」五璽。箋高三尺六寸四分，廣一尺八寸八分。

黄應諶陋室銘圖軸

素絹本著色畫立軸，楷書唐劉禹錫《陋室銘》一篇。款識云：康熙丁未中秋，小臣黄應諶奉旨恭畫并書。上方有「乾隆御覽之寶」一璽。絹高七尺六寸一分有奇，廣四尺九寸。

鄒一桂桂花軸

素箋本著色畫立軸，款署「臣鄒一桂恭寫」，下有「侍臣」、「鄒一桂」两印。上方有「乾隆御覽之寶」、「樂壽堂鑑藏寶」、「石渠寶笈」、「乾隆鑑賞」、「三希堂精鑑璽」、「宜子孫」六璽。箋高一尺五寸五分，廣一尺八寸八分。高宗純皇帝御題詩云：愛此招摇種，紛敷郁烈芳。葉翻遮户緑，花散逗林黄。夏半迎薰秀，秋分裛露香。擬增新品格，月木駐年長。丙寅秋咏桂作，御筆。前有「雲霞思」一璽。下有「乾隆宸翰」、「幾暇臨池」两璽。

鄒一桂梅竹軸

素綾本立軸墨畫，款署「臣鄒一桂恭寫」。下有「臣一桂書畫」、「派接徐黄」两印。上方有汪由敦書高宗純皇帝御製詩云：逃禪去後應無畫，處士吟來合罷詩。詩意畫情真趣在，問誰粉本得成兹。壬申春御題絶句一首，臣汪由敦敬書。下有「臣由敦」、「職司珥筆」两印。又有「乾隆御覽之寶」、「樂壽堂鑑藏寶」、「石渠寶笈」、「乾隆鑑賞」、「三希堂精鑑璽」、「宜子孫」六璽。綾高四尺五寸八分，廣一尺六寸七分。

鄒一桂菊花軸

素箋本著色畫立軸，款署「臣鄒一桂恭畫」。下有「一桂圖書」、「派接徐黄」兩印。上方有「乾隆御覽之寶」、「樂壽堂鑑藏寶」、「石渠寶笈」、「乾隆鑑賞」、「三希堂精鑑璽」、「宜子孫」六璽。箋高四尺九寸八分，廣二尺四寸七分。高宗純皇帝御題詩云：女夷賦萬花，獨賦菊於秋。素節冷淡姿，性情雅相投。其初惟一黄，紅紫色漸稠。質之柴桑翁，弗知首肯不。辛卯秋日御題。下有「乾隆宸翰」、「得象外意」兩璽。

鄒一桂三友圖軸

素箋本立軸墨畫松竹梅，款題云：疎竹清姿瀟灑侯，玉梅相映暗香浮。萬年長看銀蟾滿，爲寫松枝當海籌。臣鄒一桂恭畫。下有「臣一桂」一印。上方有「乾隆御覽之寶」、「石渠寶笈」、「三希堂精鑑璽」、「宜子孫」五璽[七]。箋高五尺九寸九分有奇，廣二尺八寸九分。

鄒一桂蟠桃圖軸

素絹本立軸著色畫，仙鶴二、芝草二、桃實十三，題詩云：瑶圃仙峯，拔地奇陡。上薄雲宵，下絶塵垢。朱草長生，朱泉永瀏。白鶴來儀，白鹿留□。有桃一株，屈曲蟠□。結實千秋，磊落殷阜。棗大如瓜，萍大如斗。未若兹果，元氣鍾厚。摘自麻姑，來獻西母。露迸瓊漿，甘勝天酒。臣朔繪圖，拜手稽首。於萬斯年，篤祜彌久。乾隆辛未長至日，臣鄒一桂恭畫。下有「内廷供奉」、「臣一桂印」两印。題詩前有「數點梅花天地心」一印。上方正中有「乾隆御覽之寶」一璽。下方右角有「十二樓中侍從臣」一印。絹高六尺一寸二分，廣三尺二寸二分。

張宗蒼雲峯蕭寺軸

素箋本著色畫立軸，款署「臣張宗蒼」恭繪，下有「張」、「宗蒼」两印。上方有「乾隆御覽之寶」、「三希堂精鑑璽」、「宜子孫」、「乾隆鑑賞」、「樂壽堂鑑藏寶」、「石渠寶笈」六璽。箋高五尺二寸五分有奇，廣二尺五寸七分。高宗純皇帝御題詩云：奇峰拔地疊翠棱，嵌空露寺宜居僧。側臨平遠望無際，滃然白雲冠上層。不拘繩墨妙獨出，斯人始能他豈能。壬申孟冬之初御題。下有「乾」、「隆」两字两璽。

張宗蒼松徑煙霞軸

素箋本著色畫，款署「臣張宗蒼恭畫」，下有「張」、「宗蒼」两印。上方有「乾隆御覽之寶」、「乾隆鑑賞」、「樂壽堂鑑藏寶」、「石渠寶笈」、「三希堂精鑑璽」、「宜子孫」六璽。箋高五尺四寸八分，廣三尺一寸六分有奇。高宗純皇帝御題詩云：四家法不較誰能，老筆天然格韻勝。便合人間稱畫伯，只疑林下有歸僧。構亭納得煙霞氣，掃逕延來松竹朋。可識此中通學理，諸凡要欲共年增。癸酉清和御題。下有「乾隆御筆」、「落紙雲煙」兩璽。

張宗蒼山彴携笻軸

素箋本著色畫立軸，款署「臣張宗蒼恭繪」，下有「張」、「宗蒼」兩印。上方有「乾隆御覽之寶」、「樂壽堂鑑藏寶」、「壽」字、「石渠寶笈」、「五福五代堂古稀天子寶」、「八徵耄念之寶」、「乾隆鑑賞」、「古稀天子」、「三希堂精鑑璽」、「宜子孫」十璽。箋高五尺六寸二分，廣三尺八寸一分。高宗純皇帝御題詩云：宗蒼雖物故，畫自有精神。逢著便題句，笑今始解珍。書齋真是古，繡嶂恰方春。略彴笻聲度，應來問字人。愛張宗蒼畫，見輒題之，以示珍惜。選壁懸圖，仍不異裝池什襲耳。己卯春御筆。下有「乾」、「隆」兩字兩璽。

金廷標戲嬰圖軸

素箋本著色畫立軸，款署「臣金廷標恭繪」，下有「廷標」一印。上方有「乾隆御覽之寶」、「古希天子」、「五福五代堂古稀天子寶」、「乾隆鑑賞」、「樂壽堂鑑藏寶」「壽」字、「八徵耄念之寶」、「三希堂精鑑璽」、「宜子孫」、「石渠寶笈」十璽。箋高三尺三寸二分，廣二尺五寸。高宗純皇帝御題詩云：垂楊奇石草芊萋，紅緑傾籃鬪賈低。赤子之心愛生意，名言那識有濂溪。甲申夏日御題。下有「乾」、「隆」两字两璽。

金廷標雪梅高士圖軸

素箋本著色畫立軸，款署「臣金廷標恭畫」，下有「廷標」一印。上方有「乾隆御覽之寶」、「古希天子」、「八徵耄念之寶」、「乾隆鑑賞」、「樂壽堂鑑藏寶」、「石渠寶笈」、「三希堂精鑑璽」、「宜子孫」八璽。箋高四尺七寸一分，廣二尺三寸五分。高宗純皇帝御題詩云：抱膝鋪氈石室深，紅梅白雪稱幽吟。誰知高士暢懷際，擁帚蠻僮冷不禁。癸巳新春御題。下有「乾」、「隆」兩字兩璽。

金廷標仙踪欽伏軸

素箋本著色畫立軸，款署「臣金廷標恭畫」，下有「廷標」一印。上方有「乾隆御覽之寶」、「秘殿珠林」、「乾隆鑑賞」、「三希堂精鑑璽」、「宜子孫」五璽。箋高五尺九寸八分，廣三尺四寸一分。

錢維城泉林雨景軸

素箋本著色畫立軸，款署「泉林雨景，臣錢維城恭畫」。下有「臣錢維城」、「染翰」兩印。上方有「乾隆御覽之寶」、「石渠寶笈」、「樂壽堂鑑藏寶」、「乾隆鑑賞」、「三希堂精鑑璽」、「宜子孫」六璽。箋高三尺二寸八分有奇，廣一尺八寸三分。高宗純皇帝御題詩云：屬[八]車扈從有詞林，佳處欣逢雨麥霖。行旅農夫同忭喜，一人寫出萬人心。津葉濯花晻溢閒，果然仿得米家山。明朝潤浥無塵露，飽看耕人叱犢還。辛卯暮春上澣御題。下有「乾」、「隆」兩字兩璽。

錢維城春喜圖軸

素箋本立軸著色畫，紅梅、山茶、水仙三種，錦雞二、鵲四，款署「臣錢維城恭仿呂紀筆意」，下有「臣維城」、「染翰」兩印。上方有「乾隆御覽之寶」、「樂壽堂鑑藏寶」、「石渠寶笈」、「乾隆鑑賞」、「三希堂精鑑璽」、「宜子孫」六璽。箋高四尺三寸五分有奇，廣二尺一寸一分。高宗純皇帝御製詩云：花如吐馥鳥如生，鳥顧花芳互有情。最是春光含喜意，不須著相鵲呼晴。御題《春喜圖》，臣錢維城敬書。下有「臣維城」、「敬書」兩印。

李世倬春景軸

素箋本著色畫立軸，款題云：芳菲試驗含英末，節候因思得閏遲。蘸緑濬施呈柳色，研脂輕染上桃枝。呢喃燕語聞初集，抛擲鶯梭見始馳。雲膩惹空常欲雨，萬方歡慶力農時。奉勅恭繪春景并題，臣李世倬。下有「李」、「世倬」两印。上方有「乾隆御覽之寶」、「石渠寶笈」、「乾隆鑑賞」、「三希堂精鑑璽」、「宜子孫」五璽。箋高五尺三寸二分有奇，廣二尺三寸。

徐揚臨黄公望山水軸

素箋本著色畫立軸，款署「臣徐揚臨奉勅恭摹黄公望筆」，下有「臣」、「揚臨」两字两印[九]。上方有「乾隆御覽之寶」、「石渠寶笈」、「乾隆鑑賞」、「三希堂精鑑璽」、「宜子孫」五璽。箋高三尺九寸六分，廣一尺六寸。

郎世寧嵩獻英芝圖軸[一〇]

素絹本立軸著色畫，蒼松、靈芝并鷹一頭。上有「嵩獻英芝」四字，款識「雍正二年十月臣郎世寧恭畫」，下有「臣世寧」、「恭畫」两印。上方有「乾隆御覽之寶」一璽。絹高七尺六寸三分，廣四尺九寸。

郎世寧萬壽長春圖軸

素絹本立軸著色畫靈芝月季，款署「臣郎世寧恭畫」，下有「臣郎世寧」一印。上方有「乾隆御覽之寶」、「石渠寶笈」、「乾隆鑑賞」、「三希堂精鑑璽」、「宜子孫」五璽。絹高三尺六寸九分，廣一尺六寸七分。

弘旿仙境春長軸

素箋本著色畫立軸，下方隸書「仙境春長」四字，款署「臣弘旿敬繪」，下有「臣昕」、「恭畫」兩印。上方有「乾隆御覽之寶」、「石渠寶笈」、「乾隆鑑賞」、「三希堂精鑑璽」、「宜子孫」五璽。箋高四尺二寸四分，廣二尺一寸二分。

弘旿松壑仙廬軸

素箋本著色畫立軸，款署「松壑仙廬，臣弘旿敬繪」，下有「臣旿」、「敬繪」兩印。上方有「乾隆御覽之寶」、「石渠寶笈」、「乾隆鑑賞」、「三希堂精鑑璽」、「宜子孫」五璽。箋高三尺八寸，廣一尺六寸。

弘旿蓬壺日永軸

素箋本著色畫立軸，款署「蓬壺日永，臣弘旿恭繪」，下有「臣弘旿」、「學畫」兩印。上方有「乾隆御覽之寶」、「石渠寶笈」、「乾隆鑑賞」、「三希堂精鑑璽」、「宜子孫」五璽。箋高三尺九寸，廣一尺七寸六分。

弘旿山水軸

素箋本墨畫立軸，款署「臣弘旿恭畫」，下有「臣」、「旿」兩字兩印。上方有「乾隆御覽之寶」、「石渠寶笈」、「乾隆鑑賞」、「三希堂精鑑璽」、「宜子孫」五璽。箋高一尺八寸四分有奇，廣二尺八寸。

阿爾粺四海清平圖軸

素絹本立軸著色畫松鷹，款識「臣阿爾粺恭畫」，下有「臣阿爾粺」一印。上方左角有「乾隆御覽之寶」一璽。絹高五尺五寸六分，廣二尺八寸三分。

阿爾粺松林虎嘯圖軸

素絹本墨畫立軸，款署「臣阿爾粺恭畫」，下有「臣阿爾粺」一印。上方有「乾隆御覽之寶」一璽。絹高七尺四寸七分，廣四尺八寸三分。

阿爾粺耐寒蒼翠圖軸

素箋本立軸墨畫松虎，款識「阿爾粺」三字，下有「阿爾粺印」、「天官亞卿」兩印。上方右角有「乾隆御覽之寶」一璽。下方右角有「樂善堂圖書記」一璽。箋高七尺三寸，廣四尺一寸二分。

阿爾粺猛虎負嵎圖軸

素絹本立軸著色畫，款識「臣阿爾粺恭畫」，下有「臣阿爾粺」一印。上方右角有「乾隆御覽之寶」一璽。絹高五尺五寸一分，廣三尺七分。

阿爾粺威虎圖軸

素絹本著色畫立軸，款署「臣阿爾粺恭畫」，下有「臣阿爾粺」一印。上方有「乾隆御覽之寶」一璽。絹高七尺一寸八分有奇，廣四尺九寸七分。

阿爾稗飲虎圖軸

素絹本立軸著色畫，款識「臣阿爾稗恭畫」，下有「臣阿爾稗」一印。上方正中有「乾隆御覽之寶」一璽。絹高五尺五寸三分，廣三尺七分。

阿爾稗臥虎圖軸

素箋本著色畫立軸，款署「臣阿爾稗恭畫」，下有「臣阿爾稗」一印。上有「乾隆御覽之寶」一璽。箋高六尺七寸三分，廣三尺八寸九分有奇。

阿爾稗狻猊圖軸

素絹本著色畫立軸，款署「臣阿爾稗恭畫」，下有「臣阿爾稗」一印。上方有「乾隆御覽之寶」一璽。絹高七尺七寸九分有奇，廣六尺五寸一分。

阿爾稗臥獅圖軸

素絹本著色畫立軸，款署「臣阿爾稗恭畫」，下有「臣阿爾稗」一印。上方有「乾隆御覽之寶」一璽。絹高七尺七寸九分有奇，廣六尺五寸一分。

阿爾稗松臯鳴鶴圖軸

素絹本著色畫立軸，款署「臣阿爾稗恭畫」，下有「臣阿爾稗」一印。上方有「乾隆御覽之寶」一璽。絹高六尺九寸一分，廣四尺九寸。

汪承霈仙壺益壽軸

素箋本立軸著色畫，款署「臣汪承霈恭畫」，下有「臣汪承霈」、「恭畫」两印。上方有「乾隆御覽之寶」、「石渠寶笈」、「乾隆鑑賞」、「三希堂精鑑璽」、「宜子孫」五璽。箋高五尺二寸七分有奇，廣一尺九寸九分有奇。

汪承霈瑞玉凝禧軸

素箋本立軸著色畫紅梅、天竺并夾竹桃，又雀六頭，款署「臣汪承霈恭繪」，下有「臣汪承霈」、「恭畫」兩印。上方有「乾隆御覽之寶」、「石渠寶笈」、「乾隆鑑賞」、「三希堂精鑑璽」、「宜子孫」五璽。箋高四尺二寸，廣一尺九寸七分。

汪承霈瑞錦延清軸

素箋本立軸著色畫牡丹、竹、菊，款署「臣汪承霈恭繪」，下有「臣汪承霈」、「恭繪」兩印。上方有「乾隆御覽之寶」、「石渠寶笈」、「乾隆鑑賞」、「三希堂精鑑璽」、「宜子孫」五璽。箋高五尺二寸五分有奇，廣一尺九寸九分。

汪承霈桂月長春軸

素箋本著色畫立軸，款署「臣汪承霈恭畫」，下有「臣汪承霈」、「恭畫」兩印。上方有「乾隆御覽之寶」、「石渠寶笈」、「乾隆鑑賞」、「三希堂精鑑璽」、「宜子孫」五璽。箋高四尺一寸五分有奇，廣一尺九寸七分有奇。

汪承霈旭采延熏軸

素箋本立軸著色畫荷花彩禽，款署「臣汪承霈恭繪」，下有「臣汪承霈」、「恭繪」兩印。上方有「乾隆御覽之寶」、「石渠寶笈」、「乾隆鑑賞」、「三希堂精鑑璽」、「宜子孫」五璽。箋高四尺二寸，廣一尺九寸七分。

汪承霈天中花果軸

素箋本著色畫立軸，款署「臣汪承霈恭繪」，下有「臣汪承霈」、「恭繪」兩印。上方有「乾隆御覽之寶」、「石渠寶笈」、「乾隆鑑賞」、「三希堂精鑑璽」、「宜子孫」五璽。箋高五尺七寸九分有奇，廣二尺三寸二分。

汪承霈蜀葵軸

素箋本著色畫立軸，款署「臣汪承霈恭畫」，下有「臣汪承霈」、「恭畫」兩印。上方有「乾隆御覽之寶」、「石渠寶笈」、「乾隆鑑賞」、「三希堂精鑑璽」、「宜子孫」五璽。箋高五尺八寸，廣二尺三寸二分。

關槐羣仙臚祝軸

素箋本軸立[一二]著色畫水仙、天竺，款署「臣關槐恭繪」，下有「臣槐」、「恭繪」兩印。上方有「乾隆御覽之寶」、「石渠寶笈」、「乾隆鑑賞」、「三希堂精鑑璽」、「宜子孫」五璽。箋高四尺二寸二分，廣一尺七寸八分。

關槐萬户同春軸

素箋本著色畫立軸，款署「臣槐恭畫」，下有「臣」、「槐」兩字兩印印〔一二〕。上方有「乾隆御覽之寶」、「石渠寶笈」、「乾隆鑑賞」、「三希堂精鑑璽」、「宜子孫」五璽。箋高四尺二寸二分，廣二尺一寸有奇。

關槐仙巖晴翠軸

素箋本著色畫立軸，款署「臣關槐恭繪」。下有「臣」、「槐」兩字兩印。上方有「乾隆御覽之寶」、「石渠寶笈」、「乾隆鑑賞」、「三希堂精鑑璽」、「宜子孫」五璽。箋高二尺九寸八分，廣一尺一分有奇。

關槐雲峯香界軸[一三]

素箋本著色畫立軸，款署「臣關槐恭繪」，下有「臣槐」、「恭繪」两印。上方有「乾隆御覽之寶」、「石渠寶笈」、「乾隆鑑賞」、「三希堂精鑑璽」、「宜子孫」五璽。箋高三尺八寸六分有奇，廣一尺八寸四分。

關槐溪山秋爽軸

素箋本墨畫立軸，款署「臣關槐恭繪」，下有「臣」、「槐」两字两印。上方有「乾隆御覽之寶」、「石渠寶笈」、「乾隆鑑賞」、「三希堂精鑑璽」、「宜子孫」五璽。箋高四尺六分，廣一尺八寸七分。

張雨森秋林曳杖圖軸

素絹本著色畫立軸，款識「臣張雨森恭畫」，下有「張雨森」、「恭畫」两小印。上有「乾隆御覽之寶」一璽。絹高四尺九寸二分，廣三尺一寸四分。

張雨森秋山行旅圖軸

素絹本著色畫立軸，款署「臣張雨森恭畫」，下有「張雨森」、「恭畫」兩印。上方有「乾隆御覽之寶」一璽。絹高六尺二寸七分，廣三尺一寸四分有奇。

張雨森華嶽圖軸

素絹本著色畫立軸，款署「臣張雨森恭畫」，下有「張雨森」、「恭畫」兩印。上方有「乾隆御覽之寶」一璽。絹高五尺九寸三分，廣三尺一寸三分。

張雨森古木啼鶯圖軸

素絹本立軸著色畫，款識「臣張雨森恭畫」，下有「張雨森」、「恭畫」兩小印。上方正中有「乾隆御覽之寶」一璽。絹高四尺七寸二分，廣三尺七分。

張雨森白鷹軸

素絹本著色畫立軸，款署「臣張雨森恭畫」，下有「張雨森」、「恭畫」两印。上方有「乾隆御覽之寶」一璽。絹高五尺二寸七分，廣三尺三寸一分。

永瑢芳園高韻軸

素箋本著色畫立軸，款署「子臣永瑢恭畫」，下有「子臣永瑢」、「恭畫」两印。上方有「乾隆御覽之寶」、「石渠寶笈」、「乾隆鑑賞」、「三希堂精鑑璽」、「宜子孫」五璽。箋高三尺六寸四分，廣一尺六寸六分。

永瑢春山凝靄軸

素箋本著色畫立軸，款署「子臣永瑢恭畫」，下有「子臣永瑢」、「敬畫」两印。上方有「乾隆御覽之寶」、「石渠寶笈」、「乾隆鑑賞」、「三希堂精鑑璽」、「宜子孫」五璽。箋高四尺五寸有奇，廣一尺八寸三分。

永瑢竹溪消夏軸

素箋本著色畫立軸，款署「子臣永瑢恭畫」，下有「子臣永瑢」、「敬畫」兩印。上方有「乾隆御覽之寶」、「石渠寶笈」、「乾隆鑑賞」、「三希堂精鑑璽」、「宜子孫」五璽。箋高四尺三寸三分有奇，廣一尺九寸五分有奇。

永瑢荷亭消夏軸

素箋本著色畫立軸，款署「子臣永瑢恭畫」，下有「子臣永瑢」、「敬畫」兩印。上方有「乾隆御覽之寶」、「石渠寶笈」、「乾隆鑑賞」、「三希堂精鑑璽」、「宜子孫」五璽。箋高四尺五寸，廣一尺九寸四分。

永瑢巖寺春雲軸

素箋本著色畫立軸，款署「子臣永瑢恭畫」，下有「子臣永瑢」、「敬畫」两印。上方有「乾隆御覽之寶」、「石渠寶笈」、「乾隆鑑賞」、「三希堂精鑑璽」、「宜子孫」五璽。箋高三尺九寸三分，廣一尺三寸七分。

冷枚五老朝陽圖軸

素箋本著色畫立軸，款識「□□冷枚敬畫」，下有「冷枚字吉臣」、「金門畫史」两印。上方有「乾隆御覽之寶」一璽。下方有「樂善堂圖書記」一璽。絹高九尺一寸二分，廣五尺一寸九分。

冷枚東昇圖軸

素絹本立軸著色畫白兔二，款識「臣冷枚敬畫」，下有「臣冷枚」、「夙夜匪懈」两印。上方詩塘有「乾隆御覽之寶」一璽。絹高五尺五寸四分，廣二尺九寸七分。

唐岱仿沈周楓林覓句圖軸

素箋本著色畫立軸，款識「仿明沈周筆意，臣唐岱恭畫」，下有「臣唐岱」、「恭繪」兩印。上方詩塘有「乾隆御覽之寶」一璽。箋高八尺一寸四分，廣四尺四寸五分。

唐岱晴巒春靄圖軸

素絹本著色畫立軸，款識「晴巒春靄，乾隆六年霜降仿黄公望，臣唐岱恭畫」。下有「臣唐岱」、「朝朝染翰」兩印。上方有「乾隆御覽之寶」一璽。絹高八尺八寸五分，廣五尺九寸九分。

姚文瀚鍾祥衍慶圖軸

素箋本著色畫立軸，款署「臣姚文瀚恭繪」，下有「臣」、「文瀚」两印。上方有「乾隆御覽之寶」、「石渠寶笈」、「乾隆鑑賞」、「三希堂精鑑璽」、「宜子孫」五璽。箋高二尺五寸八分，廣一尺九寸五分。

姚文瀚仿宋人勘書圖軸

素箋本著色畫立軸，款署「臣姚文瀚恭繪」，下有「文」、「瀚」两字两印。上方押縫有「乾隆御覽之寶」、「乾隆鑑賞」两璽。下方有「石渠寶笈」、「三希堂精鑑璽」、「宜子孫」三璽。箋高一尺五寸七分有奇，廣一尺三寸五分。

高其佩仙山樓閣圖軸

素絹本著色畫立軸，款識「康熙壬寅春鐵嶺高其佩製」。下有三小印，不可辨。

上方有「乾隆御覽之寶」一璽。絹高五尺九寸七分有奇，廣三尺八分。

高其佩海天日出圖軸

素絹本著色畫立軸，款署「臣高其佩恭繪」，下有「臣高其佩」、「恭畫」兩印。上方有「乾隆御覽之寶」一璽。絹高七尺三寸一分，廣四尺一寸五分。

高其佩花鳥寫生軸

素絹本著色畫立軸，款署「臣高其佩恭繪」，下有「臣高其佩」、「恭畫」兩印。上方有「乾隆御覽之寶」一璽。絹高六尺七寸三分，廣三尺八寸九分有奇。

高其佩指頭畫七子圖軸

素箋本著色畫立軸，款識「高其佩指頭畫」，下有「其」、「佩」兩字兩印。又有「何勞九朽一罷寧无四勢六法」一印。上方有「乾隆御覽之寶」一璽。箋高三尺七寸八分，廣一尺八寸八分。

方琮松巖積翠軸

素箋本著色畫立軸，款署「臣方琮恭繪」，下有「臣」、「方琮」两字两印[一四]。上方有「乾隆御覽之寶」、「石渠寶笈」、「乾隆鑑賞」、「三希堂精鑑璽」、「宜子孫」五璽。箋高五尺七寸，廣二尺二寸八分有奇。

王鑑山水軸

素箋本墨畫立軸，款題云：燕子低飛不動塵，黄鶯嬌小未禁春。東風緑遍門前草，細雨含煙愁路人。燒燈了過客思家，寂寂衡門數暝鵶。燕子未歸梅落盡，小窻明月屬梨花。倪高士有《溪亭山色》，向藏吴郡王文恪公家，後歸王長安，余時得縱觀，今不知流落何處。閑坐紅梅花下，風日晴美，滌硯伸紙，漫師此意，不求形似也。

染香遺老王鑑。下有「王鑑之印」一印。前有「來雲館」一印。上方有「乾隆御覽之寶」一璽。箋高二尺五寸一分，廣一尺二寸九分。

王原祁山水軸

素絹本著色畫立軸，款署「臣王原祁恭畫」，下有「臣原祁」一印。上方有「乾隆御覽之寶」、「石渠寶笈」、「乾隆鑑賞」、「三希堂精鑑璽」、「宜子孫」五璽。箋高三尺八寸七分，廣二尺二寸一分。

朱淪瀚指頭畫松鶴軸

素絹本著色畫立軸，款署「臣朱淪瀚指頭恭畫」，下有「臣朱淪瀚」、「指頭恭畫」兩印。上方有「乾隆御覽之寶」一璽。絹高一丈一寸一分，廣五尺一寸二分。

王翬春遊圖軸

素絹本著色畫立軸，款識「康熙丙寅三月畫于金陵客舍，王翬」。下有「王翬之印」、「石谷」两印。上方有題詩二句云：春遊不覺歸來晚，花壓重門待月敲。又有「乾隆御覽之寶」一璽。絹高八尺三寸六分，廣五尺五寸三分。

錢載菊石軸

素箋本著色畫立軸，款署「臣錢載恭畫」，下有「臣」、「載」两字两印。上方有「乾隆御覽之寶」、「石渠寶笈」、「乾隆鑑賞」、「三希堂精鑑璽」、「宜子孫」五璽。箋高五尺八寸一分，廣二尺四寸九分。

惲壽平藤花軸

素絹本著色畫立軸，款識「東皐籐花下，南田壽平製」。下有「正叔」、「壽平之印」兩印。上方有「乾隆御覽之寶」一璽。絹高九尺七寸七分，廣六尺一寸一分。

余省牡丹雙鵪軸

素絹本著色畫立軸，款識「臣余省恭畫」，下有「臣余省」、「恭畫」兩印。上方左角有「乾隆御覽之寶」一璽。絹高五尺五寸，廣三尺七分。

丁觀鵬天馬獻瑞圖軸

素絹本著色畫立軸，款署「臣丁觀鵬恭畫」，下有「臣丁觀鵬」、「恭畫」兩印。上方有「乾隆御覽之寶」一璽。絹高六尺九寸九分，廣五尺一寸九分有奇。

林朝鍇蒼松霜隼圖軸

灑金箋本著色畫立軸，款題云：戢羽收拳圖畫裏，黃鸝紫燕莫相猜。丁未嘉平粵東林朝鍇寫。下有「飛花」、「點筆」兩印。前有「尺五天」一小印。上方有「乾隆御覽之寶」一璽，下方有「樂善堂圖書記」一璽。詩塘有寶親王題詩一章云：長松落落拏龍虬，下映清淺之碧流。何來霜隼脱羈韝，高枝獨立態轉遒。摶風羽翮横九秋，電光閃閃輝雙眸。掛壁直使燕雀恐，啣泥怯上雕梁頭。君不見，將軍臂上軒勇氣，飢飽由來受人制。又不見，王孫愛汝雪毛奇，高飛不得遭縛繫。豈如幻化生綃裏，礪爪秋空攫飛雉。五方小兒漫張羅，因風直欲淩雲起。寶親王題。箋高三尺七寸六分，廣一尺八寸七分。

宋駿業嵩祝圖軸

素絹本著色畫立軸，款署「臣宋駿業恭畫」，下有「臣宋駿業」一印。上方有「嵩祝圖」三字，又有「乾隆御覽之寶」一璽。絹高七尺四寸九分，廣四尺九寸三分。

李相山水軸

素絹本著色畫立軸，款識「石泉李相畫」五字。下有一印，漫漶不可辨。又有

「五溪居士石泉主人」一印，上有「乾隆御覽之寶」一璽。絹高五尺三寸二分，廣三尺三寸九分。

校勘記

[一]此畫現藏「臺北故宮博物院」，原簽題作五代黄筌畫，今改定爲元王淵畫。據「臺北故宮博物院」書畫處著録，印文「可問」作「可聞」，「洪崖樵者」作「洪崖樵書」，「原齋」作「原丞」。

[二]此處印文數目或有誤。

[三]此處印文當作「宜爾子孫」。

[四]「淡本」當作「本淡」。

[五]據下文，「元度徐」當作「徐元度」。

[六]「書行」當作「行書」。

[七]此處印文數目或有誤。

[八]「云屬」原文作「屬云」，據文意改。

[九]此處印文著録或有誤。

［一〇］「英芝」底本作「芝英」，據下文改。

［一一］「軸立」當作「立軸」。

［一二］第二個「印」字當爲衍文。

［一三］「峯」底本作「蜂」，據目録改。

［一四］此處印文著録或有誤。

册之屬

宋黄庭堅梨花詩册

素箋本十二頁，行書《梨花詩》十三首云：玉樹亭亭覆碧堦，當年莫問阿誰栽。春深雪鎖瓊枝上，端爲東君雨後開。翠含寒雪舞嬌姿，一種清標自出奇。香淺空庭翻紫燕，卻教蝴蝶引魂時。上林萬卉鬬嬴輸，玉結嬌香自不如。花下一樽挽春色，蝶來蜂去興初餘。著意問花花不語，留春有酒酒生香。花下高歌情自爽，燕啣花瓣入華堂。亭院春餘唤酒宜，酒情詩興爲花移。瓊葩映酒分顔色，玉露飄摇亂雪枝。年年玉乳態尋常，今日花開白雪香。引我詩魂游上苑，莫教春色别流光。一枝玉剪剪冰裳，寄在春條香满堂。分付東風莫摇落，還留佳興舞雲將。春老飄殘陌上花，重門深鎖惜芳芽。關心怕是三更雨，點點愁聲到館娃。淡籠春韻向晴堦，疑是羅浮月裏栽。幽意不傳花信去，雪香深鎖待君開。曉風冉冉曲欄遲，露落妝鈿懶玉姿。莫是夜來香夢杳，難禁深院語鶯時。梁園雪盡已無餘，月鎖瑶枝冷自如。妬殺雙雙白燕子，故將春事往來輸。玉蛾翻影拂虚窗，逗得輕風小扇香。春去似憐人寂寞，却傳清韻問西堂。芳罇幽賞客來宜，句落花前雪羽移。千載清平詞調絶，不須蝴蜨怕南枝。右梨花十三絶，爲錦江笑笑先生書於石室，魯直識。箋前半頁有宋珏隸書「黄文節公梨花詩帖」八字，下有「書史花農」一印。首頁有「生安穩想」、「友是蘭」二印。每頁均高七寸八分，廣四寸三分。

宋米芾書漢武帝秋風辭册

素箋本行書，共六頁。第一頁有「乾隆御覽之寶」一璽。第六幅款書「元章」，下有「楚國米芾」一印。箋高一尺，廣一尺三寸六分。

宋劉松年二十四孝圖趙孟堅書合册

素絹本著色繪圖、素箋本烏絲闌楷書各二十四幅，書畫相間，先圖後書，共合二十四頁。畫絹每幅均有「吴梅谿氏鑒定」、「子京所藏」兩印。第二十四幅畫屏風上款書「劉松年造」四小字。書箋第一幅題云：虞舜，瞽瞍之子，性至孝。父頑，母嚚，弟象傲。舜耕於歷山，有象爲之耕，鳥爲之芸，其孝感如此。帝堯聞之，事以九男，妻以二女，遂以天下讓焉。第二幅題云：漢帝名恒，高祖第三子，初封代王。生母薄太后，帝奉養無怠。母嘗病三年，帝目不交睫，衣不解帶，湯藥非口親嘗弗進，仁孝聞天下。第三幅題云：周閔損，字子騫。早失母，父娶後母，生二子，衣以綿絮，妬損，衣以蘆花。父令損御車，體寒失靷，父察知故，欲出後母。損曰：母在一子寒，母去三子單。母聞改悔。第四幅題云：周仲由，字子路。家貧，嘗食藜藿之食，爲親負米百里之外。親殁，南遊於□，從車百乘，積粟萬鍾，累裀而坐，列鼎而食，乃嘆曰：雖欲食藜藿，爲親負米，不可得也。第五幅題云：周曾參，字子輿，事母至孝。參嘗採薪山中，家有客至，母無措，望參不還，乃嚙其指，參忽心痛，負薪以歸。跪問其故，母曰：有急客至，吾嚙指以悟汝爾。第六幅題云：周老萊子至孝，奉二親極其甘脆，行年七十，言不稱老。嘗著五彩斑斕之衣，爲嬰兒戲於親側。又嘗取水上堂，詐跌臥地，作嬰兒以娱啼[一]親意。第七幅題云：周剡子性至孝，父母年老，俱患雙目，思食鹿乳。剡子乃衣鹿皮，去深山，入鹿群之中，取鹿乳供親，獵者見而欲射之，剡子具以情告乃免。第八幅題云：漢黄香，年九歲，失母，思慕惟切，鄉人稱其孝。躬執勤苦，事父盡孝，天暑熱，扇涼其枕簟，冬天寒冷，以身煖其被席。太守劉護表而異之。第九幅題云：漢姜詩，事母至孝，妻龐氏，奉姑尤勤。母好飲江水，去舍六七里，妻常出汲，謹而奉之。母更嗜魚膾，又不能獨食，夫婦常力作供膾，召隣母共食。舍側忽有湧泉，味如江水，日躍雙鯉，時取以供母。第十幅題云：漢郭巨家貧，有子三歲，母嘗減食與之。巨爲妻曰：貧乏不能供母，子又分母之食，盍埋此子？兒可再有，母不可復得。妻不敢違，巨遂掘坑三尺餘，忽見黄金一釜，金上有字云：天賜黄金，郭巨孝子。官不得奪，民不得取。第十一幅題云：漢蔡順少孤，事母至孝，遭王莽亂，歲荒不給，拾棄椹，以異器盛之，赤眉賊見而問之，順曰：黑者奉母，黄者自食。賊憫其孝，以白米三斗、牛蹄一隻與之。第十二幅題云：漢江革，少失父，獨與母居。遭亂，負母逃難，數遇賊，或欲劫將去，革輒泣告有老母在，賊不忍殺。轉客下邳，貧窮，裸跣行傭以供，母之便身之物，莫不畢給。第十三幅題云：漢丁蘭，幼失父母，未得奉養，而思念劬勞之恩，刻木爲像，事之如生。其妻久而不敬，以鍼戲刺其指血出，木像見蘭，眼中垂淚，蘭問得其情，蘭將妻即棄之。第十四幅題云：漢董永，家貧，父死，賣身貸錢而葬。及去償工，遇一婦，求爲永妻，俱至主家，令織縑三百疋乃回。一月完成，歸至槐樹陰會所，遂辭永而去。第十五幅題云：漢陸績，年六歲，於九江見袁術，術出橘待之。績懷橘二枚，及歸，拜辭墜地，術曰：陸郎作賓客而懷橘乎？績跪答曰：吾母性之所愛，歸以遺母。術大奇之。第十六幅題云：魏王裒，事親至孝，母存日性懼雷，既卒，殯葬於山林。每遇風雨，聞阿香響震之聲，即奔至墓所拜泣告曰：裒在此，母親勿懼。嘗讀詩至「哀哀父母，生我劬勞」，未嘗不三復流涕，門人并廢《蓼莪》之篇。第十七幅題云：晋孟宗少失父，母老疾篤，冬日思笋煮羹食，宗無可計得，乃往竹林中抱竹而泣，孝感天地，須臾地裂，出笋數莖，持歸作羹奉母，食畢疾愈。第十八幅題云：晋吴猛，年八歲，事親至孝。家貧，榻無帷帳，每夏夜，蚊多噆膚，恣渠膏血之飽，雖多不驅之，恐其去已而噬其親也。愛親之心至矣。第十九幅題云：晋王祥，早失母，繼母朱氏不慈，父前數譖之，由是失愛於父。母嘗欲食生魚，時天寒冰凍，祥解衣卧冰求之，忽冰自解，雙鯉躍出，持歸供母，鄉里驚嘆，以爲孝感所致。第二十幅題云：晋楊香，年十四歲，嘗隨父豐往田穫粟，父爲虎曳去，時楊香手無寸鐵，惟知有父而不知有身，踴躍向前，搤持虎頭，虎亦磨牙而逝，父因得免於害。第二十一幅題云：宋朱壽昌，年七歲，生母劉氏爲嫡母所妒出嫁，母子不相見者五十年。神宗朝棄官入秦，與家人訣誓，不見母不復還，後行次同州得之，時母七十餘。第二十二幅題云：齊庚黔婁爲孱陵令，到縣未旬日，忽心驚汗流，即棄官歸。時父疾始二日，醫者曰：欲知瘥劇，但嘗糞，苦則佳。黔婁嘗之甜，心甚憂之。至夕稽顙北辰，求以己身代父死。第二十三幅題云：唐崔山南曾祖長孫夫人年高無齒，祖母唐夫人每日櫛洗升堂，乳其姑，姑不粒食數年而康。一日病，長幼咸集，乃宣言無以報新婦恩，願子孫婦孝敬如新婦矣。第二十四幅題云：宋黄庭堅，元祐中爲太史，性至孝，身雖顯貴，奉母盡誠。每夕親自爲母滌溺器，未嘗一刻不供子職。款識「彝齋居士趙孟堅書」。每幅均有「趙子固」、「彝齋」两印。又有「檇李項氏□□寶玩」、「子京」、「神遊心賞」、「宫保世家」、「項墨林父秘笈之印」諸印。第一幅有「乾隆御覧之寶」一璽。第二十四幅又有「陳氏鑒賞」、「溪南氏家藏」[三]、「珍魯鑑賞」三印。絹箋每幅均高一尺八分，廣七寸九分。

宋繡十八羅漢像册

素綾本五彩繡，無款識。像共二十幅。第一幅有「乾隆御覧之寶」、「秘殿珠林」两璽。末幅有「乾隆鑑賞」、「三希堂精鑑璽」、「宜子孫」三璽。每幅均高九寸七分，廣六寸九分。

元趙孟頫道統源流五册

素箋本朱絲闌小楷書五册，共計二百八十四頁，每頁十二行，每行二十六格。第一册共五十四頁，第一、第二兩頁楷書「趙氏字學書譜三則」。第一頁有「重光□□八奕延嗣」、「松雪齋」兩印，又有「石渠寶笈」一璽。第二頁有「吴興趙氏」、「子昂」兩印。押縫有「乾隆御覽之寶」一璽。又自第一頁至五十二頁止。第一頁有「重光□□八奕延嗣」一印。第二册共七十四頁，自五十三頁至一百二十六頁止。第三册共七十頁，上半册自一百二十七頁至一百四十六頁止。第四十六頁[三]款書「吴興趙子昂書」，有「重光□□八奕延嗣」、「孟嗣之章」[四]、「趙氏子昂」諸印。下半册共五十頁，自第一頁至五十頁止。第一頁有「重光□□八奕延嗣」、「松雪齋」諸印。第四册共五十二頁，自五十一頁至一百零二頁止。第五册共三十四頁，自一百零三頁至一百二十三頁止。第一百二十三頁下有「趙氏子昂」一印。又有詩文選十三頁，第一頁有「重光□□八奕延嗣」、「松雪齋」二印，第十三頁款題「翰林承旨趙子昂書」，有「松雪齋」、「吴興」、「重光□□八奕延嗣」、「孟頫之章」、「趙氏子昂」諸印。拖尾有文彭、徐輝兩跋。箋末有「乾隆御覽之寶」、「三希堂精鑑璽」、「宜子孫」三璽。箋每頁均高七寸六分，廣五寸。

按趙子昂，宋太祖秦王德芳之後也，居湖州。宋亡，居家力學，爲程鉅夫搜訪，遂仕於元。楊載稱其才爲書畫所掩，人不知其文章，知其文章，不知其經濟之學。英宗二年六月卒於松雪齋中。此書名爲《道統源流》，乃彙集宋諸名家之精華，手録以成帙者。不特其所集書之妙，即其手筆精工，無一毫苟且，可爲千古什襲。噫！今之鑑賞家得松雪翁之遺筆，即片紙尺字，無不推爲至寶，况此書耶？余得拜觀，甚爲欣幸之至，援筆識此。三橋文彭題于悟言室中。

余最□藏前人名書，雖不及汗牛充棟，而架上牙籤亦自不少。然欲如趙文敏手録《道統源流》，此帖蓋不易得者。友人持示，不惜重價得之重裝，識于世恩堂。鳳陽徐輝祖藏。

元顧安水仙册

素箋本十幅著色畫，無款識。箋每幅均高八寸四分，廣七寸一分。

元張正花鳥册

素絹本著色畫，共十二幅，款題「至正丙申二月畫於杭城寓齋，張子正」。每幅均有「子正」一印。又每幅均有「應龍私印」一印，惟第八幅無之。第十二幅有「乾隆御覽之寶」一璽。絹每幅均高一尺五分，廣九寸。

明文徵明落花詩册

素箋本烏絲闌，共十一頁，每頁八行，行書《落花詩》十首云：

蜂撩褪粉偶黏衣，春減都消一片飛。蒂撓園風無那弱，影摇庭日已全稀。尊前漫有盈盈淚，陌上空歌緩緩歸。未便小齋渾寂寞，緑蔭幽草勝芳菲。

零落佳人意暗傷，爲誰憔悴減容光。將飛更嫵迎風面，已褪猶嫣洗雨妝。芳草一年空路陌，緑蔭明日自池塘。名園酒散春何在，惟有歸來屐齒香。

撲面飛來漫有情，細香歌扇障盈盈。紅吹乾雪風千點，綵散朝雲雨满城。春水渡江桃葉暗，茶煙圍榻鬢絲輕。從前不恨飄零事，青子梢頭取次成。

悵人無奈曉風何，逐水紛紛不戀柯。春雨卷簾瘦紅粉，夜涼踏影月明多。章臺舊事愁邊路，金縷新聲夢裏歌。過眼莫言皆物幻，别收功實在蜂窠。

戰紅酣紫一春忙，回首歸春屬渺茫。竟爲雨殘緣太冶，未隨風盡有餘香。美人睡起空攀樹，蛺蜨飛來却過墻。脉脉芳情天萬里，夕陽應斷水邊腸。

桃蹊李徑緑成叢，春事飄零付落紅。不恨佳人難再得，緣如色相本來空。舞筵意態飛飛燕，禪榻情懷裊裊風。蜨使蜂媒都爛熳，一番無味夕陽中。

開喜穠纖落更幽，樹頭何用勝谿頭。有時細數坐來久，盡日貪來忘却愁。惹草縈沙風冉冉，傷春悵别水悠悠。不堪舊病仍中酒，疎雨濃煙鎖畫樓。

風裊殘枝已不任，風飄萬點更愁人。清溪浣恨難成錦，紅雨鏖香併作塵。明月黄昏何處怨，遊絲白日静中春。急須辦取東欄醉，倒地猶堪藉綺茵。飛如有戀墮無聲，曲砌斜臺看得盈。細草栖香朱點染，晴絲撩片玉輕明。江風飄泊明妃淚，緑葉差池杜牧情。賴是主人能愛惜，不曾緣客掃柴荆。情知芳事去還來，眼底飄飄自可哀。春漲平添棄脂水，曉寒思築避風臺。霑衣成陣看非雨，點徑能匀襯有苔。穠緑已無藏艷處，笑他蜂蝶尚徘徊。

款識云：此詩余甲子歲作，回首四十八年矣。人生幾何，破此工夫爲無益之事，良可嘆也。辛亥六月八日，徵明識。下有「文印徵明」、「衡山」两印。首頁有「乾隆御覽之寶」一璽，又有「朱臥菴收藏印」一印。末頁有「周應寶印」、「抱一齋」两印。每頁後押縫有「應」字一印，缺右半。箋每頁均高七寸七分，廣九寸三分。

明文徵明山水册

素箋本墨畫十二幅，題詩十二頁，跋二頁。畫箋第一、第九、第十二幅有「徵」、「明」两字两印。第二、第十幅有「停雲」一印。第三、第七幅有「徵明」两字一印。

第四、第五幅有「悟言室」一印。第六幅有「文印徵明」一印。第八、第十一幅有「徵仲」兩字一印。詩箋第一頁陸師道題詩云：飛泉屋頭掛，碧澗檻前流。幽意誰能會，巖居五月秋。又周天球題云：結茆古巖下，俯見清溪色。略彴可通人，時來問奇客。陸師道。[五]第二頁周天球題云：寂寞空山裏，臨流聽玉淙。悠然坐竟日，落景下高春。周天球。又陸師道題詩云：飛泉觸石鳴，出澗已無聲。料得臨流者，應知行險情。陸師道。第三頁周天球題詩云：高林木葉脱，山色含淡秋。返照映空碧，溪亭事事幽。周天球。又陸師道題詩云：清溪滙流泉，山遠紅塵隔。幽亭無人來，樹色映深碧。陸師道。第四頁周天球[六]。又陸師道題詩云：雨過雲猶滴，嵐光翠不分。炊煙起深樹，縹緲接歸雲。陸師道。第五頁周天球題詩云：灌木深障日，層岩高切雲。草閣飛泉上，滄然遺世氛。周天球。又陸師道題詩云：草閣俯潺湲，飛泉落樹間。漱流兼枕石，吾道在青山。陸師道。第六頁周天球題詩云：淺渚微通水，重山杳起峰。前林擥秀去，渺渺白雲封。周天球。又陸師道題詩云：水勢緣源曲，岡形抱澗深。山川勞應接，擬泛武夷潯。陸師道。第七頁周天球題詩云：

江光淼秋影，林木浄煙霏。雒雒厓際坐，看山忘暮歸。周天球。又陸師道題詩云：日出坐溪上，日斜猶未歸。青山無限好，況復有漁磯。陸師道。第八頁周天球題詩云：曲渚冒深竹，蕭蕭萬玉鳴。放舟沿瀨去，湘水有餘情。周天球。又陸師道題詩云：渭川千畝竹，漁舟去欲迷。借問篔簹谷，何似桃花溪。陸師道。第九頁周天球題詩云：山色微經雨，林光淡抹秋。風前天籟發，一笛起中流。周天球。又陸師道題詩云：吹笛下滄浪，清聲振林木。回飈激餘音，驚起沙鷗宿。陸師道。第十頁周天球題詩云：飛瀑半空下，輕雷隔岸聞。探奇忘歸去，松杪映斜曛。周天球。又陸師道題詩云：懸瀑下平岡，翠屏玉龍舞。松風川上來，拂面作山雨。陸師道。第十一頁王穉登題詩云：埜岡春竹細如絲，石斷泉飛風亂吹。疑是黄陵西去路，馬頭雲氣二妃祠。王穉登。又陸師道題詩云：竹色連岡密，泉聲出澗幽。春山積雨霽，蕭瑟逈疑秋。陸師道。第十二頁周天球題詩云：日落山更遥，松鳴溪欲晚。小橋荏葦深，獨往興不淺。周天球。又陸師道題詩云：長松映晴川，雲浸鱗鬣冷。閑步赤欄橋，顧見虬龍影。陸師道。詩箋後二頁，首頁王世懋跋云：文徵仲太史於畫絶重沈啟南徵君，太史殁而名埒徵君，畫價騄騄□昂。二公故皆博綜諸家，游戲三昧，然而長幀大幅則石田擅其雄，赫蹏尺素則衡山標其秀，故各有至也。此册是太史公畫以授其徒朱子朗者，生平心訣在焉。又□淡小景偏是所長，上自董、巨、米顛，下遇叔明、子久，中間所得，承旨尤多，大是吴中名品。得之者徐建甫氏，吾兒騆僚壻也，屬騆以示余，故得備而論之。萬曆癸未春閏月，墻東居士王世懋書於澹圃之日損齋中。次頁張鳳翼跋云：此文太史爲其高弟子朱子朗作小幅，幅各效古衣鉢也。中間效董、巨者二、李成者一、范寬者一、小米者一、子久、叔明、元鎮者各一、仲圭者一，而趙文敏獨居其三焉。蓋太史生平所舊擬也。昔人謂短長肥瘦各有態，飛燕玉環俱絶倫，當借爲題評。建甫不獨好事，且好爲賞鑑家，架上所蓄名筆甚夥，而於此册尤加珍惜，可謂寶得其寶矣。萬曆庚寅張鳳翼題於陽春堂。箋高八寸九分，廣四寸九分有奇。

明董其昌書册

素箋本行書十二頁，款識「米元章此帖罕見，因臨之，其昌」。下有「董印其昌」、「大宗伯章」兩印。首頁有「乾隆御覽之寶」一璽。箋高八寸一分，廣六寸七分。

明董其昌臨淳化閣帖十册[七]

素箋本行書十册，每册第一行題閣帖第一二等字，第二行書「華亭董其昌臨」六字，上均有「乾隆御覽之寶」一璽。又有「心賞齋」、「雲間朱氏珍藏」、「董氏家藏」三印。第一册首頁又有「蕉林梁氏書畫之印」、「棠村審定」兩印。第一册至九册每册均十八頁，第十册共十七頁。第一册款識云：帝王書，漢章帝有創始之能，唐文皇得右軍之法，晋梁諸帝亦有可觀，餘俱不必學。庚申春二月即望，其昌識。下有「董其昌」、「玄宰」兩印。又有蕉林三印[八]。第二册款識云：晋人書蕭散不羈，別有一種風度，絕無刻板之病。所謂字如算子便不是書，學者握筆，便當念此，自然超乘而上。其昌。下有「董印其昌」一印。第三册款識云：辛酉修禊日書竟，其昌。下有「董其昌」一印。第四册款識云：壬戌春王月，雪窗岑寂，偶檢笥中，得曩所臨《閣帖》三卷，頗念余懶役手腕，當如以一簣自進，於是鼓興摹此，閱四日，遂能竟之。其昌識。下有「昌」字一印。第五册款識云：宋儋書詞翰俱佳，智果行間絶俗，至於古法帖，錯雜多訛，略存其意耳。丙寅新秋八月，其昌識。下有「董氏玄宰」一印。第六册款識云：右軍書字勢如鳳翥鸞翔，筆似奇而反正，宜其爲千古字學之祖。每臨數行，輒爲斂手。昔趙文敏補米元章《壯懷賦》數字，又復廢去，余以俟他人覆醬瓿也。其昌并識。下有「董其昌」、「董氏玄宰」兩印。第七册款識云：四月六日舟過白門，風阻采石，數日不止。舟中無事，兩手如懸椎，偶檢笥中，得所摹《閣帖》，爲竟此卷。其昌識。又云：臨古人法帖，惟在得其神韻，若以形式苛求，非知書者也。其昌又識。第八册第十二頁自題云：天下幾人學杜甫，誰得其皮骨耶？世人每學《蘭亭》面，欲换凡骨無金丹。老杜詩正如右軍書，學之轉似轉遠。李邕云學我者死。良然。下有「董印其昌」一印。款識云：書法雖貴藏鋒，然不得以糢糊爲藏鋒。

須有用筆如太阿剸截之意，蓋以勁利取勢，虚和取韻，顔魯公所謂「以印印泥，如錐畫沙」是也。細參右軍書，思過半矣。其昌識，戊辰立春日。下有「董氏玄宰」一印。第九册款識云：大令《東山松》真跡、《送梨帖》真跡，皆曾見之，今不知歸何人。遒勁奔軼，令人氣懾，不能臨寫。夫書法，漸老漸熟，乃造平淡。米老友隔一塵，敢自許乎？題以志吾愧。其昌。下有「董印其昌」、「董氏玄宰」兩印。第十册共十六頁，第十三頁款識「辛未七夕前一日臨畢，董其昌」，下有「董其昌」、「玄宰」兩印。又自識云：余參唐人書，無不出於二王，但能脱去臨仿之跡，乃稱名家。世人但學《蘭亭》面，誰得其皮與骨？凡臨書者，不可不知此語。越三日重題。下有「董印其昌」一印。又自識云：予於丙寅歲既成《閣帖》五本，邢子愿謂余曰，此帖精采，全在二王。字字騫翥，如鸞停鵠佇，勢奇反正，藏鋒裹鐵，遒勁蕭遠，非余書不能爲之傳神。余深然之，遂劈紙復竟此五卷，旋書旋歇，先後凡十有二年，始克成帙，亦祇以免半途之誚耳。若曰傳神，則吾豈敢。仲秋十有七日再識。其昌。下有「董氏玄宰」一印。又自識云：余臨此帖，皆以意爲之，未嘗規模步趨，一似撫無絃琴，尤覺世之刻畫肖似者，葛藤多事耳。重九日又題。下有「昌」字一印、「玄宰」兩字一印。又自識云：余此帖計十二年而成，半生精力盡萃於此，向秘笥篋，今偶檢出，以付孫黄中習。戊寅夏五月二日券記，思翁。下有「董印其昌」一印。箋末有「蕉林」、「觀其大略」兩印。箋每頁均高七寸三分，廣八寸四分。

明董其昌臨淳化閣帖十册

素箋本行書，共十册，附跋。第一册三十二頁，第二册二十三頁，第三册二十二頁，第四册三十頁，第五册二十四頁，第六册二十一頁，第七册二十九頁，第八册二十五頁，第九册二十三頁，第十册二十九頁。每頁□行。每册首均行書「淳化閣帖第幾卷」七字。第一册第一頁有「乾隆御覽之寶」、「石渠寶笈」兩璽，款識「壬申正月上元後一日董其昌臨」，下有「宗伯學士」、「董氏玄宰」兩印。第二册款識「泊舟清江浦臨，其昌」，下有「宗伯學士」、「董氏玄宰」兩印。第三册款識「壬申正月二十四日舟次新莊臨，其昌」，下有「宗伯學士」、「董氏玄宰」兩印。第四册款識「舟次古城，其昌臨」，下有「董印其昌」、「董氏玄宰」两印。第五册款識「舟行蘇門道中，蓬窗多暇，興到欲書，拈筆臨仿，遂竟此册。覺平日所書更勝一籌，其昌識」，下有「宗伯學士」、「董氏玄宰」两印。第六册款識「舟行清源驛，其昌臨」，下有「董氏其昌」一印。第七册款識「臨於桃花口，其昌」，下有「董氏其昌」一印。第八册款識「其昌舟次楊村守風臨之」，下有「宗伯學士」、「董氏玄宰」两印。第九册款識「舟次知合驛，其昌」，下有「宗伯學士」、「玄宰」两印。第十册款識云：二月十九日晨起，作楷書《心經》數行，覺筆法墨法似有所會，因臨此《淳化閣帖》末卷獻之書，心手俱暢，所謂張長史郎官壁記，乃狂草之築基也。其昌識。下有「宗伯學士」、「董氏玄宰」两印。每册有「尾□山」两字一小印[一〇]。跋一册，共五頁，有文震孟跋云：吾松董宗伯書法爲當代第一，上自魏、晋、唐，稍下宋四大家，再下勝國趙松雪，無所不學，亦無所不妙。然其書予頻數領略，未嘗不爲之擊節賞歎。至若此帖，纍數十家之精華而悉歸之掌腕間，寧不令人心駭神悚。此人之所不能者，而公獨能之，三百年來所未有也。壬申春，予奉使歸，日坐清瑶嶼中，適有客持示此帖，展閱三復，不勝敬仰，遂爲之題。是歲菊月既望，長洲文震孟書。又許經跋云：江左諸賢家擅墨妙，宗伯公此卷，正如王、謝大人冠劍議事，不復作麈尾團扇舉止也。許經跋。又周裕度跋云：余嘗見宗伯先生手臨衆體於同社徐太學九玉家，疑游五都，目見瓌寶。今復披此册，又是五龍之頷顆顆夜光也。壬申小春望日，周裕度跋。又范允臨跋云：董玄宰長余四歲，故其書亦在余先。玄宰追風逸足，一日千里，余乃駑駘躑躅，竟日尚在指顧間，其相去奚止逕庭已也。昔人臨帖，首稱米元章、趙松雪，餘無聞焉。然惟一二家而已，未有如玄宰此帖，衆妙畢臻而該括浩大，吾恐元章、松雪向爲書家巨擘，視此亦當爲之斂手，若余之十指如錐，益不足言矣。敬羡敬羡。時崇禎壬申孟冬上浣，石公山人范允臨題于天平山居。又馮明玠跋云：賞鑑家每以第五卷中評出數行，辨宋搨真僞，此猶論畫水者以手捫窪窿耳。若真見蜀两孫滔滔筆勢，真欲穿江破峽而出。吾於此册，不禁香象渡河想。癸酉四月題於邗關舟次，雲間馮明玠。末頁有「乾隆鑑賞」、「三希堂精鑑璽」、「宜子孫」三璽。箋每頁均高八寸三分，廣九寸。

明董其昌書蘭亭叙樂志論册

叙論合册，共八頁。前三頁素箋本小楷書《蘭亭叙》，款識云：定武禊帖，惟賈秋壑所藏至百餘種，令其客廖瑩中縮爲小本，或云唐時褚遂良已有之。余摹此本，亦從韓宗伯借臨，縮爲蠅頭體，第非定武帖耳。辛酉禊日并識。董其昌。下有「昌」字一印、「思翁」两字一印。前有「戲鴻堂」一印。押縫有「乾隆御覽之寶」一璽。箋高七寸二分，廣三寸二分。後五頁素箋本烏絲二十行小楷書《樂志論》，款識「董其昌書於石湖舟中，壬子九月廿三日」，無印記。箋高七寸七分，廣四寸二分。

明董其昌書白居易琵琶行册

素箋本行書八頁。第七、八頁自識云：白香山深於禪理，以無心道人作此有情癡語，幾所謂木人見花鳥者耶？山谷爲小詞，而秀鐵訶之，不止落驢胎馬腹，慧業綺語，猶當懺悔在。余書此歌，用米襄陽楷法，兼撥鐙，意欲與艷詞相稱，乃安得大珠小珠落研池也。董其昌。首末頁均有「乾隆御覽之寶」一璽。箋高八寸一分，廣八寸。

明董其昌行楷書册

素箋本烏絲闌十頁楷書，沈約《高松賦》、梁簡文《列燈賦》各一篇。自識云：余此書學右軍《黄庭》、《樂毅》而用其意，不必相似。米元章爲集古字，已爲錢穆父所訶，云須得勢，自此大進。余亦能背臨法帖，以爲非勢所自生，故不爲也。其昌。蘇端明畫古木竹石贈賈耘老，欲好事者月給周賈者，方以與之。余書畫浪得名，潤故人枯腸者不少，又吴子贋筆，借余姓名行於四方，余所至，士大夫輒以所收視余，余心知其僞而不辨，此以待後世子雲。又不知蘇公有此否也。蘇公好爲人作書，但棐几精張，牋素以俟，便得乘興。若求其書，必不可得。余亦不喜人求，若對面作書，即勉應之，亦不能工。又俗子自稱解書者，不應也。吾於書，似可直接文敏，第少生耳。而子昂之熟，又不如吾有秀潤之氣，惟不能多書，以此讓吴興籌一。畫則具體而微，要亦三百年來一具眼人也。今年遊白下，見褚遂良《西昇》，結構遒好，於《黄庭》、《像贊》外有筆思。米元章以爲經生書，又云是一種好僞物。余曾以顧虎頭《洛神圖》易之，主人迫欲朱提，力不能有，遂落賈兒手，如美人爲沙叱利擁去矣。書家以豪逸有氣，能自結撰爲極則。《西昇》雖俊媚，恨束於法，故米漫仕不甚賞心。若兒子輩能學，亦可適俗。因作小楷書記之。大字難于結密而無間，小字難于寬展而有餘，猶非篤論。若米老所云大字如小字，小字如大字，則以勢爲主，差近筆法。今榜書如米老之「寶藏第一山」、吴琚之「天下第一江山」，皆在趙承旨之上，雖顔魯公，猶當讓席。其得力乃在小行書時，留意結構也。書字家結字，一了一了，一差百差，要非俗子所解。東坡云：詩人有寫物之工，桑之未落，其葉沃若，他木不可以當此。林逋《梅花詩》「疎影横斜水清淺，暗香浮動月黄昏」，決非桃李詩。皮日休《白蓮詩》「無情有恨何人見，月朗風清欲墮時」，此必非紅蓮詩。裴璘《詠白牡丹》「長安豪貴惜春殘，争賞先開紫牡丹。別有玉盤承露冷，無人起就月中看」、「明月照積雪」、「大江流日夜」、「客心悲未央」、「澄江浄如練」、「玉繩低建章」、「池塘生春草」、「秋菊有佳色」，俱千古奇語，不必有所附麗，文章妙境既能瞭然。齊隋以還，神氣都盡矣。其昌。下有「董其昌」一印。又行書《評書》六則，款識「其昌」。下有「昌」字一印。首末頁均有「乾隆御覽之寶」一璽。箋每頁均高六寸，廣三寸二分。

明董其昌書花糕宴詩册

素箋本共六頁，行書《九日勑賜百官午門花糕詩》二首云：霜降應省百工勞，廣陛長筵許共叨。天樂九成重用九，神霄高處即登高。但將觀朵酬青女，底事歸遺浼錦袍。等是授衣開令節，又從仙掌飫恩膏。

建章月曉聽霜鐘，有詔分甘慶澤濃。已見鐵耕歸甑甗，誰知粉米補山龍。馨香讒鼎飡英候，舄奕桓圭輯瑞容。聖主考文天雨粟，故拈糕字慰三農。質公老先生正之。董其昌。下有「宗伯學士」、「董氏玄宰」兩印。第一頁有「乾隆御覽之寶」一璽。素箋每頁均高八寸二分，廣三寸七分。

明董其昌宋元人縮本畫跋册

書畫共二十二頁，又前有横幅二頁，題「小中現大」四字。前有「心賞齋」一印。款識「董其昌題」。下有「董印其昌」、「青宫太保」兩印。第一頁前半幅素絹本淡墨畫雪景，微著色，後半頁素箋本題跋云：此幅相傳爲范中立，時以范山頭多作蒙茸草樹，有相似耳。顧此法乃不始於范，范畫雄厚，亦與此幅門户不倫。諦玩之，其古雅簡淡，有摩詰之韻，兼巨然之勢，定是李營邱也。世人聞米元章欲作無李論，遂以李畫皆題爲范。癡人前不得説夢，此之謂也。戊戌六月二十三日雨霽，檢諸畫題。其昌。又題云：畫忌筆滑，欲其觚稜轉折，不爲筆使，惟此幅得之。所謂轉折者，在斷而不斷、續而不續處著力。又題。下有「董印其昌」一印。上有「乾隆御覽之寶」一璽。絹箋均高一尺八寸八分，廣一尺。第二頁前半幅素絹本淡墨畫山水，微著色，後半頁素箋本題云：北宋范中立《谿山行旅圖》，董其昌觀。下有「董印其昌」、「玄宰」兩印。絹箋均高一尺八寸一分，廣一尺一寸。第三頁前半幅素絹本淡墨畫山水，微著色，後半頁素箋本題云：董北苑真跡，神品，董其昌鑒定。下有「董氏玄宰」、「青宮太保」兩印。絹箋均高一尺七寸一分，廣八寸五分。第四頁前半幅素絹本淡墨畫山水，後半頁素箋本題跋云：趙文敏公學董北苑，天下第一。丁未禮白岳還，購之休寧洪氏。其昌。下有「董印其昌」、「玄宰」兩印。絹箋均高一尺八寸八分，廣一尺七分。第五頁前半幅素絹本淡墨畫雪山，後半頁素箋本題云：巨然《雪圖》，董其昌鑒定。下有「董其昌」、「玄宰」兩印。絹箋均高一尺七寸四分，廣八寸七分。第六頁前半幅素絹本著色畫山水，後半頁素箋本，無題識，絹箋均高一尺五寸九分，廣九寸五分。第七頁前半幅素絹本淡墨畫山水，微著色，後半頁素箋本題跋云：倪迂題元時畫，每稱房山、鷗波，雖大癡、叔明，猶下一格。觀此圖平淡天真，近於董、米，與子昂并絶，不虛矣。董其昌題。下有「董印其昌」、「大宗伯印」兩〔一二〕印。絹箋均高一尺七寸三分，廣八寸七分。第八頁前半幅素箋本淡墨畫山水，後半頁素箋本題跋云：此幅余爲庶常時見之長安邸中，已歸雲間，復見之顧中舍仲方所。仲方藏大癡諸畫盡歸於余，獨存此耳。觀大癡老人自題，亦是平生合作。張伯雨評云：峰巒渾厚，草木華滋，以畫法論，大癡非癡，豈精進頭陀，而以釋巨然爲師者耶？不虚也。庚申五月購之吴門并識，其昌。下有「董印其昌」、「宗伯學士」两印。箋均高一尺五寸五分，廣九寸四分。第九頁前半幅素絹著色畫山水，後半頁素箋本題跋云：黄子久臨董北苑畫二幅，一爲《浮嵐暖翠》，在嘉禾項元度家，一爲《夏山圖》，即此軸是也。子久學董元，又自有，子久可謂兼宋元之絶藝。語云冰寒於水，不虚耳。董其昌觀因題。下有「董印其昌」一印。絹箋均高一尺六寸四分，廣一尺七分。第十頁前半幅素絹本淡墨畫山水，後半頁素箋本題云：黄鶴山樵仿董源《秋山行旅圖》，先在余收藏。及觀此筆意也，從北苑出，實叔明未變本家體時傑作也。丁卯子月十九日。其昌。下有「董印其昌」、「大宗伯印」两印。絹箋均高一尺七寸四分，廣八寸。第十一頁前半幅素絹本淡墨畫山水，微著色，後半頁素箋本題云：梅華道人真蹟。跋云：巨然衣鉢，唯吴仲圭傳之，此圖不當作元畫觀，見是宋高人三昧。董其昌觀因題。下有「董氏玄宰」、「宗伯學士」两印。絹箋均高一尺七寸七分，廣一尺九分。第十二頁前半幅素絹本著色畫山水，後半頁素箋本題云：峰巒渾厚，草木華滋，以畫法論，大癡非癡，豈精進頭陀，而以釋巨然爲師者耶？張雨題。董其昌觀并書。下有「董印其昌」、「大宗伯印」兩印。絹箋均高一尺六分二分，廣八寸八分。第十三頁前半幅素絹本淡墨畫山水，後半頁羅紋箋本，無題跋。絹箋均高一尺七寸四分，廣九寸一分。第十四頁前半幅素箋本淡墨畫山水，微著色，後半頁素箋本題跋云：此吾鄉朱司成文石家藏也。司成元畫以此爲黄鶴第一，後歸顧光禄，轉入吴江鄒比部雲鵬，余從鄒之客得之，足稱墨寶，當在《青弁圖》之右。乙丑仲夏其昌識。下有「董印其昌」、「董氏玄宰」兩印。書畫箋均高一尺五寸六分，廣八寸二分。第十五頁前半幅素絹本淡墨畫山水，後半頁素箋本題云：南都魏國有世藏賜畫二軸，一爲董北苑，一爲梅華道人《關山秋霽圖》，皆世之罕物，此即梅華筆也。神品兼逸，奇絶奇絶。董其昌題。下有「董印其昌」、「大宗伯印」兩印。絹箋均高一尺九寸四分，廣一尺六分。第十六頁前半幅素絹本淡墨畫山水，後半頁素箋本題云：萬曆二十七年十六日易之，曹任之。二十八年重□觀，亦十六日也。其昌。下有「董印其昌」、「大宗伯印」兩印。絹箋均高一尺七寸一分，廣八寸六分。

第十七頁前半幅素絹本淡墨畫山水，後半頁素箋本題跋云：王駙馬《煙江疊嶂圖》，婁水王元美司農所□卷。余嘗借摹之。是觀菴主筆，乃一變其法，以吾家北苑爲宗。雖絹素黯淡，神采□□，神品也。董其昌題。下有「董氏玄宰」、「宗伯學士」兩印。絹箋均高一尺五寸七分，廣八寸三分。第十八頁前半幅素箋本淡墨畫山水，後半頁素箋本題云：子久論畫，凡破墨須由淡入濃。此圖曲盡其致，平淡天真，從巨然風韻中來。余家所藏《富春山卷》，正與同參也。董其昌觀因題，甲寅春二月。下有「董印其昌」一印。畫畫箋均高一尺五寸一分，廣八寸三分。第十九頁前半幅素箋本淡墨畫山水，後半頁素箋本題云：丙寅秋得之梁溪吴平之，丁卯秋歸之王璽卿遜之。遜之學山樵，幾於過藍，意猶未盡。便欲拔其幟矣。其昌。下有「董氏玄宰」、「宗伯學士」两印。書畫箋均高一尺五寸七分，廣七寸二分。第二十頁前半幅素箋本淡墨畫山水，後半頁羅紋箋本，無題識。箋均高一尺四寸三分，廣九寸四分。第二十一頁前半幅素箋本淡墨畫山水，後半頁素箋本題云：雲林畫，江南士大夫家以有無爲清俗，況此圖尤生平合作，爲遜之璽卿所收，如傳衣鉢矣。董其昌觀因題。

下有「董印其昌」、「大宗伯印」兩印。書畫箋均高一尺五寸五分，廣一尺九分。第二十二頁前半幅素箋本淡墨畫山水，後半頁羅紋箋本，無題識。箋均高一尺五寸九分，廣八寸四分。

明董其昌山水册

素箋本墨畫七幅，附跋二頁。第一、二、四、五、六幅均款識「玄宰畫」，第三幅款識「玄宰畫米家山」，第七幅款識「辛酉秋玄宰畫」。每幅款識下均有「董氏玄宰」一印。又每幅均有「式古堂書畫印」、「令之仙客」、「□令之鑑定」三印。第七幅有「乾隆鑑賞」一璽。畫箋每幅高八寸五分，廣六寸有奇。附跋二頁，跋云：余於畫道不能專詣，每見古人真跡，觸機而動，遂爲擬之，久則遺忘，都無所得。若欲今日爲之，明日復然，不能也。册葉小景不下百本，不知散何處，不曾相值。此册爲聖斐所藏，異時舟次晋陵，過從把玩，吾與我周旋，如忘勿憶，亦一快事。癸亥閏十月二十二日，董其昌臨。下有「董氏玄宰」一印。又有「式古堂書畫印」、「令之仙客」、「□令之鑑定」三印。箋高八寸五分，廣一尺二寸五分。次頁有陳繼儒跋云：文人之畫不在蹊徑，而在筆墨。李營邱惜墨如金，正爲下筆時要有味耳。元四大家皆然。吾觀玄宰此册，所謂以少許勝人多許。彼借名贋行者，望崖而反矣。眉公題。下有「眉公」、「一腐儒」兩印。又有「式古堂書畫印」、「令之仙客」、「□令之鑑定」三印。箋高八寸五分，廣六寸有奇。

宋元明人書册

素箋本，八頁。第一頁行書詩一首云：江南江北路茫茫，明月高樓各異鄉。旅雁叫雲天似洗，故人今夜泊瀟湘。松雪寓杭州鹽橋客舍書。下有「趙氏子昂」一印。又有「□□齋圖書記」一印。箋高六寸，廣六寸一分。第二頁行書詩一首云：芳草孤舟度，幽居一徑通。江湖春雨外，墟里暮煙中。機息鷗先下，花飛水自東。臨流無限意，畫史若爲工。巴西鄧文原。下有「巴西鄧□□」一印。又有一印，漶漫不可辨。箋高六寸五分，廣二寸二分。第三頁行書詩一首云：懷胡參政一首。聲譽偏時流，塵沙慘㪑裘。泛交通俠士，長揖説諸侯。夜雨菱湖館，秋風剡水舟。從來爲客慣，漂泊可無愁。潯陽張羽。箋高五寸四分，廣二寸。第四頁行書詩一首云：題濯清軒。春草緑芳洲，清江繞舍流。芹香低渚燕，波影媚沙鷗。風滯初聞笛，花藏罷釣舟。滄浪千古意，何處問巢由。剡郡徐賁。箋高五寸五分，廣二寸三分。第五頁行書詩一首云：横空澈霄澹初卷，一片蒼雲隔層巘。遠壑清風拂樹來，煙鬟捎捎總如剪。蹇驢隨意歷山岡，此情此景應两忘。忽驚啼鳥翠微裏，催我佳句投奚囊。人生樂事知多少，獨有吟情超世表。爲瀉詞源浥畫圖，晴壁高堂楚山曉。右題鄧禧之《松林才子圖》。下有細書一行字。又有「之□」、「止仲」两印。箋首有「竹里」一印。箋高六寸二分，廣二寸八分。第六頁行書詩一首云：治平開士宇，高瞰石湖傍。路逕通新郭，煙霞樹上方。偶携松下杖，來叩竹間房。禪寂聆虚籟，心清愜妙香。晨廚分鉢飯，夕寐假繩牀。安得捐塵鞅，歸依舊法王。右宿治平寺詩一首，謝晉。箋高六寸四分，廣二寸九分。第七頁行書題詩一首云：過小孤山阻風一首奉寄止仲、季迪二貞白先生一笑。山葉盡霜飛，空塵出翠微。一僧同月宿，萬鳥合雲歸。地勢因成峽，湍聲不過磯。自非風信阻，登覽亦相違。華山人陳則録上。箋高五寸四分，廣二寸三分。第八頁小楷九行，書陶潛《歸去來辭》一篇，款識「辛亥九月十一日横塘舟中書，徵明，時年八十又二」。下有「徵」、「明」两字两小印。箋前有「盤生」两字一印。箋高四寸三分，廣五寸。每頁均有「安儀珍藏」一印。

明錢穀三十二相大士册

素箋本白描畫十七幅，款識「隆慶戊辰孟夏，弟子錢穀熏沐謹摹魏國夫人管氏所作水月大士像三十二尊」。下有「叔寶」、「錢穀」两印。又有「項氏收藏」一印。第一幅有「乾隆御覽之寶」、「秘殿珠林」两璽。前有箋二頁，隸書「慈悲妙相」四字。前有「深秀齋」一印，後有「嚴楷之印」二印。末幅有「乾隆鑑賞」、「三希堂精鑑璽」、「宜子孫」三璽。箋每幅均高九寸二分有奇，廣一尺三寸一分。

明沈奎富貴長春圖四册

素絹本著色畫牡丹，共四册，每册共二十五幅。末幅款下均有「沈奎之印」、「士榮」两印。第一册第一幅畫壽安紅，上有「乾隆御覽之寶」、「石渠寶笈」两璽。第二幅畫紫雲芳。第三幅畫丹臺絳雪。第四幅畫紅雲重潤。第五幅畫泥金捷報。第六幅畫大紫。第七幅畫掌花案。第八幅紫霞仙。第九幅畫白舞青猊。第十幅畫白玉版。第十一幅畫紫羅襴。第十二幅畫臙脂樓。第十三幅畫玉疊嬌。第十四幅畫并蒂芙蓉。第十五幅畫瑶島仙芝。第十六幅畫蕊珠春瑞。第十七幅畫萍實生香。第十八幅畫斗珠。第十九幅畫四面鏡。第二十幅畫花紅剪絨。第二十一幅畫三元紅。第二十二幅畫玉盤盂。第二十三幅畫珠砂映日。第二十四幅畫倚春團露。第二十五幅畫藕絲芳。款署「沈奎寫」。第二册第一副畫淺紅瓜瓤。第二幅畫玉袍黄。第三幅畫五色奇玉。第四幅畫祥雲紅。第五幅畫花紅疊翠。第六幅畫乾道紫。第七幅畫千葉榴紅。第八幅畫蓬萊相公。第九幅畫鹿胎。第十幅畫瑶池春。

第十一幅畫驪珠。第十二幅畫太和紅。第十三幅畫卿雲瑞采。第十四幅畫章服朝天。第十五幅畫瑪瑙盤。第十六幅畫七寶冠。第十七幅畫皺葉桃紅。第十八幅畫瑞露嬌。第十九幅畫錦帶圍。第二十幅畫錦袍紅。第二十一幅畫瑶島青霞。第二十二幅畫花紅水月粧。第二十三幅畫錦機霞簇。第二十四幅畫天香雲錦。第二十五幅畫禁院黄。款署「沈奎寫」。第三册第一幅畫祥雲春瑞。第二幅畫慶天香。第三幅畫金玉相。第四幅畫大紅瓜瓤。第五幅畫斗口銀紅。第六幅畫魏紫。第七幅畫寶闌雲錦。第八幅畫金精雪浪。第九幅畫赤玉盤。第十幅畫紅繡球。第十一幅畫政和春。第十二幅畫壽春大紅。第十三幅畫茄花露。第十四幅畫出水芙蓉。第十五幅畫纓絡紅。第十六幅畫姚黄。第十七幅畫寒潭月。第十八幅畫魏紅。第十九幅畫雪塔。第二十幅畫疊羅紅。第二十一幅畫香玉。第二十二幅畫金玉變。第二十三幅畫霞天春曉。第二十四幅畫何家白。第二十五幅畫藕絲霓裳。款署「沈奎寫」。第四册第一幅畫桃紅線。第二幅畫花紅縐紗。第三幅畫紫墨映金。第四幅畫香玉瓊蕤。第五幅畫海天霞燦。第六幅畫孟家銀紅。第七幅畫蓮花萼。第八幅畫霞天鳳。第九幅畫駝褐毯。第十幅畫獨步先春。第十一幅畫鞓紅。第十二幅畫萬卷書。第十三幅畫鶴園粉紅。第十四幅畫錦團緑。第十五幅畫春暉曉豔。第十六幅畫彩霞紅。第十七幅畫天香一品。第十八幅畫墨魁。第十九幅畫玉芙蓉。第二十幅畫醉嬌紅。第二十一幅畫慶雲黄。第二十二幅畫佛頭青。第二十三幅畫金樅嬰粟。第二十四幅畫雲華粧。第二十五幅畫太平樓閣。款署「富貴長春圖，沈奎寫」。上有「乾隆鑑賞」、「三希堂精鑑璽」、「宜子孫」三璽。絹每幅均高一尺二寸二分有奇，廣一尺二寸六分。

内府新鈎蘭亭册

素箋本雙鈎《蘭亭》二十八行，共七頁。末頁款署「小臣二格奉敕敬鈎」八字。第一頁有「乾隆御覽之寶」、「樂壽堂鑑藏寶」、「石渠寶笈」、「三希堂精鑑璽」、「宜子孫」五璽。第七頁有「乾隆鑑賞」一璽。高宗純皇帝御識行書七行。箋每頁均高七寸八分，廣三寸九分。後有高宗純皇帝御識云：鈎摹古法也，昔人謂唐樵《禊帖》，下真跡一等。此册爲元人陸繼善鈎本，喜其筆法生動，因命内府工人仿之，神采宛然，不爽毫髮。昔褚河南、米南宮書法大家，故神妙獨到，今以工人而臻，此可精其能者矣。裝潢成頁，爰識數語於右。乾隆丁卯長至日御筆。下有「乾」、「隆」两字两璽。又有「幾暇臨池」一璽。

内府新鈎聖教序册

素箋本雙鈎《懷仁集王羲之書聖教序》，凡三十六頁。每頁五行，末頁識云「小臣常保奉勅敬鈎」。第一頁有「乾隆御覽之寶」、「三璽堂精鑑璽」[一二]、「宜子孫」、「石渠寶笈」、「樂壽堂鑑藏寶」五璽。末頁有「乾隆鑑賞」一璽。箋每頁均高八寸九分，廣四寸八分。後有高宗純皇帝御識云：黄長睿謂《懷仁集聖教序》，逸少真跡，咸萃其中，然未斷者極難得。内府藏唐搨，乃致佳本，因命工雙鈎填廓，合之石刻，毫髮畢肖。今香光見之，當訝爲右軍一筆書矣。丁卯嘉平御識。下有「乾」、「隆」两字两璽。又有「幾暇臨池」一璽。

汪士鋐書韓范嘉行録册

素絹本烏絲闌行書，共三十二頁。後二頁每頁十行，餘均五行。款書「館下汪士鋐識」，下有「士鋐」、「秋泉」兩印。絹首有「乾隆御覽之寶」一璽。絹每頁均高七寸二分，廣四寸八分。

汪由敦臨米芾書册

素箋本烏絲闌十頁，臨米帖三則。每頁六行。第一頁上方及左右押縫有「乾隆御覽之寶」、「石渠寶笈」、「樂壽堂鑑藏寶」三璽。第十頁有「由敦之章」、「師茗」兩印。箋每頁高七寸，廣四寸三分有奇。又藍箋本烏絲闌十頁，每頁十行，臨米書杜少陵《秋興八首》。前有「御賜松泉」一印。第九頁款識「乾隆辛未夏六月望前一日，松泉汪由敦臨」。下有「臣敦之印」、「圖書味方永」兩印。又有「乾隆鑑賞」、「三璽堂精鑑璽」[一三]、「宜子孫」三璽。第十頁左角有「葵藿是平生」、「味晴齋藏本」兩印。箋每頁高七寸八分，廣五寸二分。

張照臨四種帖册

素箋本十一頁，籤題「臨帖四種」。僅存三種。首臨《洛神賦》一篇，凡二頁。次臨蘇軾小箋一頁。次臨《閣帖》四則，凡八頁。款識「乾隆丙辰正月書，付田兒收之。得天居士」。下有「法華盦」、「得天」兩印。箋每頁均高六寸，廣七寸。

鄒一桂聯芳譜册

素絹本著色畫二十幅。每幅前有詩箋一頁。第一幅畫九英梅三妙杏，題詩云：百花梅杏争春早，陽數佳名錫九三。妙相英姿何處得，雪消雲淡記江南。臣鄒一桂恭畫并題。下有「臣一桂」、「寫生」兩印。上有「乾隆御覽之寶」、「樂壽堂鑑藏寶」、「石渠寶笈」三璽。第二幅畫丁香綬帶，題詩云：細蕾含春欲破時，香風庭院一枝枝。女夷籍下千官貴，金佩瑶璫并玉墀。臣鄒一桂。下有「臣一桂」一印。第三幅畫貼梗垂絲，題詩云：嫣紅偏喜貼深叢，未解憐憨欲舞風。别有春情抽似繭，絲絲懸掛緑楊東。臣一桂。下有「臣一桂」、「寫生」兩印。第四幅畫碧桃赤蘭，題詩云：洞口紅雲換白雲，再來劉阮雪紛紛。素心翻作紅粧豔，香氣猶能罷麝薰。臣一桂。下有「鄒一桂」一印。第五幅畫含笑忘憂，題詩云：含歡蠲忿爾同儔，插鬢還宜贈莫愁。值得千金買來看，十分懊惱付東流。臣一桂。下有「一桂」、「恭畫」兩印。第六幅畫金錢木筆，題詩云：花間子母有餘盈，芳樹年來屬管城。鎮日書空無一字，任他抛落月三更。臣一桂。下有「鄒一桂」一印。第七幅畫金絲荷葉鐵線蓮花，題詩云：訝渠苔畔忽田田，遶架縈籬亦自仙。小草猶然學君子，品題須續愛蓮篇。臣一桂。下有「一桂」兩字一印。第八幅畫洋茶番菊，題詩云：日出洪濤泛海霞，風高絕塞豔霜葩。聖朝雨露無私潤，西域東溟是一家。臣桂。下有「一桂」、「恭畫」兩印。第九幅畫觀音柳羅漢松，題詩云：梢頭甘露滴輕紅，趺坐真如十八公。浪捲濤翻音自寂，須知法相本來空。臣一桂。下有「臣一桂」、「寫生」兩印。第十幅畫春羅秋紗，題詩云：花樣新翻鋸齒裁，夜深誰試剪刀來。東風料隙西風利，燕尾分開錦繡堆。臣一桂。下有「鄒一桂」一印。第十一幅畫白茶蘼紫躑躅，題詩云：酒映花枝態不同，嫩黄香細玉玲瓏。伴他蜀魄啼紅處，恰在青山煙靄中。臣一桂。下有「鄒一桂」一印。第十二幅畫蝴蝶杜鵑，題詩云：采盡花英亦作花，啼殘夜月映朝霞。也知物化原如夢，誰説吾生竟有涯。臣一桂。下有「鄒」、「一桂」两印。第十三幅畫玉簪金盞，題詩云：一枝春雪臥雲窩，玳瑇賓朋未足多。況是花明月初上，鬱金香味泛金波。臣一桂。下有「小山」一印。第十四幅畫鷄冠花鳳尾草，題詩云：絳聳高冠若鬥形，翠拖長佩拂階蓂。云何不把全身現，聲在雲中舞在庭。臣一桂。下有「小山一桂」一印。第十五幅畫火石榴水木樨，題詩云：節届朱明綻小榴，幾曾紅重墮階頭。無煩更執吴剛斧，香草叢生傍桂舟。臣一桂。下有「臣一桂」一印。第十六幅畫僧鞋菊佛座蓮，題詩云：三徑難蕪有脚春，西湖十里湧金身。分明幻出淩波襪，却是拈花微笑人。臣一桂。下有「臣一桂」、「寫生」两印。第十七幅畫秋海棠木芙蓉，題詩云：秋艷還如春睡慵，不聞鶯唤只聞蛩。共憐長夏能消暑，誰説迎霜會款冬。臣一桂。下有「鄒一桂」一印。第十八幅畫芊芊活滴滴金，題詩云：生意階前淑景新，黄金裁得不憂貧。何須點石燒丹汞，箇裡風光萬斛春。臣一桂。下有「鄒」、「一桂」兩印。第十九幅畫鹿葱龍爪，題詩云：誰將蕉緑□銀麢，忽訝紅雲燒赤鱗。透毬便同犄角勢，摘鬚應有探珠人。臣一桂。下有「一桂」一印。第二十幅畫懷素蜡梅楊妃山茶，題詩云：小現金蓮破曉寒，沉香薄醉倚闌干。清涼富貴分塵界，一種俱宜映雪看。臣一桂。下有「臣一桂」一印。又有「乾隆鑑賞」、「三希堂精鑑璽」、「宜子孫」三璽。絹每幅均高六寸五分有奇，廣八寸六分。詩箋每頁尺寸均與畫絹同。第一頁高宗純皇帝御題詩云：紅白雖殊風度近，英還稱九妙惟三。最宜軟節初過了，一例知春枝是南。下有「意在筆先」、「摛藻爲春」兩璽。第二頁題云：紆紫拖金又一時，昌昌得意向陽枝。那知鄒浩春遊倦，清夢何曾到玉墀。下有「不爲物先」、「吟詩春風裏」兩璽。第三頁題云：誰傳小字出花叢，貼已青絲試信風。綰得三郎情越膩，江梅衹合上陽東。下有「扇以淳風」、「圭璋□府」兩璽。第四頁題云：世間何事不浮雲，桃白蘭紅且任紛。欲識蘭桃真面目，華嚴香海徹聞薰。下有「至味寓淡泊」、「化工六氣爲全施」两璽。第五頁題云：拈來應示飲光儔，微笑匪欣亦匪愁。空色色空都置却，憂憂笑笑且隨流。下有「清心悟妙理」、「□賞□□」两璽。第六頁題云：阿堵牀頭堆任盈，惟欣點筆擁書城。笑他秉燭渾成俗，起早何妨破五更。下有「敲詩月下周環久」、「天根月崛」两璽。第七頁題云：花亦濂溪葉亦田，繡成絲線定鍼仙。看來却擬詢毛鄭，知在國風第幾篇。下有「寫心」、「筆花春雨」两璽。第八頁題云：黄是書雲紅是霞，殊方偏自有奇葩。可知陸羽茶神宅，合近陶潛處士家。下有「虚衷澂照」、「樂意寓静觀」两璽。第九頁題云：安名立字緑兮紅，大士如如付至公。聞思修園權濟物，應真還覺未忘空。下有「一甌香乳聽調琴」、「洗盡塵氛爽氣來」两璽。第十頁題云：簇黄纈絳不須裁，織自女夷神杼來。封十八姨善相妒，紗羅消得錦成堆。下有「有吾與點也之意」、「松竹一庭道心」两璽。第十一頁題云：格態休嫌特不同，春驄小步轡璁瓏。斟來鑿落銀爲色，恰是聖賢時一中。下有「含英咀華」、「觀天地生物氣象」两璽。第十二頁題云：飛來花裏竟如花，啼向霞邊豈異霞。夢醒莊生猶几上，愁吟杜老鎮天涯。下有「即事多所欣」、「微言晰纖毫」兩璽。第十三頁題云：閒掃裝成彈鬢窩，一枝斜掠不須多。邊旁早有微醺者，那藉生紅酒面波。下有「生秋庭」、「落紙雲煙」兩璽。第十四頁題云：草草花花各色形，菀枯無過閱推蓂。雖陽牛後如相較，絳績羞他立曉庭。下「鳶飛魚躍」、「漱芳潤」兩璽。第十五頁題云：亦肖皋塗亦號榴，勝饒真者占前頭。漫訾薄植原來小，杯水何妨芥子舟。下有「德充符」、「會心不遠」兩璽。第十六頁題云：神韻蓬蓬如遠春，是云合相是分身。一生行脚事已畢，坐證蓮華座上人。下有「煙雲舒卷」、「心清聞妙香」兩璽。第十七頁題云：北墻灑淚意偏慵，寂寞寒江咽亂蛩。點綴若無之二者，凜秋祇合喚窮冬。下有「研露」、「携筆染雲藻」兩璽。第十八頁題云：芊芊活潑正懷新，滴滴金堆那慮貧。買得十分春箇裏，却稱此外更無春。下有「朝朝暉」、「繪月有色水有聲」兩璽。第十九頁題云：白茅底用包野麕，雲中見爪非凡鱗。借一忽復瞻兩角，遊仙不是蓬蒿人。下有「天地爲師」、「樂萬民之所樂」兩璽。第二十頁題云：雪裏春前都耐寒，深黃淺絳門江干。清涼繁艷分仙俗，繪出憑人著眼看。己卯春御題，即用其韻。下有「乾隆宸翰」、「得象外意」两璽。

唐岱十萬圖册

素絹本著色十幅，素箋本楷書十頁，先畫後書。每畫絹、書箋中有「乾隆御覽之寶」一璽。第一幅萬柳含煙，仿惠崇。第二幅畫萬頃恩波，仿劉松年。第三幅畫萬笏朝天，仿李思訓。第四幅畫萬松疊翠，仿王蒙。第五幅畫萬點青荷，仿趙孟頫。第六幅畫萬林秋色，仿范寬。第七幅畫萬壑祥雲，仿趙孟頫。第八幅畫萬水朝宗，仿李成。第九幅畫萬竿煙雲，仿燕文貴。第十幅畫萬峯瑞雪，仿關仝。每幅均款書「臣唐岱恭畫」，下有「臣」、「岱」两字两小印。絹每幅均高一尺五分，廣九寸。詩箋十頁，尺寸均與畫幅同。每頁有梁詩正書高宗純皇帝御製題詩一首。第一頁詩云：宿雨朝煙二月時，輕黄嫩柳一絲絲。却教少婦愁添乍，無那王孫歸意遲。窣地欲迷芳草路，因風時弄小腰支。扁舟刺處春何許，蘸影如油上下宜。第二頁詩云：浩浩含太虚，一色琉璃影。畫師刱新格，恩波圖萬頃。故知寓意深，筆諫吾須領。

惟予牧萬民，馭朽恒自警。或理有壅蔽，或政過寬猛。或民怨飢寒，或時有災眚。慮澤不下逮，中心常耿耿。披圖鑑已切，愈以發深省。第三頁詩云：遠山插笏曾無數，黛色參天正近秋。最愛茆庵坐清晝，琤琮常聽瀑泉流。第四頁詩云：王蒙真蹟無半紙，妙處何人得神髓。尺圖重寫萬松真，生面蒼蒼喻非指。勁幹蟠拏偃蓋高，虬龍深夜因風號。緬想山中高臥客，柴扇静掩聽寒濤。第五頁詩云：時和風景別，桂棹漫開船。傍岸試新屐，沿波疊小錢。因風時泛泛，映日故田田。極目蒼茫外，琉璃破曉煙。第六頁詩云：黄葉紅葉綺錯，山色樹色霜匀。不必詩誇小杜，恍疑人在三春。第七頁詩云：萬壑祥雲滿，千林瑞色籠。可堪廊廟見，只合畫圖中。第八頁詩云：君不見，廬山瀑布三千尺，萬古銀河倚天碧。又不見，龍門初闢神禹功，九曲滔滔終向東。是知觀乎海者難爲水，披圖更悟其中理。琤琮萬派皆朝宗，潤壑淵渟清且泚。我獨悠然吟興豪，會心在此原非此。第九頁詩云：有猗者竹，在彼渭川。乃含宿雨，乃帶朝煙。其色維何，非媸非妍。其音維何，非管非絃。有客坐對，羌民之先。其屋何有，四壁蕭然。其手何持，《道德》一編，逸民也歟，吾何得而致焉？第十頁詩云：漫空飛玉屑，插漢列瓊瑤。寒澁溪流斷，冰凌楓葉凋。石磯閑釣艇，古寺閉僧寮。有鳥巢枯樹，無人過小橋。皚皚迷萬壑，密密布三霄。滕六分明在，雲深不可招。御題唐岱仿各家山水畫頁十首，臣梁詩正敬書。

曹夔音山水册

素箋本十四幅，款署「臣曹夔音奉勅恭臨王翬仿古筆意」，下有「臣曹夔音」、「恭畫」两印。

第一幅淡墨畫，高宗純皇帝御題「雲濤松吹」四字，上鈐「乾隆宸翰」一璽。上方有「乾隆御覽之寶」、「樂壽堂鑑藏寶」、「石渠寶笈」三璽。畫後詩箋一頁，梁詩正題詩云：山深謝渚喧，風氣真太古。長松影蹁躚，如真鸞鶴舞。清音轉寥寂，散入空濛雨。不知噓噏間，橐籥誰與鼓。溪邊聽松客，相對两無語。静理悟間懷，澄觀寧泰宇。臣梁詩正敬題。又觀保題詩云：鶴骨龍鱗迥不羣，空山夭矯向蒼旻。含風靉靆蒸雲氣，謖謖聲喧振耳聞。臣觀保敬題。又錢陳羣題詩云：雲海自生濤，松風亦成吹。遠揖廬山高，近接田盤翠。看雲還撫松，栖隱足高致。臣錢陳羣敬題。又嵇璜題詩云：飛流千尺，長松一林。雲靄峯色，風落泉音。閣中有人，於松之陰。仰觀匹練，我嘯爾吟。臣嵇璜敬題。又介福題詩云：松色隱復見，滃然雲氣深。忽聞風水激，中有虬龍吟。句曲陶貞白，來和玉笙音。臣介福敬題。

第二幅淡墨畫，御題「草閣清陰」四字，下有「乾隆宸翰」一璽。畫後詩箋一頁，錢陳羣題詩云：新林雨乍過，修竹風初瀞。十笏延清陰，數椽結山館。獨坐悟忘言，翛然寄散誕。臣錢陳羣敬題。又觀保題詩云：結束青茆取勢寬，千章古木翠凝闌。都緣高敞炎蒸少，五月薰風遞薄寒。臣觀保敬題。又嵇璜題詩云：森森雜樹羅，靜與竹松亞。貯爲長晝陰，涼意向風樹。炎光不之逼，謂此可銷夏。道書還自讀，悦理若觀化。門外褦襶來，已令回不借。臣嵇璜敬題。又梁詩正題詩云：種竹筍出知旬，種桐葉生知閏。縛茆竹罅桐陰，一桁秋煙無盡。屋後危堆峭石，屋前低障疎籬。緣籬草多生意，就石花橫臥枝。臣梁詩正敬題。又介福題詩云：青林黯淡中，茆閣誰所縛。點點漏晴曦，天籟時一作。靜憩讀《黃庭》，山花自開落。臣介福敬題。

第三幅著色畫，御題「夏山落照」四字，上鈐「乾隆宸翰」一璽。畫後詩箋一頁，錢陳羣題詩云：霞翻石壁紅，陰掣山村黑。中皴殊暮影，遠意不可極。山農背已頳，此焉或少息。臣錢陳羣敬題。又梁詩正題詩云：愛此夏日長，欲夕猶未夕。返照在前山，襯出後山碧。山峯重復重，山氣澹復澹。不知返照移，但覺嵐光暗。橫斜郵路近，桑柘緑成圍。步口新船待，耕夫應未歸。臣梁詩正敬題。又嵇璜題詩云：送雨輕雷不知轉，火雲硉兀餘霞絢。樹頭緑意濃淡分，峯頂金光淺深變。夕陽夕陽一半開，雲中紫翠各成堆。隔江記有南唐筆，曾是支頤極望來。臣嵇璜敬題。又觀保題詩云：片片閑雲度嶺還，半規剛許界煙鬟。清吟一曲不知處，人在夕陽山外山。臣觀保敬題。又介福題詩云：落日西山西，返照東山東。千章森灌木，透影皆玲瓏。長溪臥略彴，疑與桃源通。柴門想入息，桑麻話郵農。仰觀天宇曠，目送餘霞紅。暝色滿招提，忽聽星星鐘。臣介福敬題。

第四幅淡墨畫，御題「歟嶼溪亭」四字，下有「乾隆宸翰」一璽。畫後詩箋一頁，錢陳羣題詩云：溪邊多種柳，柳外結一亭。煙光淡容與，草色摇空青。風來到鼻觀，猶帶鸕鷀腥。臣錢陳羣敬題。又介福題詩云：縠紋曲曲漾煙霏，小著孤艇占釣磯。多少沙鷗馴不去，高人胸次已忘機。臣介福敬題。又觀保題詩云：日射高峯蕩紫煙，孤亭直倚曉雲巔。試看無限青春色，都在青溪淺水邊。臣觀保敬題。又梁詩正題詩云：沿沙錦石列如碁，孤嶼如吟謝客詩。笑問驚波衝磊落，何如百頃展淪漪。垂柳蕭蕭緑接天，曉風吹作早春煙。空亭鎮日翹孤鷺，不繫鄰家放鴨船。臣梁詩正敬題。又嵇璜題詩云：渲染從誇發秀靈，江南何處此芳汀。山花都盡雨楊□，釣艇不來煙草青。自有勝情關勝地，誰於孤嶼著孤亭。太平風物隨時見，又遣吟身畫裡經。臣嵇璜敬題。

第五幅著色畫，御題「松巖濕翠」四字，上鈐「乾隆宸翰」一璽。畫後詩箋一頁，介福題詩云：煙際空濛一角垂，長松如對畢宏枝。誰攜拄杖過橋去，正是前山雨歇時。臣介福敬題。又嵇璜題詩云：松磦砢，雲糢糊，山色乍濃淡，雨絲疑有無。獨攜卭粟咨幽討，送迎惟有蒼髯鬚。臣嵇璜敬題。又梁詩正題詩云：温風泊癡雲，駛駥不可攀。隔磵天蒼茫，細路留一髮。雷車殷如聞，振動在木末。瀧瀧流泉滋，匹練萬丈活。傴僂何老翁，徐步踏空潤。長橋架两厓，已肖霽虹渴。前瞻得機閣，聳立更突兀。丁寧荀皮鞋，勿誤積蘚滑。臣梁詩正敬題。又觀保題詩云：蒼翠千株翳薄暉，松崖苔壁路依稀。幽人采藥行應遍，一綫寒生薜荔衣。臣觀保敬題。又錢陳羣題詩云：高松濤正翻，鳴泉聲已赴。山翠與澗碧，深處疑無路。愛聽雨後泉，扶笻過橋去。臣錢陳羣敬題。

第六幅淡墨畫，御題「疎林淡靄」四字，下有「乾隆宸翰」一璽。畫後詩箋一頁，梁詩正題詩云：瓊緑軒中筆，蕭疎不易傳。澹餘仍有墨，潤處欲含煙。秋氣生幽渚，山情繞暗泉。煙香深院永，一展一悠然。臣梁詩正敬題。又介福題詩云：微靄秋林外，遥看半有無。人煙生斷岸，鳥影下平蕪。葉落青山瘦，霞明夕照孤。蕭齋誰點筆，尺幅似倪迂。臣介福敬題。又嵇璜題詩云：一帶碧山送曉，數株黄葉禁秋。倪高士難再得，小筆猶見風流。舊住九龍山下，夙遊罨畫溪邊。風緊霜清時候，披襟到此樹前。臣嵇璜敬題。又觀保題詩云：點綴平林任意斜，斷煙輕靄抹微

霞。不須更倩關仝筆，疎淡精勻自一家。臣觀保敬題。又錢陳羣題詩云：近林何

□疎，遥岑亦偃蹇。倪迂不可作，尺幅傳真本。置身高柯下，從倚矚平遠。臣錢陳

羣敬題。

第七幅著色畫，御題「雲壑晚鐘」四字，上鈐「乾隆宸翰」一璽。畫後詩箋一頁，

觀保題詩云：精藍却在最高峯，虛壑逶迤雲自封。剩有餘暉開晚景，山風遥送數聲

鐘。臣觀保敬題。又錢陳羣題詩云：山靜日似年，雲深晴欲雨。鐘聲出雲表，山半

自成聚。忽憶巖灘遊，披裘揖漁夫。臣錢陳羣敬題。又介福題詩云：似有聲傳幽

壑，如聞響逗層雲。古寺深藏何處，悠然人坐斜曛。臣介福敬題。又嵇璜題詩云：

日隱千尋壑，風來一杵鐘。看山心窈窕，命屐客從容。短彴侵雲度，輕舟把釣逢。

瀑聲天際冷，樹色寺邊濃。藏複煙仝暝，縈紆蘚半封。自然消俗慮，何處覓塵蹤。

臣嵇璜敬題。又梁詩正題詩云：雲中列屋浮如艇，水際孤舟穩似盧。偶向沙頭垂

弱綫，釣魚槳事不關魚。閣影渺從天界出，鐘聲遠自樹邊來。斜陽漸逐栖鴉歛，橋

上行人首不回。臣梁詩正敬題。

第八幅著色畫，御題「溪橋清籟」四字，上鈐「乾隆宸翰」一璽。畫後詩箋一頁，錢陳羣題詩云：天台得門户，幽境從可尋。石橋憩仙侶，寂寞懷知音。青松與白水，都識歲寒心。臣錢陳羣敬題。又梁詩正題詩云：十里靄蒼翠，涼飔韻刁調。赫日不得曬，永却炎與囂。耳根逸響呈，英莖兼咸韶。側聞山中隱，躭寂曾棄瓢。奚爲愛松風，獨遺物累消。奔流增鼓盪，千尺雪沫跳。若置漱玉亭，合喚三峽橋。臣梁詩正敬題。又觀保題詩云：珮環決決漾玻璃，野彴横斜亘碧溪。箏篴耳中應不解，天留清響伴幽栖。臣觀保敬題。又介福題詩云：溪響欲穿橋去，風聲時度林來。想見淵明倚杖，幽懷於此都開。臣介福敬題。又嵇璜題詩云：仙家住處白雲生，秋老空山分外清。携手何人橋上看，泉聲都是萬松聲。好向松根劚茯苓，翛然人影入山青。老龍天半風濤捲，似到開先寺裏聽。臣嵇璜敬題。

第九幅著色畫，御題「村含青蕪」四字，上鈐「乾隆宸翰」一璽。畫後詩箋一頁，嵇璜題詩云：平蕪漠漠煙光十里熏，幾日春寒不見花芳芬。山後山前風轉鵓鴣語，舍南舍北水連鸂鶒羣。此時欲落三點兩點雨，何客來看有心無心雲。柳外松間軟緑正堪步，平橋通處還教遊夕曛。臣嵇璜敬題。又梁詩正題詩云：翠柳如絲舞最輕，午陰濃處午凉生。白雲晻靄遮無路，雲裏人家自餉耕。水勢紆斜慣繞村，數彎略彴限鷄豚。日長移遍桑麻影，不見催租吏到門。臣梁詩正敬題。又錢陳羣題詩云：鳴禽移佳節，柳色暗春原。不知塵氛染，但聞鷄犬喧。薄遊一相訪，中有朱陳村。臣錢陳羣敬題。又介福題詩云：古樹交交秀，青塍漠漠春。參差花似繡，遠近草如茵。報午聞鷄唱，空塘放鴨馴。桃源何處是，淳樸見斯民。臣介福敬題。又觀保題詩云：連天芳草碧成團，新柳初黄映曉暉。應是鵝湖舊邨社，春山影裏稻粱肥。臣觀保敬題。

第十幅著色畫，御題「雲屏晻靄」四字，上鈐「乾隆宸翰」一璽。畫後詩箋一頁，梁詩正題詩云：結屋無多伴碧岑，樹根山觜互相侵。種來杉木十圍大，識取住山年月深。翠光迤邐斷躋攀，道是雲生却又山。便當屏風圖曲折，一山明艷一屏彎。臣梁詩正敬題。又錢陳羣題詩云：秋巒滌餘靄，暮色連衆壑。山静屐自稀，扃户甘寂寞。只待鶴歸來，悠然下雲箔。臣錢陳羣敬題。又嵇璜題詩云：誰置六曲屏，蒼蒼面衡宇。溪水青於銅，林色自太古。微風不動塵，煙縷互呑吐。出岫豈無心，解作人間雨。臣嵇璜敬題。又觀保題詩云：迤邐閑雲起畫筵，青屏翠岫静中延。何容更借黄山屐，三十六峯今眼前。臣觀保敬題。又介福題詩云：幽谷路盤紆，連山勢峭倩。煙光澹暝色，微上石壁絢。深崦有人家，軒窗開面面。磴露溥萬珠，簷雲停一片。此境極岑寂，能生遊者戀。想見謝幼輿，岩中坐方晏。臣介福敬題。

第十一幅淡墨畫，御題「林屋延青」四字，上鈐「乾隆宸翰」一璽。畫後詩箋一頁，觀保題詩云：草堂小築愛林清，老樹婆娑緑蔭成。高捲疎簾渾未下，恐遮蒼翠不分明。臣觀保敬題。又梁詩正題詩云：遇物無纖塵，宣毫得清氣。樹叢緑自縈，石瘦翠相緯。谷中多隱淪，高臥避羅罻。賞此寂寞容，領彼澄澹味。東岩月上初，西磵雲歸未。涼風鳴桂枝，弗詠考槃貴。臣梁詩正敬題。又錢陳羣題詩云：白屋結雲中，曲折松杉裏。泉石據勝絶，二林庶可擬。獨往動彌旬，香山老居士。臣錢陳羣敬題。又介福題詩云：何人蓋頭茅一把，竹樹參差秀而野。過雨千山競送青，林端揜冉擬堪寫。寫向虚窗遠目延，人間螺黛意茫然。極望清吟共無極，一聲空外曳[一四]疎林風，淙淙曲澗水。端居者何人，晝日長隱几。臣嵇璜敬題。

第十二幅著色畫，御題「晴嵐飛瀑」四字，上鈐「乾隆宸翰」一璽。畫後詩箋一頁，介福題詩云：妙手移山露真面，廬峯屼嵂眼中見。銀河倒掛三石梁，不斷海風吹白練。臣介福敬題。又觀保題詩云：山雲收盡嵐光起，一道飛泉界蔚藍。繪出匡廬好風景，高懸百丈水精簾。臣觀保敬題。又嵇璜題詩云：香茆樹底小築清，白雲當户縱復横，層巒杳靄衆皴赬。皎然匹練垂光晶，徐凝有句不敢評，石梁攀躋來赤城。斜陽無語萬壑聲，視聽孤妙思屏營，堂虛簾静寒飈生。臣嵇璜敬題。又錢陳羣題詩云：人言看瀑布，好在秋晴時。結廬最高處，視聽無不宜。但吟李白句，莫笑徐凝詩。臣錢陳羣敬題。又梁詩正題詩云：耳畔奔雷挾雨鳴，眼中飛雪轉空明。山腰一夜潺湲響，流作人間鞺鞳聲。江上西風雁宕秋，大龍湫接小龍湫。欲携李白驚人句，搔首匡廬最上頭。臣梁詩正敬題。

第十三幅淡墨畫，御題「煙渚賓鴻」四字，上鈐「乾隆宸翰」一璽。畫後詩箋一頁，觀保題詩云：斷續寒光一抹横，横斜數字曉灘清。夜深應有漁兒火，時聽平沙喚侶聲。臣觀保敬題。又介福題詩云：陽鳥知時節，來栖碧葦秋。人從彭蠡去，曲渚晲行舟。別有高飛者，冥冥不可求。臣介福敬題。又嵇璜題詩云：峯亭亭，天寥寥，水漠漠，草蕭蕭。□之來，颯回飈，箏柱落，櫓枝摇。稻粱肥，關塞遠，飛且宿，暮復朝。黄葉村，紅板橋，一行行，鄉思遥。臣嵇璜敬題。又梁詩正題詩云：節過黄花燕早歸，叢蘆飄絮一江飛。數行却趁平沙落，儘合携壺上翠微。整整斜斜後復先，嗈嗈肅肅斷仍連。稻粱到處謀方足，聞道江南又有年。臣梁詩正敬題。又錢陳羣題詩云：高鴻塞上歸，來趁秋塍熟。葭翻渚勢寬，雲歛山容束。此間少燩熷，何妨寄鳴宿。臣錢陳羣敬題。

第十四幅著色畫，御題「溪山積素」四字，上鈐「乾隆宸翰」一璽。又有「乾隆鑑賞」、「三希堂精鑑璽」、「宜子孫」三璽。畫後詩箋一頁，梁詩正題詩云：遥天晚模糊，陡峯如積鐵。玉戲喧曉寒，煙林編珪玦。老農手足間，瀫絮擁寒烈。一慶膏土肥，再慶蝗蝻絶。覩兹三白祥，足使寒餓悦。清光生玉壺，表裏照澄澈。凜凜北風高，如聞鋸瓊屑。臣梁詩正敬題。又嵇璜題詩云：乍灑如花雪，渾遮似黛山。停舟風淅淅，向暮水彎彎。獨鳥應歸樹，高人正掩關。清時逢稔歲，歌詠有餘閑。臣嵇璜敬題。又錢陳羣題詩云：瑞雪兆豐年，萬壑看積素。但聞隔林鐘，不辨入山路。松下見青泥，鶴歸此焉步。臣錢陳羣敬題。又觀保題詩云：絶澗寒山玉作圍，漫空初過六花飛。由來盈尺豐年瑞，高卧何人晝掩扉。臣觀保敬題。又介福題詩云：開圖呈潔素，巖壑望都同。峨嶺邈難即，藍關路或通。野梅曾放未，尋馥過橋東。臣介福敬題。

箋均高一尺一寸，廣八寸九分。

楊大章臨張偉華果魚鳥册

素箋本著色畫，凡二十二幅。第一幅有「乾隆御覽之寶」、「樂壽堂鑑藏寶」、「石渠寶笈」三璽。第二十二幅款識「臣楊大章奉勑恭摹張偉筆意」，下有「大」、「章」兩字兩小印。又有「乾隆鑑賞」、「三希堂精鑑璽」、「宜子孫」三璽。畫箋每幅均高一尺三寸三分，廣一尺一寸四分有奇。

賈全畫十六羅漢册

素箋本著色畫八幅，款署「臣賈全恭繪」。下有「臣全」、「恭畫」两印。第一幅有「秘殿珠林」一璽。幅後押縫有「乾隆御覽之寶」一璽。箋每幅均高九寸九分，廣七寸八分有奇。

弘旿山水册

素箋本，共十二幅。第一、三、五、七、九、十一幅均墨畫，第二、四、六、八、十、十二幅均著色畫。第一幅上押縫有「乾隆御覽之寶」一璽。右押縫有「樂壽堂鑑藏寶」一璽。左角有「石渠寶笈」一璽。第十二幅款識「臣弘旿恭繪」。下有「臣」、「旿」两字两小印。上押縫有「乾隆鑑賞」一璽。右押縫有「三希堂精鑑璽」、「宜子孫」两璽。箋每幅均高六寸九分，廣八寸八分有奇。

弘旿山水册

素箋本山水十二幅，淡墨、著色相間。第一幅上有「乾隆御覽之寶」、「石渠寶笈」、「樂壽堂鑑藏寶」三璽。第十二幅款識「臣弘旿恭繪」。下有「臣」、「旿」两字两小印。又有「三希堂精鑑璽」、「宜子孫」、「乾隆鑑賞」三璽。箋均高六寸九分，廣八寸八分。

王原祁山水册

山水畫共十二幅。第一幅素箋淡墨畫，上有「乾隆御覽之寶」一璽，下有「畫圖留與人看」一印。第二幅素箋淡墨畫，下有「王印原祁」、「麓臺」两印。第三幅素絹著色畫，下有「王印原祁」一印。第四幅素箋淡墨畫，下有「原祁之印」一印。第五幅素絹著色畫，下有「原祁之印」一印。第六幅素箋淡墨畫，下有「原祁之印」一印。

第七幅素絹著色畫，下有「原祁之印」一印。第八幅素箋淡墨畫，下有「曲盧後人」[一五]一印。第九幅素箋淡墨畫，下有「畫圖留與人看」一印。第十幅素箋淡墨畫，下有「曲盧後人」[一六]一印。第十一幅素箋淡墨畫，下有「麓臺」一印。第十二幅素箋著色畫，下有「麓臺」兩字一印。箋絹均高一尺四寸九分，廣八寸六分。

王原祁山水册

素箋本十幅。幅前一頁有「乾隆御覽之寶」一璽。第一幅淡墨畫，題識云：《秋月讀書圖》，用荆、關墨法。秋月秋風氣較清，聲光入夜倍關情。讀書不待燃藜候，桂子飄香到五更。庚寅冬日爲丹思畫畢，賦此相勗。麓臺祁。下有「茂亭」、「石師道人」兩印。右方下有「□期齋」一印。左方下有「未齋」、「九曲揚之水」兩印。箋高一尺九寸，廣一尺一寸。第二幅淡墨畫，題識云：巨然雪景，此宋人變格，如大癡之《九峯雪霽》，亦元人變格也。凡作此等畫，俱意在筆先，勿拘拘右丞、營丘模範，并不拘巨然、大癡常規。元筆兼宋法，此教外別傳也，具眼者試辨之。原祁。戊子冬初寫於海淀寓直，庚寅立冬日重展觀之，更稍加點染，并題數語，亦寓直時也。上有「□期齋」一印。左方下有「未道人」、「香南雪北」两印。箋高一尺六寸一分，廣一尺一分。第三幅著色畫，題識云：《崇岡幽澗》，仿范寬。峯回壑轉拱天都，下有喬柯結奥區。要識水窮雲起處，清流不盡入平蕪。左方下有「王原祁」、「麓臺」两印。箋高一尺八寸四分，廣九寸八分。第四幅著色畫，題識云：余癸酉秦中典試，路經潼關、太華，直至省會，仰眺終南，山勢雄傑，真百二鉅觀也。海淀寓窗追憶此景，輒仿范華原筆意，而繼之以詩。終南亘地脉，遠翠落人間。馬跡隨雲轉，客心入嶂間。晴沙横古渡，槲葉满深山。領略高秋意，歸來但閉關。石師。下有「王原祁」一印。右方下有「佳處」一印。箋高一尺八寸八分，廣一尺五分。第五幅淡墨畫，題識云：畫道至董、巨而一變，以六法中氣運生動，至董、巨而始純也。余學步有年，未窺半豹。但元人宗派溯本窮源，俱在於此。苦心經營，或冀略存梗概耳。庚寅清和海淀寓直筆。下有「王原祁」、「麓臺」两印。上有「三昧」两字一小印。右方下有「林於谿舍」一印。箋高一尺六寸四分，廣一尺。第六幅淡墨畫，題識云：戊子仲春，用巨然之《賺蘭亭圖》墨法，采人筆墨，宗旨如此，北苑之半幅，巨然之《賺蘭亭》是也。余故標出之，要求用心進步處。下有「麓臺」兩字一印。左方下有「太原珍藏」、「王丹思」、「味閑菴主」三印。箋高一尺七寸三分，廣一尺三分。第七幅著色畫，題識云：《南山秋翠》，余仿松雪春山，意猶未盡，此圖復寫秋色。祁。「祁」字上加「麓臺」一印。右方下有「森玉樓主作」一印。箋高一尺八寸三分，廣一尺一分。第八幅淡墨畫，題識云：位置本心苗，相投若針芥。施設稍失宜，良莠爲荑稗。匠意得經營，庖丁砉然解。元季有山樵，蕩軼而神怪。出没蒼靄間，咫尺煙雲灑。我欲溯源流，董巨其真派。羅紋結角處，卷舒意寧隘。慎勿涊遠求，轉眼心手快。丁亥仲冬下澣，長宵燒燭，爲丹思擬叔明筆，兼論畫理，偶成古體八韻，并録出眎之。麓臺祁。下有「麓臺」兩字一印。右方下有「九芷八桂之堂」一印。箋高一尺八寸三分，廣一尺五分。第九幅淡墨畫，題識云：《溪山秋霽》，仿梅道人。山村一曲對朝暉，秋霽林光翠濕衣。欲得高人無盡意，更看岡複與溪圍。高峯積蒼翠，訪勝到柴門。莫待秋光老，淒涼浄客魂。寫畢又題二絶。丁亥嘉平五日。下有「臥遊」兩字一印。箋高一尺七寸六分，廣一尺九分。第十幅淡墨畫，題識云：廿年行脚老方歸，菴主精神世所稀。脱盡風波覓無縫，好將淄素换天衣。仿梅道人大意，作偈頌之。下有「原祁之印」、「麓臺」两印。右方下有「象元支寶」一印。箋高一尺七寸九分，廣一尺。

王原祁仿諸名家山水册

素箋本八幅。第一、第三、第五、第七、第八幅均著色畫，第二、第四、第六幅均墨畫。第一幅款識云：關仝秋色，布置雄偉，筆墨精嚴，宋法始於此，并爲元筆之宗主。六法於此研求，庶幾不虛矣。戊子中秋筆。下有「王原祁印」、「麓臺」两印。右傍有「三昧」一小印。上有「乾隆御覽之寶」、「三希堂精鑑璽」、「宜子孫」、「樂壽堂鑑藏寶」、「石渠寶笈」五璽。第二幅款識云：昌黎南山詩云：蒸嵐相澒洞，表裏忽通透。北苑用筆爲得其神，此幅擬之。王原祁。款前有「蒼潤」一小印。下有「王印原祁」、「麓臺」两印。左傍有「麓臺書畫」一印。第三幅款識云：竹溪罨畫，仿趙松雪《鵲華秋色》筆。下有「原祁之印」、「茂京」兩印。第四幅款識云：人家在仙掌，雲氣欲生衣。仿黄子久。下有「王原祁」、「麓臺」兩印。右角有「石師道人」一印。第五幅款識云：雲林設色小景，華亭董思翁最得其妙，兹寫其意。丁亥扈從舟次作。下有「麓臺」一印。第六幅款識云：王叔明爲趙吴興之甥，有扛鼎之筆，而剛健含婀娜，乃其最得力處也。學者亦於此究心，庶有進步。戊子春日寫於海澱寓直。麓臺。下有「原祁之印」一印。右傍有「隋蒨」一印。第七幅款識云：丙戌長夏，歸寓休沐，偶憶吾谷楓林，仿大癡秋山，麓臺。後有「茂京」、「西盧」兩印。第八幅款識云：《溪山仙館》，兼仿倪、黄筆意，款前有「隋蒨」一印。下有「王原祁印」、「麓臺」兩印。箋每幅均高一尺六寸，廣八寸三分。

徐揚端陽故事册

素絹本著色畫，共八幀。第一幀《射粉團圖》，題云：唐宫中造粉團、角黍飣盤中，以小弓射之，中者得食。上有「樂壽堂鑑藏寶」一璽。右押縫有「乾隆御覽之寶」、「石渠寶笈」两璽。第二幀《賜梟羹圖》，題云：漢令郡國進貢梟，爲羹賜百官，以惡鳥故食之。第三幀《采藥草圖》，題云：五日午時，蓄衆藥治病，最效驗。第四幀《養鴝鵒圖》，題云：取鴝鵒兒毛羽新成者，去舌尖養之，皆善語。第五幀《懸艾人圖》，題云：荆楚風俗，以艾爲人，懸門户上，以禳毒氣。第六幀《繫彩絲圖》，題云：以五色絲繫膊，謂之長命縷。第七幀《裹角黍圖》，題云：以菰葉裹粘米爲角黍，取陰陽包裹之義，以贊時也。第八幀《觀競渡圖》，題云：聚衆臨流，稱爲龍舟勝會。款題「端陽故事八幀，臣徐揚敬寫」。下有「臣」、「揚」两字两印。上有「乾隆鑑賞」一璽。左押縫有「三希堂精鑑璽」、「宜子孫」两璽。絹每幀均高六寸五分，廣五寸七分。

張演山水册

素絹本著色畫，共十二幅。第一幅有「乾隆御覽之寶」一璽。第一、四、五、八、九、十一幅均有「張」、「演」两字两小印。第二、三、六、七、十、十二幅均有「張演」、

「李任」两小印。絹末款識「西湖張演畫」。絹每幅均高一尺二寸，廣一尺二分。

沈宗敬山水册

素箋本，共山水八幅。第一、三、五、七幅均著色畫，第二、四、六、八幅均淡墨畫。籤題「臣沈宗敬恭進」。箋前一頁有「乾隆御覽之寶」一璽。每幅中均有「臣宗敬」、「朝朝染翰」两小印。箋每幅均高九寸一分，廣七寸。

汪溥山水册

素箋本著色畫十二幅。第一、二、三、四、五、六、七、八、九幅題款下均有「汪溥私印」、「永思」两印。第四、第七幅有「蒼風」一印。第十幅有「畫禪」一印。第十一幅有「汪」、「溥」两字两印。十二幅有「永」、「思」两字两印。第一幅題云：趙千里《洞天春曉》，荁都汪溥臨。上有「乾隆御覽之寶」、「石渠寶笈」、「樂壽堂鑑藏寶」三璽。第二幅題云：家住東湖邊，我愛東湖好。白水繞門柳，緑陰隨地掃。仿趙文敏設色《湖村圖》。第三幅題云：岩溜噴空晴似雨，林蘿碍日夏生寒。仿巨然小景。第四幅題云：東崦荷花西崦菱，小舡絲網大舡罾。儂家住處真圖畫，試問渠儂到未曾。唐解元詩，芝田補圖。第五幅題云：癡翁畫以虞山天池爲粉本，而奇峯峭壁得之劍門一曲。丁酉秋臨。第六幅題云：南朝四百八十寺，無數樓臺煙雨中。仿米虎兒。第七幅題云：雨過看松色，尋山到水源。第八幅題云：近水樓臺先得月，向陽花木易爲春。仿郭宗恕《仙苑樓居》并詩意。第九幅題云：秋深古桂香藏屋，水静平池影倒山。放翁詩，芝田溥補圖。第十幅題云：蕭瑟歲云夕，曉寒林色深。喬松生澗畔，鬱鬱有餘陰。丁酉秋仿北苑畫。第十一幅題云：荆浩以焦墨渴筆，用切玉皴寫巖石，最爲奇古。峯頂更作礬頭，都不著樹，亦自蒼秀不凡。第十二幅題云：風卷長空暮雪晴，江煙灑盡柳條輕。簷前數片無人掃，又得書窗一夜明。丁酉九秋，芝田溥臨。上有「乾隆鑑賞」、「三希堂精鑑璽」、「宜子孫」三璽。簽題「臣汪廷璵祖汪溥恭繪」。簽每幅均高九寸六分有奇，廣七寸二分。

董邦達仿元人山水册

素箋本山水十二幅，著色、淡墨相間。第一幅題「柳岸漁船」四字，上有「乾隆御覽之寶」、「樂壽堂鑑藏寶」、「石渠寶笈」三璽。第二幅題「松崖深静」四字。第三幅題「灌木幽棲」四字。第四幅題「曉雨歸雲」四字。第五幅題「秋樹茆堂」四字。第六幅題「高巖激澗」四字。第七幅題「層峯蕭寺」四字。第八幅題「晴嵐爽籟」四字。第九幅題「水閣澄溪」四字。第十幅題「遠浦平橋」四字。第十一幅題「蒼巖暮靄」四字。第十二幅題「林亭清曠」四字。均隸書。款識「臣董邦達恭仿元人十二幀」，下有「臣」、「邦達」两小印。上有「乾隆鑑賞」、「三希堂精鑑璽」、「宜子孫」三璽。箋每幅均高一尺一分有奇，廣一尺五分有奇。

赫奕仿元人山水册

素箋本墨畫，共八幅。第一幅題「碧巖蕭史」四字。下有「赫奕」、「澹士」两印。

上有「乾隆御覽之寶」、「石渠寶笈」、「樂壽堂鑑藏寶」三璽。第二幅有「石泉趣」一印。第三幅有「鶴思鷗情」一印。第四幅有「抱影」一印。第五幅有「澹士書畫」一印。第六幅有「竹裏幽人」一印。第七幅有「松麓」一印。第八幅款識「擬元人法八冊，不知少能髣髴否。時丁未中秋月，赫奕」，下有「赫奕之印」、「澹士」两印。又有「石泉趣」一印。上有「乾隆鑑賞」、「三希堂精鑑璽」、「宜子孫」三璽。箋每幅均高九寸九分，廣七寸二分。

張雨森山静日長圖冊

素絹本山水畫，共十二幅。第十幅淡墨，餘俱著色。第一幅有「乾隆御覽之寶」一璽。第十二幅款識「臣張雨森恭畫」，下有「雨」、「森」两字两小印。絹均高一尺二寸一分，廣一尺三分。

周鯤仿古册

素絹本十二幅。第一、三、四、六至十一幅均著色畫，第二、五、十二幅均淡墨畫。第一幅「富春山色仿黄公望」，題詩云：錦城繡嶺接青旻，包裹煙光是富春。七里灘頭半岩月，釣臺高處想垂綸。中押縫有「乾隆御覽之寶」一璽。第二幅「匡廬瀑布仿董源」，題詩云：霧鎖雲封畫不開，奔雷隱隱耳邊回。却教筆底全身現，一派銀河捲翠來。第三幅「關山行旅仿范寬」，題詩云：關山迢遞客途寬，目送飛鴻馬上看。茆屋板橋深樹裏，白雲清澗不勝寒。第四幅「夏日幽居仿李思訓」，題詩云：門枕湖濱畫不開，濃陰夏木隔塵埃。菱花蓮蕚知無數，一片香風送得來。第五幅「夏山過雨仿巨然」，題詩云：鬱葱林麓澗潺湲，草閣江深夏亦寒。爲愛晴雲白似絮，南窗盡日捲簾看。第六幅「湖莊清夏仿趙令穰」，題詩云：緑陰芳塘夏日長，蓴羹菰飯午煙香。薰風拂拂南來好，也得平分殿角涼。第七幅「漁莊秋寄仿關仝」，題詩云：□□村莊掩竹扉，西風蕭瑟到漁磯。白雲紅樹秋光裏，萬疊青山帶夕暉。第八幅

「秋夜讀書仿燕文貴」，題詩云：露咽蛩螿夜向闌，殘編篝火小檐看。歐陽賦裏無窮意，一片秋聲在筆端。第九幅「秋溪漁艇仿趙孟頫」，題詩云：雲開千疊翠嵐浮，寂寂漁莊曲徑幽。小艇獨來垂釣處，晚風黄葉滿溪秋。第十幅「澄湖泛月仿許道寧」，題詩云：月湧冰輪湖萬頃，水天澄澈碧琉璃。高人蕩槳波心去，如練分明謝眺詩。第十一幅「千村豐稔仿惠崇」，題詩云：納稼千家十月天，村莊處處樂豐年。盤多葵菽尊多酒，仿佛《豳風》第六篇。第十二幅「峨嵋積雪仿李成」，題詩云：萬仞峯頭積素瑶，層層掩翠立雲標。三春欲盡風猶冷，祇爲峨嵋雲未消。絹末款識「臣周鯤恭繪」，下有「臣」、「鯤」兩字兩小印。絹每幅均高九寸九分，廣八寸八分。

彭啟豐吳郡西山勝景册

素箋本著色畫，共十二幅。第一幅畫虎山橋，有「乾隆御覽之寶」、「樂壽堂鑑藏寶」、「石渠寶笈」三璽。第二幅畫七十二峯。第三幅畫靈巖。第四幅畫拈花。第五幅畫積翠。第六幅畫穹窿。第七幅畫石壁。第八幅畫香雪海。第九幅畫司徒廟。

第十幅畫吉雲亭。第十一幅畫鄧尉。第十二幅畫米堆山。款識「臣彭啟豐」，下有「啟」、「豐」两印。右邊押縫有「乾隆御覽之寶」一璽。左邊押縫有「三希堂精鑑璽」、「宜子孫」两璽。箋每幅均高六寸三分，廣八寸五分。

惲壽平橅古册

素箋本共十幅。第一幅微著色畫，自識云：學癡翁，師其秀潤易，得其蒼莽難，然必先繇秀潤而漸入蒼莽，乃佳爾。惲壽平橅古十種。下有「壽平」两字一印。上有「乾隆御覽之寶」、「樂壽堂鑑藏寶」、「石渠寶笈」三璽。第二幅淡墨畫，自識云：臨元人鄭禧本。禧祖述董源，神氣極渾厚。下有「壽平」两字一印。第三幅淡墨畫，自識云：倪高士小山堂戲臨。下有「南田小隱」四字一印。第四幅淡墨畫，自識云：古有《風煙夕翠圖》，略仿其意，丁巳冬南田壽平。下有「正叔」两字一印。第五幅著色畫，自識云：臨趙大年《湖莊清夏》。下有「南田小隱」四字一印。第六幅淡墨畫，自識云：人間有此境，不問之造化，且不能知，何論先匠。南田草衣。下有

「壽平」两字一印。第七幅淡墨畫，自識云：北苑《煙浮遠岫圖》大意如是，壽平。下有「南田小隱」四字一印。第八幅淡墨畫，自識云：雲斂晴川色，水散茭蘆響。煙槳載明月，放歌滄浪上。陸天遊逸趣。下有「壽平」两字一印。第九幅淡墨畫，自識云：籟静獨鶴鳴，花林送新趣。借問是何世，滄洲不可度。毫端浩蕩起雲煙，遮斷千峯萬峯路。此中鴻濛猶未開，仙人不見金銀臺。冷風古樹心悠哉，蒼茫羣鳥從空來。梁楷《空煙無際》，南田壽平臨。下有「南田小隱」四字一印。第十幅淡墨畫，箋端自識云：白石山下村，樵文湖州。箋末又題云：九點齊州，一泓海水，于此道遥，可以窅然而忘天下。草衣生。下有「壽平」两字一印。又有「乾隆鑑賞」一璽。前押縫有「三希堂精鑑璽」、「宜子孫」两璽。箋每幅均高六寸五分，廣八寸九分。

袁瑛唐人詩意册

素箋本著色畫八幅。末幅款署「臣袁瑛恭畫」，下有「臣」、「瑛」两字两小印。第一幅有「樂壽堂鑑藏寶」、「乾隆御覽之寶」、「石渠寶笈」三璽。第八幅有「乾隆鑑賞」、「三希堂精鑑璽」、「宜子孫」三璽。箋每幅均高八寸八分，廣一尺四寸九分。

冷枚畫馬册

素箋本著色畫八幅。末幅款識「康熙戊戌仲春寫，金門畫史冷枚」。款前有「朝朝染翰」一小印。第一幅有「乾隆御覽之寶」、「樂壽堂鑑藏寶」、「石渠寶笈」三璽。自第一幅至第八幅均有「冷枚」、「吉臣」兩小印。第七、第八兩幅均有「金門畫史」一印。箋每幅均高九寸二分，廣一尺一寸。

余穉花鳥册

素絹本著色畫，共十二幅。第一幅上有「乾隆御覽之寶」一璽。末幅款識「臣余穉恭畫」，下有「臣余穉」、「恭畫」兩小印。絹高一尺一寸八分，廣一尺二分。

蔣廷錫花卉册

素箋本墨畫十二幅。第一幅題云：豐茸十步，緜連九畹，莖受露而特低，香從風而自遠。下有「廷錫私印」、「揚孫」兩小印。又題識云：煌煌茂英，不根而生。蒲茸青色，銅池著名。最敷表異，三秀分榮。書於瑞典，光我文明。宋瑞芝樂章，白君。下有「白君」兩字一印。又有「乾隆御覽之寶」、「樂壽堂鑑藏寶」、「石渠寶笈」三璽。又有「漱玉」、「一洗膠粉空」二印。第二幅題云：東風吹琪樹，幻出冰雪姿。虛庭落清影，夜半月明時。白君。下有「白君」兩字一印。右旁有「生機」一印。第三幅：雉飛新麥秀，蠶老豆花香。白君。下有「揚孫字白君」一印。左旁有「體物」兩字一印。第四幅題云：一從春色入花來，便把春陽不放回。雪圃未容梅獨占，霜籬還約菊同開。長生洞裏神仙種，萬歲樓前錦繡堆。過盡白駒都不管，緑楊紅杏又相催。下有「西谷墨戲」一印。右傍有「妙與道俱」一印。第五幅題云：學士宏開君子池，露花凝秀發高枝。華峯□掌兼秋爽，禁院分燈覺夜遲。素德玉成超物類，仙姿天賦豈人爲。通辭更有微波在，想像臨風點筆時。石田翁句。下有「蔣揚孫字白君」一印。左傍有「學堂氣味」一印。第六幅題云：號名極形似，摹寫與真逼。聊以畫滑稽，慰我秋園寂。范石湖句。下有「白君」两字一印。第七幅題云：橅六如居士，白君。下有「白君學堂」一印。左傍有「生花」一印。第八幅題云：臨宣和團扇本，白君。下有「廷錫」两字一印。右傍有「游於藝」一印。第九幅題云：臨趙子固，白君。下有「白君」两字一印。左傍有「興到筆隨」一印。第十幅題云：是花偏灼灼，開處幾叢叢。弱質不禁露，幽懷欲訴風。空庭聊取媚，傍石若爲容。黄菊紛相映，餐英未許同。明人詩，白君。下有「白君」两字一印。右傍有「西山爽氣」一印。第十一幅題云：清霜下籬落，佳色散花枝。載詠《南山》句，幽懷不自持。白君。下有「白君」两字一小印。左傍有「閒情寄草木」一印。第十二幅題云：宋元人墨花皆極工細，六如居士深得其妙，衡山猶閒作。自白陽山人專於潑墨寫意，開簡便法門，而此派遂廢。不知洗足箕踞，露頂叫號，惟真曠達人方可。此中有一點塵俗，便不過一風漢耳。不若拘守繩墨，不失爲名教中人也。丙申八月白君寫并識。下有「廷錫」兩字一小印。右傍有「未能忘物」一印。左傍有「青松軒書畫記」一印。又有「乾隆鑑賞」、「三希堂精鑑璽」、「宜子孫」三璽。箋每幅均高八寸六分，廣一尺八寸。

蔣廷錫花果寫生册

素絹本墨畫十二幅。第一幅有「乾隆御覽之寶」、「樂壽堂鑑藏寶」、「石渠寶笈」三璽。第十二幅款識「康熙戊戌閏八月望，戲寫花果十二種。白君」，下有「白君墨戲」一印。又有「瀨玉」、「青松居士書畫禪」兩印。又有「乾隆鑑賞」、「三希堂精鑑璽」、「宜子孫」三璽。自第一幅至第十一幅每幅均有「白君」兩字一印。絹均高八寸一分，廣六寸四分。

女史蔣淑花卉册

素箋本，共十二幅。第一、三、五、七、九、十、十二幅均著色畫，第二、四、六、八、十一幅均墨畫。第一幅題云：潔浄娟秀，幽香生紙筆間，嘉隆以後畫家不能到也。白君。上有「乾隆御覽之寶」、「樂壽堂鑑藏寶」、「石渠寶笈」三璽。第二幅題云：竹笋蓮房，物之最潔，味之最鮮者，筆墨亦得此二字。青桐居士。第三幅題云：是天初明時槐花，畫者難，而知者更難也。白君。第四幅題云：諫果回甘，山薑老辣，鹽梅調劑，多自稼穡、菜根中來也。青桐老人。第五幅題云：紅鮮露綻，顆顆可食，其自綏山來耶？白君。第六幅題云：此嘉興項氏朱碧山槎杯也，聖謨曾繪爲圖，臨者竟出於藍。青桐居士。第七幅題云：《菊譜》中有四面鏡，或云即此是也。第八幅題云：絳實纍纍，枝葉掩映，頗得宣和筆法。白君。第九幅題云：曾見包山寫榴子，粒粒圓满，此幅極似之。白君。第十幅題云：吴郡有夏香橼，至四月，其香始發，京師未嘗見也，豈以候煖難藏也。白君。第十一幅題云：柔枝宜小朵，黄粟發幽香。白君。第十二幅題云：瑞盈一尺雪，花發江南春。雍正七年正月十又一日，信筆題女淑畫册，時瑞雪盈尺。上有「乾隆鑑賞」一璽，又有「三希堂精鑑璽」、「宜子孫」两璽。籤每幅均高九寸八分有奇，廣七寸八分。

女史蔣王氏綵繡羅漢册

素綾本綵繡十六幅，無款識。第一幅有「秘殿珠林」一璽。幅後押縫有「乾隆御覽之寶」一璽。末幅有「乾隆鑑賞」、「三希堂精鑑璽」、「宜子孫」三璽。綾每幅均高八寸一分，廣五寸六分。

校勘記

［一］「以娱啼」當作「啼以娱」。
［二］此印印文當作「溪南吴氏家藏」。
［三］據文意，「四十六頁」前或漏「一百」二字。
［四］據下文，此印印文當作「孟頫之章」。
［五］據文意，「飛泉屋頭掛」當作周天球詩，「結茆古巖下」當做陸師道詩。
［六］以下當有缺文。

［七］「淳化」底本作「化淳」，據文意改。
［八］此處疑當有誤。
［九］「石數」底本作「數石」，據文意改。
［一〇］此處疑當有誤。
［一一］「印两」底本作「两印」，據文意改。
［一二］此印印文中「璽」當作「希」。
［一三］此印印文中「璽」當作「希」。
［一四］此處有闕文。
［一五］此印印文當作「西盧後人」。
［一六］此印印文當作「西盧後人」。

經之屬

元趙孟頫書金剛般若波羅蜜經册

素箋本烏絲闌行書二十四頁，每頁十二行，款識云：延祐五年四月朔旦，集賢直學士趙孟頫奉爲恭上人轉誦此經，願茲有情，若見若聞，重令脱去塵炎，證入無餘涅槃者。下有「趙氏子昂」、「趙孟頫印」兩印。第一頁有「趙」字一印，上鈐「勅賜佛迹院道場印記」一印，又有「松雪齋圖書印」一印，又有「江孟明書畫印」、「奇觀」、「墻東生」諸印。上有「乾隆御覽之寶」、「秘殿珠林」兩璽。第七、第十三、第十九頁押縫均有「趙」字一印。末頁有「楊煥」、「鄰初道人」兩印，上有「乾隆鑑賞」、「三希堂精鑑璽」、「宜子孫」三璽。下有楷書「住山比丘覺深收貯」八字。後半頁有「勅賜佛迹院道場印記」一印。箋每頁均高七寸七分有奇，廣七寸五分。

元人書金剛經册

素箋本朱絲闌行書十九頁，每頁十六行，無款識。第一頁有「大司寇」、「尚書之章」、「岱芝」、「子孫億世家傳之寶」、「天水郡圖書印」、「雨齋寶玩」、「林氏家藏」、「大觀」、「會心□」、「審定真跡」、「九華仙史印」、「大常世家」[二]、「大雅」、「趙孟頫」[三]、「子孫保之」諸印。又有「趙」字一印。上有「乾隆御覽之寶」、「秘殿珠林」兩璽。末頁有「古婁周氏于舜圖書」、「七十一峯深處」、「姚氏珍玩」、「松雪齋」四印。上有「乾隆鑑賞」、「三希堂精鑑璽」、「宜子孫」三璽。箋每頁均高七寸有奇，廣八寸九分有奇。

明夏昶書金剛般若波羅蜜經册

素箋本楷書二十二頁，每頁十二行，款識「隆慶庚午秋七月既望，佛弟子夏昶沐手敬書」，下有「夏昶之印」、「仲昭」兩印。第一頁有「乾隆御覽之寶」、「秘殿珠林」

分有奇，廣六寸七分有奇。

两璽。末頁有「乾隆鑑賞」、「三希堂精鑑璽」、「宜子孫」三璽。箋每頁均高八寸一

明文震孟書金剛經册

素箋本烏絲闌楷書二十九頁，款署「庚申仲秋佛弟子文震孟沐手書」，下有「文印震孟」、「一鶴一琴」两印。第一頁有「乾隆御覽之寶」、「秘殿珠林」两璽。末頁有「乾隆鑑賞」、「三希堂精鑑璽」、「宜子孫」三璽。箋每頁均高八寸二分，廣九寸。

明董其昌楷書心經册

素箋本烏絲闌行書四頁，每頁十行，款識「天啟五年正旦朝賀後書，時年七十一歲，其昌」。第一頁有「乾隆御覽之寶」、「秘殿珠林」两璽。末頁有「乾隆鑑賞」、「三希堂精鑑璽」、「宜子孫」三璽。箋每頁均高九寸一分，廣八寸六分。

明董其昌書金剛經册

素箋本烏絲闌行書三十三頁，每頁十二行，款識云：寫經必以書法論，書法可傳，則誦讀受持者衆，是爲在處有佛塔廟也。比丘成杲出素牋索余書《金剛經》，且欲刻石流傳。余書怯弱，何足以當此請？勉爲課書以應。華亭董其昌薰沐敬書并識。下有「董印其昌」、「玄宰」两印。第一頁有「棠邨後人」一印。上有「乾隆御覧之寶」、「秘殿珠林」两璽。末頁有「棠邨後人」、「□石鑑定」两印。上有「乾隆鑑賞」、「三希堂精鑑璽」、「宜子孫」三璽。第一頁前有素箋两頁，前一頁篆書「微妙法言」四字，旁有「羣玉山人」、「通甫」两印。後一頁繪佛像，款署「弟子丁雲鵬敬寫」，下有「季□」一印。箋每頁均高七寸六分有奇，廣八寸八分。

明董其昌書楞嚴經册

素箋本烏絲闌行書二十六頁，每頁五行，款識「萬曆四十一年歲在癸丑八月十五日，香光居士董其昌書」。下有「董印其昌」一印，又有「希亭珍玩」一印。第一頁有「乾隆御覽之寶」、「秘殿珠林」兩璽。末頁有「乾隆鑑賞」、「三希堂精鑑璽」、「宜子孫」三璽。箋每頁均高七寸八分，廣四寸三分。

明祝允明臨黄庭經册

素箋本烏絲闌楷書八頁，款識「正德庚午八月二日。雨窗孤坐，戲臨一過，枝山祝允明」，下有「枝山」、「祝希哲」兩印。第一頁有「枝指生」、「儀周鑑賞」兩印，又有「吴」字一印、「仲庚」一印。上有「三希堂精鑑璽」、「宜子孫」、「秘殿珠林」、「乾隆鑑賞」四璽，末頁有「安儀周家珍藏」一印。上有「乾隆御覽之寶」一璽。箋每頁均高八寸二分，廣四寸七分有奇。

明人書金剛般若波羅蜜經册

藍箋本泥金行書七十一頁，無款識。第一頁有「乾隆御覽之寶」、「秘殿珠林」

兩璽。末頁有「乾隆鑑賞」、「三希堂精鑑璽」、「宜子孫」三璽。後有箋一頁，前半頁繪龍牌，上有楷書「永樂十年十二月吉日謹書」十一字。後半頁繪佛像。原册裂爲四截。箋每頁均高九寸五分，廣七寸七分有奇。

明板妙法蓮華經七册

第一册一百零九頁，第二册一百六頁，第三册一百五頁，第四册一百二十五頁，第五册一百十九頁，第六册一百十四頁，第七册九十七頁。每册首均附圖二頁。第三册圖碎裂，中有缺頁。册高一尺一寸五分，廣五寸。

嵇璜書文殊師利現寶藏經二册

素箋本烏絲闌楷書二册。上册四十二頁，下册四十六頁，每頁十六行，款識「乾隆十二年八月臣嵇璜奉勅敬書」，下有「臣璜」、「筆霑春雨」兩印。上册第一頁有「乾隆御覧之寶」一璽。末頁有「秘殿珠林」一璽。箋每頁均高七寸七分，廣九寸四分有奇。

彭元瑞書金剛般若波羅蜜經冊

藍箋本金絲闌泥金楷書四十頁，款署「臣彭元瑞敬書」。第一頁有「乾隆御覽之寶」、「秘殿珠林」两璽，末頁有「乾隆鑑賞」、「三希堂精鑑璽」、「宜子孫」三璽。冊首有繪像二頁，篆書「萬壽無疆」四字。冊後有繪像半頁。箋每頁均高五寸九分有奇，廣五寸三分。第一頁前有楷書御製詩十六首，共八頁。第一頁書云：無始劫來相與共，合成四大以爲身。五官各自有分職，一己誰當作主人。《書》義惕哉曰撫後，《易》辭深矣要觀民。深源却當周旋久，真是迷頭認影倫。又云：天地之間占一才，可知七尺五倫該。體仁足長期無忝，類族爲同要有培。區畛那應分彼此，情田須是闢汙萊。在知善任寧容易，惟帝其難益慎哉。第二頁書云：草木無情物有情，一般得號曰衆生。花榮葉落寧非性，蠉動肖翹各别名。不識夢中獨未覺，平添幻裏許多争。吾惟胞與因深念，何暇如來行處行。又云：耳聽弗聞目視遲，呼人欲語忽忘之。易令生厭曰惟耄，最不可争者是時。往事迅如流水過，貪心翻似小兒癡。幾多願老還悲老，云此非愚愚竟誰。第三頁書云：黄帝真人豈過譽，却傳畫寢到華胥。據龍吐鳳寧誠有，三卜六占總涉虚。園吏誕聞栩作蝶，牧人虔祝衆維魚。謾云夢了斯覺也，可識覺時亦夢如。又云：知假疑真真本假，謂無却有有還無。吞刀吐火誠奇矣，呼蟻唤蜂儻是乎。讜論曾聞獻陳禪，巧思何足羡公輸。眩人自詡能惑衆，豈識原來被衆愚。第四頁書云：激起浮來亦底奇，相遭風水偶成斯。海潮見説賦盧肇，蟬蜕還曾悟戴逵。欲捉無從空摸擬，徒看有相孰噓吹。儘知散去爲消滅，害不觀於未聚時。又云：日中燈下驀然逢，何自而來此相從。舉手互抬但無語，離身欲避鎮隨蹤。悲歡憂樂常依體，幼老妍媸總象容。元定未知原是假，却稱不愧益爲恭。第五頁書云：爲布爲沈誰則司，子虚撰述率如斯。空傳寶甕漸已滅，及至銅盤實益卑。未許降甘誇瑞録，却思助潤有忠辭。襄陽杜甫寧聞道，富貴草頭一中之。又云：《月令》仲春始見之，《義經》取象實同離。投壺玉女天開笑，飛索豐隆雷洊隨。目不及看光儵爚，意何從擬勢靈奇。誰知貝葉傳心法，一切觀如是有爲。

第六頁書云：有自無生無自誰，羯羅藍值偶居之。色空明暗未形際，地水火風初伏時。如咀如乘紛擬議，弄璋弄瓦別施爲。四蹄豈不亦若是，愼在其分毫與釐。又云：依殼爲延八竅呈，居然黃白判而生。曾傳王政貴不殈，誰識佛經表幻成。比及鳳鸞方是瑞，便當燕雀亦含情。淵材獨被禹錫誤，瞪目仙禽墮卵驚。第七頁：假潤成非水族同，化工造物果然工。乍看蠢蠢浮波面，旋即飛飛上半空。陽滅陰滋消息具，風隨雲撇性靈通。遏蒲曇縱無八識，亦自含生大塊中。又云：蘊嫗甄陶萬物形，詎惟久竹與青寧。是誰忽爾成獨蛹，類我居然祝寧馨。脉脉蜎蜎隨所適，花花草草任其停。大圓鏡裏胥同照，底藉六如方註經。第八頁書云：如是金剛祇一如，修行降伏任無餘。譯因羅什爲六喻，傳自留支以九書。會得色空皆不著，了知相好亦虛譽。那羅延固無多子，但涉語言已失諸。又云：世界微塵多不多，於斯欲說說云何。我人壽者衆生幻，非是離諸實亦訛。曰色色曾具體否，謂空空詎泯形麼。文殊問處天花落，衹有維摩未著魔。

沈初書金剛般若波羅蜜經册

烏金箋本泥金楷書四十五頁，每頁十行，款署「臣沈初敬書」，下有「臣初」、「敬書」两印。第一頁有「乾隆御覽之寶」、「秘殿珠林」两璽。末頁有「乾隆鑑賞」、「三希堂精鑑璽」、「宜子孫」三璽。册首有繪像一頁，册後有繪像一頁。箋每頁均高七寸四分，廣六寸一分。第一頁前有楷書八頁，第一頁書御詠四相云：無始劫來相與共，合成四大以爲身。五官各自有分職，一己誰當作主人。《書》義惕哉曰撫後，《易》辭深矣要觀民。深源却當周旋久，真是迷頭認影倫。右我。又書云：天地之間占一才，可知七尺五倫該。體仁足長期無忝，類族爲同要有培。區畛那應分彼此，情田須是闢汙萊。在知善任寧容易，惟帝其難益慎哉。右人。第二頁書云：草木無情物有情，一般得號曰衆生。花榮葉落寧非性，蠕動肖翹各别名。不識夢中獨未覺，平添幻裏許多争。吾惟胞與殷深念，何暇如來行處行。右衆生。又書云：耳聽弗聞目視遲，呼人欲語忽忘之。易令生厭曰惟耄，最不可争者是時。往事迅如流水過，貪心翻似小兒癡。幾多願老還悲老，云此非愚愚竟誰。右壽考。第三頁書御詠六如云：黄帝真人豈過譽，却傳晝寢到華胥。據龍吐鳳寧誠有，三卜六占總涉虚。園吏誕聞栩作蝶，牧人虔祝衆維魚。謾云夢了斯覺也，可識覺時亦夢如。右夢。又書云：知假疑真真本假，謂無却有有還無。吞刀吐火誠奇矣，呼蟻唤蜂儻是乎。讕論曾聞獻陳禪，巧思何足羨公輸。眩人自詡能愚衆，豈識原來被衆愚。右幻。第四頁書云：激起浮來亦底奇，相遭風水偶成斯。海潮見説賦盧肇，蟬蜕還曾悟戴逵。欲捉無從空摸擬，徒看有相孰噓吹。儘知散去爲消滅，害不觀於未聚時。右泡。又書云：日中燈下驀然逢，何自而來此相從。舉手互招但無語，離身欲避鎮隨蹤。悲歡憂樂常依體，幼老妍媸總象容。元定未知原是假，却稱不愧益爲恭。右影。第五頁書云：爲布爲沈誰則司，子虚撰述率如斯。空傳寶甕漸已減，及至銅盤實益卑。未許降甘誇瑞録，却思助潤有忠辭。襄陽杜甫寧聞道，富貴草頭一中之。右露。又書云：《月令》仲春始見之，《義經》取象實同離。投壺玉女天開笑，飛索豐隆雷洊隨。目不及看光儵爚，意何從擬勢靈奇。誰知貝葉傳心法，一切觀如是有爲。右電。第六頁書御詠四生云：有自無生無自誰，羯羅藍值偶居之。色空明暗未形際，地水火風初伏時。如咀如乘紛擬議，弄璋弄瓦别施爲。四蹄豈不亦若是，慎在其分毫與釐。右胎生。又書云：依殼爲延八竅呈，自然黄白判而生。曾傳王政貴不殈，誰識佛經表幻成。比及鳳鸞方是瑞，便當燕雀亦含情。淵材獨被禹錫誤，瞪目仙禽墮卵驚。右卵生。第七頁書云：假潤成非水族同，化工造物果然工。乍看蠢蠢浮波面，旋即飛飛上半空。陽滅陰滋消息具，風隨雨撇性靈通。過蒲曇縱無八識，亦自含生大塊中。右濕生。又書云：蓋嫗甄陶萬物形，詎誰久竹與青寧。是誰忽爾成獨蛹，類我居然祝寧馨。脈脈蜎蜎隨所適，花花草草任其停。大圓鏡裏胥同照，底藉六如方註經。右化生。第八頁書御詠二事云：如是金剛祇一如，修行降伏任無餘。譯因羅什爲六喻，傳自留支以九書。會得色空皆不著，了知相好亦虚譽。那羅延固無多子，但涉語言已失諸。一如。又書云：世界微塵多不多，於斯欲説説云何。我人衆生壽者幻，非是離諸實亦訛。曰色色曾具體否，謂空空詎泯形麽。文殊問處天花落，祇有維摩未著魔。一相。

沈初書佛説普門品經册

烏箋本泥金楷書二十五頁，每頁十二行，款署「臣沈初敬書」，下有「臣初」、「敬書」两印。第一頁有「乾隆御覽之寶」、「秘殿珠林」两璽。前有繪像一頁。末頁有「乾隆鑑賞」、「三希堂精鑑璽」、「宜子孫」三璽。後有繪像半頁。箋每頁均高八寸八分，廣八寸一分。

金士松書金剛般若波羅蜜經册

烏絲箋本泥金楷書三十九頁，每頁十行，款署「臣金士松敬書」。上有「乾隆鑑賞」、「三希堂精鑑璽」、「宜子孫」三璽。前後均有繪像一頁。箋裂爲九截。每頁均高七寸六分，廣五寸九分。

福康安書金剛般若波羅蜜經册

素箋本烏絲闌五十二頁，款識「臣福康安敬書恭進」。箋前有佛像三頁。箋後佛像半頁。箋高五寸四分，廣四寸一分。

王際華臨蘇軾書金剛般若波羅蜜經册

素箋本碧絲闌三十六頁。第一頁有「乾隆御覽之寶」、「秘殿珠林」两璽。末頁有「乾隆鑑賞」、「三希堂精鑑璽」、「宜子孫」三璽。跋云：乙酉春，我皇上四巡江浙。越閏二月甲寅，恭奉皇太后駐蹕西湖行宫。維時浙籍内外臣工，敬於南山浄慈寺啟建祝釐迓福經壇，以抒葵向之忱。我皇上躬奉安輦，涖止拈香，爾時一切人天，□被慈雲，瞻依聖日，莫不欽仰歡□，同聲頂頌。臣籍隷錢塘，榮叨扈從，冀以貝葉勝因，藉祝椴於萬一。竊念三藏九部，字分半满，惟《金剛般若波羅蜜經》，以無所住心說不思議法，三千大千無量甚多之福，圓满具足於五千二百八十七言，爲如來法要總持，功德殊勝。謹依篋衍宋臣蘇軾楷本摹臨全部，裝潢敬進，願紀恒河之數，倍衍琁圖，駐法苑之暉，永綏慈慶，臣曷任瞻仰欟忭之至。臣王際華薰沐拜手敬臨并識。下有「臣」、「際」、「華」三字三印。箋每頁均高六寸五分，廣五寸二分。

王際華書佛說菩薩本業經册

朱箋本碧絲闌楷書共五十二頁，每頁十行，款署「乾隆三十八年歲在癸巳冬十一月吉旦，臣王際華薰沐敬書」，下有「臣」、「華」、「敬書」三印。第一頁有「乾隆御覽之寶」、「秘殿珠林」兩璽。末頁有「乾隆鑑賞」、「三希堂精鑑璽」、「宜子孫」三璽。箋前有繪像三頁，篆書「聖壽無疆」四字。箋後有繪像一頁。箋每頁均高六寸七分，廣五寸三分有奇。

張照書佛說阿彌陀經册

烏金箋本泥金楷書三十八頁，每頁五行，無款識。第一頁有「乾隆御覽之寶」、

「秘殿珠林」两璽。末頁後有素箋二頁行書云：抝折金剛圈，吞却栗棘蓬。向無陰陽地獨往獨來。著衣喫飯，舉足下足，不向如來行處行。方知黄面老子此經是真語者，是實語者。誦此經，牙間出迦陵仙音；書此經，毫端涌寶光卍字；收藏此經，獲無量壽。乃至人人獲無量壽，乃至家中一草一木、一花一果、一禽一魚、一蟲一豸，各各獲無量壽。若開卷時，心中目中尚有一個佛字，不但累天瓶居士納一場敗門，且令四千年前老瞿曇破知妄語戒也。下有「臣照」一印。箋每頁均高七寸六分有奇，廣四寸。

鄭大進書佛説大乘無量壽莊嚴經三册

藍箋本金絲闌泥金楷書，共三卷。上卷十八頁，中、下卷均二十頁。每頁十二行。下卷末頁款識「臣鄭大進敬書恭進」。每卷第一頁均有「乾隆御覽之寶」、「秘殿珠林」两璽。箋每頁均高六寸九分，廣八寸五分。

福康安書佛説如來智印經册

素箋本烏絲闌書八十九頁，每頁十行，款署「臣福康安敬書恭進」。第一頁前有繪像三頁。末頁後有繪像半頁。箋每頁均高五寸四分，廣四寸一分。

蔣溥書二十四章經册

素箋本行書二十頁，每頁十二行，款識「乾隆二十五年歲次庚辰八月，臣蔣溥敬書」，下有「臣蔣溥」、「染翰」两印。第一頁有「乾隆御覧之寶」、「秘殿珠林」两璽。前有繪像一頁。末頁有「乾隆鑑賞」、「三希堂精鑑璽」、「宜子孫」三璽。後有素箋一頁，前半頁繪龍牌，上書「萬壽無疆」四字，後半頁繪像。箋每頁均高六寸七分有奇，廣八寸有奇。

董誥書入法界體性經册

烏金箋本金絲闌泥金楷書二十六頁，每頁十二行，款署「臣董誥敬書恭進」，下有「臣」、「誥」、「敬書」三印。第一頁有「乾隆御覽之寶」、「秘殿珠林」兩璽。末頁有「乾隆鑑賞」、「三希堂精鑑璽」、「宜子孫」三璽。册首尾均有佛像一頁。箋每頁均高五寸二分有奇，廣五寸一分有奇。

佛説第一希有大功德經册

灑金箋本楷書三十四頁，每頁十二行，無款識。第一頁有「乾隆御覽之寶」、「秘殿珠林」兩璽。末頁有「乾隆鑑賞」、「三希堂精鑑璽」、「宜子孫」三璽。册首有箋三頁，前半頁繪龍牌，上方楷書云：帝道彌隆，皇圖遠大。佛光朗耀，宗社靈長。日月貞明，雨暘時若。萬國熙皡，永樂太平。後二頁半繪佛像。箋每頁均高九寸九分，廣六寸有奇。

大乘妙法蓮花經七册

藍箋本泥金楷書七册。第一頁[三]五十九頁，第二册六十一頁，第三册六十頁，第四册六十九頁，第五册六十七頁，第六册六十四頁，第七册五十五頁。每頁十行，無款識。第一册首書《釋道宣妙法蓮華經宏傳序》一篇，計三頁。第一册第一頁有「乾隆御覽之寶」、「秘殿珠林」两璽。每册首均有箋三頁，前二頁半繪佛像，後半頁繪龍牌，上書「皇帝萬歲萬萬歲」七字。又每册册末有佛像半頁，均泥金繪。每頁均高一尺一寸一分，廣七寸五分。

校勘記

[一]此印印文當作「太常世家」。

[二]此印印文當作「趙孟頫印」。

[三]據文意，「頁」當作「册」。

幅之屬

高宗純皇帝御筆墨搨心經塔幅

素箋本立幅，無上下軸。墨搨陰文繪塔一座，中有佛像二，周圍書《心經》，款識「乾隆九年甲子敬書」。下有「惟精惟一」、「乾隆御筆」兩璽。箋高四尺八寸九分，廣二尺四寸一分有奇。

高宗純皇帝御筆詩幅

描金箋本立幅，無上下軸，行書六行詩云：精禋敬展十年思，莅止留都駐羽旗。秩秩肯堂欽祖德，依依愛日奉親慈。氣回嫩暖情均暢，雲放新晴喜共知。信擬貞觀欹案側，武功得句再巡時。甲戌秋九月至盛京故宫御題。下有「惟精惟一」、「乾隆宸翰」兩璽。箋高四寸五寸五分，廣二尺。

高宗純皇帝御筆詩幅

灑金粉紅絹本橫幅，無左右軸。行書七言長律一首，共三十六行，詩云：廿四春秋心結束，夢中佳氣遠葱葱。於焉莅止今朝慰，驀爾回思昔日同。開創每懷廑帝慮，經營寧爲豫皇躬。遼原猶謂地居僻，瀋水端宜都建中。空違衆議當定議，獨念羣勞亦豈勞。重門臯應排銅闥，崇宇輝煌櫛瓦瓏。百雉岧岧因地利，十亭翼翼亮天功。益陽勢據風雲會，不日成皆子弟攻。西伐兵戈近敵壘，北來賓客燕王宮。所謀大詎惜其小，雖用儉仍示以豐。悠久規模貽奕葉，艱難締構緬神衷。再臨故國景依舊，正值清秋候尚融。繩繼惟期□世永，拜瞻敢謂一誠通。獨殊掖輦前巡況，不覺汍然淚眼紅。至盛京，疊癸亥七言長律十四韻，戊戌仲秋下澣御筆。下有「所寶惟賢」、「乾隆御筆」兩璽。絹高一尺四寸一分，廣八尺九分。

高宗純皇帝御筆詩幅

描金黄箋本行書七行詩云：大戰成功地，一成王業昌。自當擬涿鹿，實覺勝昆陽。主聖臣忠泰，天時地利祥。長篇欽識讀，萬世示其祥。薩爾滸題句，癸卯季秋上澣御筆。下有「古希天子之寶」、「猶日孜孜」兩璽。箋高四尺三寸八分，廣二尺八寸二分。

高宗純皇帝御筆詩幅

描金綵箋本立幅，無上下軸。行書五行詩云：預禁行宫搆，無如姪行誠。於斯應信宿，取便在晨明。樸素身安適，棲遲心潔清。福綏胥祖德，萬祼此興京。癸卯九秋上澣御題。下有「古稀天子之寶」、「猶日孜孜」兩璽。箋高四尺二寸四分，廣二尺七寸八分。

曹文埴臨蘇軾尺牘

灑金粉紅絹本立幅，無上下軸。行書十行，款識「蘇軾尺牘，臣曹文埴敬臨」。下有「臣曹文埴」、「敬書」兩印。絹高二尺五寸二分，廣二尺一寸九分。

曹文埴臨蔡襄詩帖

灑金粉紅絹本立幅，無上下軸。行書十行，款識「蔡襄詩帖，臣曹文埴敬臨」。下有「臣曹文埴」、「敬書」兩印。絹高四尺二寸二分，廣二尺二寸四分。

曹文埴臨董其昌帖

黄絹本立幅，無上下軸。行書八行，款識「董其昌跋開皇蘭亭搨本，臣曹文埴敬臨」。下有「臣曹文埴」、「敬書」兩印。絹高五尺七寸五分，廣二尺三寸五分有奇。

梁國治臨趙孟頫帖

緑絹本横幅，無左右軸。行書十七行，款識「趙孟頫帖，臣梁國治敬臨」。下有「臣梁國治」、「文學侍從」兩印。絹高二尺二寸七分有奇，廣六尺四寸。

梁國治臨蘭亭詩

灑金黄絹本立幅，無上下軸。行書十二行，款識「五言蘭亭詩，臣梁國治敬臨」。下有「臣梁國治」、「文學侍從」兩印。絹高四尺二寸三分有奇，廣四尺九寸六分。

梁國治臨評書帖

灑金粉紅絹本立幅，上下軸[二]。行書八行，款識「評書帖，臣梁國治敬臨」。下有「臣梁國治」、「敬書」兩印。絹高二尺二寸一分，廣二尺一寸三分。

王杰臨米帖

灑金粉紅絹本横幅，無上下軸。行書八行，款署「臣王杰敬臨」。下有「臣王杰」、「敬書」两印。絹高三尺二寸九分，廣四尺四寸一分有奇。

董誥臨米帖

灑金粉紅絹本立幅，無上下軸。行書八行，款識「米芾天臨殿記帖，臣董誥敬臨」。下有「臣誥私印」、「敬書」两印。絹高二尺二寸七分，廣二尺一寸六分。

袁瑛雪山幅

素箋本著色畫立幅，無上下軸。款署「臣袁瑛恭畫」。下有「臣」、「瑛」两字两印。箋高七尺六寸六分，廣二尺八寸五分。

袁瑛山水幅

素箋本著色畫立幅，無上下軸。款署「臣袁瑛恭畫」。下有「臣」、「瑛」兩字兩印。箋高三尺一寸三分，廣二尺四寸一分。

謝遂人物幅

素箋本著色畫横幅，無左右軸。款署「臣謝遂恭畫」。下有「臣遂」、「恭畫」兩印。箋高五尺六寸七分，廣七尺八寸一分。

謝遂山水幅

素箋本著色畫立幅，無上下軸。款署「臣謝遂恭畫」。下有「臣」、「遂」兩字兩印。箋高三尺一寸三分，廣二尺四寸五分。

董誥山水幅

素箋本立幅，無上下軸，墨畫。款署「臣董誥恭畫」。下有「臣董誥」、「内府供職」两印。箋高五尺五寸六分，廣四尺二寸。

董誥山水幅

素箋本墨畫横幅，無左右軸。款署「臣董誥恭畫」。下有「臣誥」、「恭畫」两印。箋高二尺八寸八分，廣七尺九寸三分。

董誥山水幅

素箋本墨畫横幅，無左右軸。款署「臣董誥恭畫」。下有「臣誥」、「恭畫」两印。箋高二尺三寸有奇，廣六尺四寸。

汪承霈月桂幅

素箋本著色畫立幅，無上下軸。款署「臣汪承霈恭繪」。下有「臣汪承霈」、「恭畫」兩印。箋高五尺一寸五分，廣二尺九寸八分。

汪承霈梅花幅

素箋本著色畫横幅，無左右軸。款署「臣汪承霈恭繪」。下有「臣汪承霈」、「恭畫」兩印。箋高二尺三寸三分，廣六尺四寸八分有奇。

汪承霈花卉幅

素箋本著色畫横幅，無左右軸。款署「臣汪承霈恭畫」。下有「臣汪承霈」、「恭畫」兩印。箋高五尺一寸六分，廣六尺一分。

關槐山水幅

素箋本著色畫横幅，無左右軸。款署「臣關槐恭繪」。下有「臣槐」、「恭繪」兩印。箋高二尺三寸有奇，廣六尺四寸二分。

關槐山水幅

素箋本著色畫立幅，無上下軸。款署「臣關槐恭繪」。下有「臣槐」、「恭繪」兩印。箋高五尺一寸二分，廣二尺八寸五分有奇。

關槐花卉幅

素箋本著色畫立幅，無上下軸。款署「臣關槐恭繪」。下有「臣槐」、「恭繪」兩印。箋高五尺五寸九分，廣二尺二寸七分。

賈全人物幅

素箋本著色畫立幅，無上下軸。款署「臣賈全恭畫」。下有「臣全」、「筆霑恩雨」两印。箋高二尺三寸六分有奇，廣二尺四寸五分有奇。

賈全花卉幅

素箋本著色畫立幅，無上下軸。款署「臣賈全恭繪」。下有「臣全」、「朝朝沾恩雨」两印。上方缺裂。箋高五尺六寸三分，廣三尺四寸七分。

楊大章人物幅

素箋本著色畫立幅，無上下軸。款署「臣楊大章恭繪」。下有「大」、「章」两字两印。箋高四尺二寸四分，廣二尺八寸二分有奇。

周祺人物幅

素箋本著色畫立幅，無上下軸。款署「臣周祺恭繪」。下有「恭畫」一印。箋高五尺六寸七分，廣二尺二寸九分。

魏鶴齡山水幅

素箋本著色畫橫幅，無左右軸。款署「臣魏鶴齡恭畫」。下有兩印，不可辨。箋高五尺六寸七分，廣七尺八寸一分。

清柱山水幅

素箋本著色畫立幅，無上下軸。款署「臣清柱恭畫」。下有「恭」、「畫」兩字兩印。箋高五尺八寸二分，廣二尺四寸二分有奇。

奎章山水幅

素箋本著色畫立幅，無上下軸。款署「臣奎章恭繪」。下有「恭」、「畫」兩字兩印。箋高五尺五寸三分，廣一尺九寸。

李致花卉幅

素箋本著色畫立幅，無上下軸。款署「臣李致恭繪」。下有「恭」、「繪」兩印。箋高五尺六寸三分，廣二尺三寸。

校勘記

［一］據文意，「上下軸」前似缺一「無」字。

額之屬

高宗純皇帝御筆福綏堂匾

黄絹本横額，行書「福綏堂」三字，上有「古稀天子之寶」一璽。絹高二尺一寸三分，廣六尺九寸八分。

高宗純皇帝御筆正大光明匾

灑金黄絹本横幅，無左右軸，御書「正大光明」四字。上有「乾隆御筆之寶」一璽。絹高二尺四寸二分，廣七尺九寸二分。

高宗純皇帝御筆紫氣東來匾

灑金黄絹本横幅，無左右軸，御書「紫氣東來」四字。上有「乾隆御筆之寶」一璽。絹高一尺九寸四分，廣五尺九寸四分。

聯之屬

高宗純皇帝御筆對聯

素箋本行書，無上下軸。上聯云：帝命式於九圍本支百世。前有「奉三無私」一璽。下聯云：天心佑夫一德承叙萬年。後有「所寶惟賢」、「乾隆御筆」兩璽。箋均高七尺八寸九分，廣一尺二分。

高宗純皇帝御筆對聯

描金白箋本行書，無上下軸。上聯云：紹聞衣德千秋凜。前有「德日新」一璽。下聯云：景福鴻禧百世凝。後有「所寶惟賢」、「乾隆御筆」兩璽。箋均高四尺五寸七分，廣一尺六分。

高宗純皇帝御筆對聯

灑金黃絹本行書，無上下軸。上聯云：念茲戎功用肇造我區夏。前有「德日新」一璽。下聯云：慎乃儉德式勿替有歷年。後有「所寶惟賢」、「乾隆御筆」兩璽。絹高七尺九寸八分有奇，廣七寸六分。

高宗純皇帝御筆對聯

灑金粉紅箋本行書，無上下軸。上聯云：知仁適會動還靜。下聯云：枕葄無非史與經。前有「三希堂」一璽，後有「古稀天子之寶」、「猶日孜孜」兩璽。箋均高五尺二寸，廣一尺二寸三分有奇。

高宗純皇帝御筆對聯

描金粉紅箋本行書，無上下軸。上聯云：理趣所欣元是善。下聯云：心期惟與静爲緣。前有「三希堂」一璽，後有「古希天子之寶」、「猶日孜孜」兩璽。箋均高五尺三寸八分，廣一尺二寸一分。

高宗純皇帝御筆對聯

描金箋本行書，無上下軸。上聯云：便是香風吹左右。下聯云：似聞了義示因緣。前有「三希堂」一璽，後有「古希天子之寶」、「猶日孜孜」兩璽。箋均高四尺八寸八分，廣一尺四分有奇。

高宗純皇帝御製句董誥書對聯

粉紅絹本行書，無上下軸。上聯右旁有「御製句」三字。下聯款署「臣董誥敬書」。下有「臣董誥印」、「内府供職」两印。絹均高五尺一寸七分，廣一尺一分。御製句云：潤葉巒枝皆蔚翠，朝嵐夕靄却澄秋。

高宗純皇帝御製句王杰書對聯

灑金粉紅絹本楷書，無上下軸。上聯有「御製句」三字，款署「臣王杰敬書」。下有「王杰」、「敬書」两印。絹均高五尺一寸三分，廣一尺二寸二分有奇。御製句云：雲白松青山自静，花香鳥語物皆怡。

高宗純皇帝御製句劉墉書對聯

黄絹本行書，無上下軸。上聯右旁有「御製句」三字，下聯款署「臣劉墉敬書」。下有「臣劉墉印」、「敬書」两印。絹均高五尺二寸一分，廣一尺一分。御製句云：將擬披襟頓延爽，試教搴幌迴含虚。

高宗純皇帝御製句劉墉書對聯

灑金粉紅絹本行書，無上下軸。上聯右旁有「御製句」三字，下聯款署「臣劉墉敬書」。下有「臣劉墉印」、「敬書」兩印。絹均高五尺五寸六分有奇，廣一尺一寸四分。御製句云：松自静因風有韻，石雖瘦以古爲肥。

梁國治書對聯

灑金緑絹本行書，無上下軸。款署「臣梁國治敬書」。下有「臣梁國治」、「文學侍從」兩印。上聯云：夏鼎商彝共左右。墨華筆露永鮮新[一]。絹均高五尺一寸六分，廣一尺二寸一分有奇。

校勘記

[一]據文意，「墨華筆露永鮮新」前似缺「下聯云」三字。